HISTOIRE
DE L'EMPEREUR
NAPOLÉON
PAR
ALPHONSE KARR

Paris,
BUREAU CENTRAL DE LA SOCIÉTÉ DES DICTIONNAIRES,
RUE DES FILLES-SAINT-THOMAS, 5.

HISTOIRE
DE
NAPOLÉON.

Гб 4
116

Imprimerie de D'URTUBIE, WORMS et COMPAGNIE,
rue Saint-Pierre-Montmartre, 17.

HISTOIRE

DE

NAPOLÉON,

Avec Vignettes,

PAR ALPHONSE KARR.

PARIS,
AU BUREAU CENTRAL DES DICTIONNAIRES,
RUE DES FILLES-SAINT-THOMAS, N° 5;
Chez tous les Correspondants-Directeurs de la Société des Dictionnaires dans les départements,
Et chez tous les libraires de la France et de l'Etranger.

1838.

HISTOIRE DE NAPOLÉON.

LIVRE PREMIER.

CHAPITRE PREMIER.

Naissance de Napoléon Bonaparte. — Son entrée à l'École de Brienne. — Son entrée à l'École militaire de Paris. — Il est créé sous-lieutenant. — Napoléon à Valence.

Napoléon Bonaparte était issu d'une noble famille originaire d'Italie, que les troubles du pays avaient jadis forcée de se réfugier en Corse. Ses ancêtres étaient inscrits sur le livre d'or à Bologne et comptés parmi les patrices à Florence. Bonaparte (Napoléon) naquit à Ajaccio en l'île de Corse, le 15 août 1769, de Charles Bonaparte, député de la noblesse de ce pays, homme d'une intelligence remarquable; et de Lætitia Ramolini, l'une des plus belles femmes de son temps, douée d'un esprit viril et d'une grande force d'ame. Ce fut seulement quelques mois avant cette naissance que la Corse fut conquise et réunie à la France. Napoléon avait alors un frère aîné, Joseph; depuis il se trouva à son tour l'aîné de trois frères et de trois sœurs : Lucien, Louis, Jérôme, Elisa, Caroline et Pauline.

Les premières années de Napoléon n'offrirent point

de particularités remarquables; il a dit de lui-même : « Je n'étais qu'un enfant obstiné et curieux. » Les germes des grandes qualités qui plus tard se développèrent en lui absorbaient alors les graces de l'enfance et la douceur qui lui est propre. Il était rempli de vivacité dans l'esprit, de feu dans l'imagination ; mais les élémens de son caractère ne se montraient alors que par l'impatience du joug, une activité sans mesure, un tourment inconnu, une humeur querelleuse. Soit qu'il fût assailli par ses camarades de jeux, soit qu'il les attaquât lui-même, il s'élançait sur ses ennemis sans jamais considérer leur nombre ni leur force ; rien ne pouvait l'arrêter, excepté sa mère cependant, qui avait su se faire aimer, craindre et respecter de lui. Tout indomptable qu'il semblait être, il apprit d'elle l'obéissance, et cet amour de l'ordre qui l'a tant aidé à soutenir ses vastes entreprises.

Il avait un oncle, l'archidiacre Lucien, qui avait du savoir et des lumières; cet oncle observait avec une satisfaction d'amour-propre et beaucoup de curiosité la rare intelligence, la force de volonté et l'indépendance de caractère qui se développaient chaque jour en lui. Les dernières paroles que l'archidiacre adressa à ses neveux qui entouraient son lit de mort prouvèrent qu'il avait pressenti l'avenir de Napoléon. Il leur dit : « Jo-
» seph, tu es l'aîné de la famille, mais Napoléon en est
» le chef; aie soin de ne pas l'oublier. On n'a pas be-
» soin de songer à sa fortune, il la fera lui-même. »

En 1779, Charles Bonaparte, son père, fut mandé à Versailles en qualité de député de la noblesse des états de Corse; il emmena avec lui son fils Napoléon, âgé de dix ans, et sa fille Élisa. La politique de la France appelait alors aux écoles royales les enfans des familles nobles de la nouvelle conquête; aussi Élisa fut placée à Saint-Cyr, et Napoléon à Brienne.

Bonaparte entra avec joie à l'école militaire de Brienne, dont les professeurs étaient des religieux de l'ordre des Minimes. Dévoré du désir d'apprendre, il se fit remarquer de ses maîtres par une application forte et soutenue. Il aimait à être seul; ou, s'il se rapprochait des autres élèves, leurs rapports avec lui étaient d'une singulière nature. Ses égaux se sentaient contraints de se ployer à son caractère, il exerçait sur eux un empire absolu; il les dominait à son insu ou leur restait étranger, sauf quelques préférences auxquelles il demeura fidèle dans sa plus haute fortune. Il respectait la règle et remplissait ses devoirs. Mais abstrait, rêveur, silencieux, fuyant presque toujours les amusemens et les distractions, on aurait dit qu'il s'attachait à dompter un caractère fougueux et une susceptibilité d'ame égale à la pénétration de son esprit; cependant des rixes fréquentes, souvent provoquées par lui, faisaient éclater la violence de son humeur, tandis que d'autres faits trahissaient ses inclinations militaires. Voulait-il bien s'associer aux exercices de ses compagnons? les jeux qu'il leur proposait, empruntés de l'antiquité, étaient toujours des actions dans lesquelles on se battait avec fureur sous ses ordres. Passionné pour l'étude des sciences, il ne rêvait qu'aux moyens d'appliquer les théories de l'art de la fortification. Pendant un hiver, quand il tombait de la neige, on ne voyait dans la cour de l'école que des retranchemens, des forts, des bastions, des redoutes. Tous les élèves concouraient ardemment à ces ouvrages, et Bonaparte conduisait les travaux. Étaient-ils achevés? l'ingénieur devenait général, prescrivait l'ordre de l'attaque et de la défense, réglait les mouvemens des deux partis; et, se plaçant tantôt à la tête des assiégeans, tantôt à celle des assiégés, il excitait l'admiration de toute l'école et des spectateurs étrangers par la fécondité de ses ressources et par son aptitude au commandement aussi bien qu'à l'exécution.

Dans ces momens d'éclat, Bonaparte était le héros de l'école pour les élèves et pour leurs chefs. Cependant un léger manque de subordination le fit condamner, par un maître de quartier sans discernement, à revêtir un habit de bure et à dîner à genoux sur le seuil du réfectoire; mais au moment de subir cette peine, il fut saisi d'une attaque de nerfs si violente, que le supérieur lui-même vint lui épargner une humiliation si peu d'accord avec le caractère de l'élève et la nature de sa faute. A cette époque, Pichegru était le répétiteur de Bonaparte. Ainsi le froc d'un moine cachait le conquérant de la Hollande, et l'habit d'un élève, le dominateur de la France et de l'Europe.

Cependant la lecture devint pour Bonaparte une passion qui ressemblait à la fureur. Plutarque, qu'il ne pouvait plus quitter, Plutarque développait chaque jour les germes d'enthousiasme, d'héroïsme, d'amour de la gloire et d'ambition que la nature avait déposés en lui.

Bonaparte se faisait remarquer à Brienne par la couleur de son teint que le climat de la France a beaucoup changé depuis, par son regard perçant et investigateur, par le ton de sa conversation avec ses maîtres et ses camarades. Il était profondément pénétré du souvenir des malheurs qu'avait éprouvés sa famille au moment de sa naissance et des impressions qu'avait faites sur ses premières années la conquête de son pays.

Les élèves étaient invités tour à tour à la table du P. Berton, principal de l'école. Le tour de Bonaparte étant venu, des professeurs qui le savaient admirateur de Paoli, qui avait combattu pour l'indépendance de la Corse au temps de la conquête de l'ile par les Français, affectèrent d'en mal parler pour l'éprouver. «Paoli, répliqua Bonaparte, était un grand homme, il aimait son pays. »

Dès que le moment de la récréation arrivait, Bonaparte courait à la bibliothèque où il lisait avec avidité Polybe, Plutarque, Arrien. Il faisait peu de cas de Quinte-Curce. Son professeur de mathématiques, le P. Patrauld, aimait beaucoup Bonaparte, il en faisait grand cas, il était fier de l'avoir pour élève. Et si les moines auxquels était confiée l'éducation de la jeunesse avaient eu le tact d'apprécier son organisation, s'ils avaient eu des professeurs plus forts en mathématiques, s'ils avaient pu lui donner une impulsion plus forte pour la chimie, la physique, l'astronomie, etc., probablement Bonaparte aurait porté dans ces sciences tout le génie qu'on lui a connu dans sa brillante carrière.

Bien que Bonaparte eût rarement à se louer de ses camarades, il dédaignait de porter des plaintes contre eux; et lorsqu'il avait, à son tour, la surveillance de quelque devoir que l'on enfreignait, il aimait mieux aller en prison que de dénoncer les coupables. Il se trouva un jour complice avec son camarade Bourrienne de non surveillance. Il le décida à le suivre en prison où ils restèrent trois jours.

Bonaparte resta à Brienne jusqu'à l'âge de quatorze ans. En 1783, le chevalier de Kéralio, inspecteur des douze écoles militaires, qui avait conçu une affection toute particulière pour cet élève, lui accorda une dispense d'âge et même une faveur d'examen pour être admis à l'école de Paris; car Napoléon n'avait fait de grands progrès que dans l'étude de l'histoire et des mathématiques, et les moines de Brienne voulaient le garder encore une année pour le perfectionner dans la langue latine. « Non, dit M. de Kéralio, ce jeune
» homme est une plante rare qu'on ne saurait trop
» tôt cultiver. » Un recueil manuscrit qui a appartenu au maréchal de Ségur, alors ministre de la guerre, renferme la note suivante : « École des élèves de Brienne.
» État des élèves du roi, susceptibles par leur âge d'en-
» trer au service ou de passer à l'école de Paris; savoir:
» Bonaparte (Napoléon), né le 15 août 1769, taille de
» quatre pieds dix pouces dix lignes, a fait sa qua-
» trième; de bonne constitution; santé excellente; ca-
» ractère soumis, honnête et reconnaissant; conduite
» très-régulière; s'est toujours distingué par son appli-
» cation aux mathématiques; il sait très-passablement
» son histoire et sa géographie; il est assez faible dans
» les exercices d'agrément, et pour le latin, il n'a fait

» que sa quatrième; ce sera un excellent marin; mérite
» de passer à l'école de Paris. » Cette note de M. de
Kéralio fut adoptée par M. de Regnault, son successeur, et décida l'admission de Bonaparte à l'école militaire de Paris.

Bonaparte y obtint bientôt la même supériorité qui l'avait fait distinguer à Brienne et fut aussi le premier mathématicien parmi les élèves. Son professeur d'histoire, M. de l'Eguille, dans le compte qu'il rendit de ses élèves, avait ainsi noté le jeune Napoléon : « Corse de
» nation et de caractère; il ira loin si les circonstances
» le favorisent. » Ce professeur avait vu plus loin que les autres, mais il s'était trompé pour le caractère, car jamais homme ne fut moins vindicatif que Bonaparte. Devenu premier consul, il recevait souvent M. de l'Eguille à la Malmaison, et il lui dit un jour : « De toutes
» vos leçons, celle qui m'a laissé le plus d'impression,
» c'est la révolte du connétable de Bourbon; mais vous
» aviez tort de me dire que son plus grand crime avait
» été de faire la guerre à son roi; son véritable crime
» fut d'être venu attaquer la France avec les étrangers. »

A peine arrivé à l'école militaire de Paris, Napoléon la trouva montée sur un pied trop brillant et trop dispendieux. Il fit un mémoire qu'il adressa au sous-principal Berton. Il démontrait que le plan de l'éducation qu'on y recevait était pernicieux et ne pouvait atteindre le but que tout gouvernement sage devait se proposer. Il prétendait « que les élèves du roi, tous pauvres gen-
» tilshommes, n'y pouvaient puiser, au lieu des qua
» lités du cœur, que l'amour de la gloriole, des senti-

» mens de suffisance et de vanité, tels, qu'en rega-
» gnant leurs pénates, loin de partager avec plaisir la
» modique aisance de leur famille, ils rougiraient peut-
» être des auteurs de leurs jours, et dédaigneraient
» leur modeste manoir.

» Au lieu, disait-il dans ce mémoire, d'entretenir
» un nombreux domestique autour de ces élèves, de
» leur donner journellement des repas à deux services,
» de faire parade d'un manége très-coûteux, tant pour
» les chevaux que pour les écuyers, ne vaudrait-il pas
» mieux, sans toutefois interrompre le cours de leurs
» études, les astreindre à se suffire à eux-mêmes; c'est-
» à-dire, moins leur petite cuisine qu'ils ne feraient
» pas, leur faire manger du pain de munition ou d'un
» autre qui en approcherait; les habituer à battre et
» brosser leurs habits, à nétoyer leurs souliers et leurs
» bottes? etc. Puisqu'ils ne sont pas riches et que tous
» sont destinés au service militaire, n'est-ce pas la seule
» et véritable éducation qu'il faudrait leur donner?
» Assujétis à une vie sobre, à soigner leur tenue, ils
» en deviendraient plus robustes, sauraient braver les
» intempéries des saisons, supporter avec courage les
» fatigues de la guerre, et inspirer le respect et un dé-
» vouement aveugle aux soldats qui seraient sous leurs
» ordres. »

La carrière militaire de Bonaparte commença à seize ans, âge où le succès de son examen à l'école militaire de Paris lui valut, le 1er septembre 1785, une lieutenance en second au régiment de La Fère, qu'il quitta bientôt pour entrer lieutenant en premier dans un autre régiment en garnison à Valence. Là, ses premiers amis furent Lariboissière et Sorbier, qu'il nomma depuis inspecteurs-généraux de leur arme. Une femme qui gouvernait la ville par l'ascendant de son mérite, madame du Colombier, frappée tout à coup de ce qu'il y avait d'extraordinaire dans Bonaparte, le présenta dans les meilleures sociétés, et contribua beaucoup à l'heureux changement qui parut dans son caractère. Devenu aimable et enjoué, l'officier d'artillerie parvint sans peine à plaire, et se vit encore recherché à cause des brillantes facultés que révélait sa conversation. Madame du Colombier avait deviné le génie de Bonaparte; elle lui prédisait souvent un grand avenir.

CHAPITRE II.

Précis de l'Histoire de la Révolution française.

Napoléon avait vingt ans et résidait à Valence, lorsque la révolution éclata en 1789. Louis XVI, qui régnait sur la France depuis une quinzaine d'années, était trop faible et trop bon pour conjurer les événemens qui devaient amener la ruine de son trône et de la monarchie. Le besoin des finances l'avait amené insensiblement à la nécessité d'avoir recours à des moyens extraordinaires pour se procurer, par de nouveaux genres d'impôts, les revenus sans lesquels son gouvernement ne pouvait plus marcher. Pour parvenir à ce but, cédant aux conseils de son ministre Necker, il se décida à convoquer les états généraux qui ne s'étaient pas assemblés en France depuis près de deux siècles. Le peuple fut appelé à élire ses députés; la noblesse choisit les siens ainsi que le clergé de son côté. Le ministère Necker avait fait porter le nombre des députés du peuple, qu'on appelait le tiers-état, au double de celui des députés des deux autres ordres : il avait en vue de donner au peuple par ce moyen plus d'influence dans les décisions de l'assemblée; mais lorsque les députés du tiers furent réunis, ils osèrent concevoir la pensée d'imposer au roi des lois et des institutions toutes nouvelles, de donner, en un mot, à la France une nouvelle constitution. Louis XVI et la noblesse, qui sentaient leurs antiques droits menacés par les projets du tiers-état, voulurent alors dissoudre son assemblée et forcer les députés du peuple à se contenter des légères concessions qu'on voulait bien leur faire. Le tiers-état résista, le peuple, dans toute la France, se déclara en sa faveur, méprisa l'autorité, se révolta de tous côtés, et les plus graves désordres commencèrent à naître. Le roi, inquiet, rassembla des troupes sous Paris, dans l'intention de contenir par la force cette capitale où l'agitation paraissait encore plus effrayante. Cela ne fit qu'accroître le mal; Paris se crut menacé d'un siége; les citoyens s'armèrent spontanément; puis la populace, s'étant portée sur le fort de la Bastille, voulut le prendre d'assaut, malgré la résistance de la faible garnison qui s'y trouvait. Rien ne put arrêter la fureur du peuple, et la Bassille fut prise pour être démolie de fond en comble, aux cris de vive la liberté.

De ce moment, les députés du tiers-état se sentirent les maîtres de la France ; ils se formèrent en assemblée nationale et constituante. Le roi, ni la noblesse, ni le clergé, n'osèrent plus tenter de résister par la force ; ils n'espérèrent plus que dans le temps et les circonstances.

L'assemblée nationale changea la face de la France par ses lois ; tous les droits de la noblesse et du clergé furent abolis, et le roi fut réduit au rôle du premier citoyen de l'état, gouvernant une espèce de monarchie républicaine. Cependant la plupart des nobles, ne pouvant supporter la pensée de semblables innovations, et menacés d'ailleurs de la fureur populaire, commencèrent à émigrer : un frère de Louis XVI, le comte d'Artois, en donna le premier l'exemple, et se retira à l'étranger. De là, lui et les autres émigrés qui le suivirent sollicitèrent les autres souverains de l'Europe, notamment ceux de Prusse et d'Autriche, de se réunir contre la France, pour forcer le peuple à rentrer sous les lois de l'ancien régime. Ces souverains sentirent en effet qu'il était de leur intérêt d'étouffer une révolution populaire qui était d'un funeste exemple pour leurs propres états. Ils assemblèrent leurs armées, et commencèrent à menacer la France d'une invasion. L'assemblée nationale, après avoir été deux ans à donner ses nouvelles institutions au royaume, s'était dissoute d'elle-même, pour faire place à une autre assemblée nommée assemblée législative, et élue par le peuple, suivant les nouvelles formes établies dans la constitution créée par l'assemblée nationale. C'est alors qu'arrivèrent les menaces des puissances étrangères ; elles portèrent au dernier point l'exaltation du peuple contre tout ce qui paraissait faire craindre le retour de l'ancien régime. Louis XVI, qui avait toujours le titre de roi, n'était plus en réalité que prisonnier au milieu de ses sujets, forcé qu'il était d'apposer sa signature à toutes les lois que l'assemblée lui présentait. Il voulut s'evader et partit de Paris avec la reine Marie-Antoinette, sa femme, son jeune fils le dauphin âgé de sept ans et sa fille, sous un déguisement; mais ils furent reconnus et arrêtés à Varennes, puis ramenés à Paris. Alors le roi de Prusse, notamment, se décida à porter la guerre dans le cœur de la France, pour tenter de rendre Louis XVI à la liberté. Le peuple s'exaspéra contre Louis XVI qui entretenait des intelligences secrètes avec l'ennemi. La populace, armée régulièrement par les nouvelles lois de l'assemblée, s'ameuta contre le château des Tuileries où Louis XVI était retenu. Un combat s'engagea entre le peuple au-dehors et les régimens suisses au service du roi, qui gardaient le château. Le peuple l'emporta, pénétra d'assaut dans la demeure royale et y commit une foule d'excès et de cruautés sur les personnes qui s'y trouvaient. Louis XVI s'était réfugié dans le sein de l'assemblée législative; mais on demanda et on prononça sa déchéance; puis on ordonna qu'il serait enfermé, lui et sa famille, dans la prison du Temple, jusqu'à ce qu'on eût décidé définitivement de son sort. Telle fut l'issue de la célèbre journée du 10 août 1792.

L'assemblée législative appela dès-lors la France à élire une nouvelle assemblée qui prit le nom de Convention nationale, et qui, s'étant aussitôt réunie, déclara la royauté abolie, et constitua la France en république.

Les Prussiens, suivis des émigrés qui formaient une petite armée commandée par le prince de Condé, se hâtèrent de pénétrer sur notre territoire; ils trouvèrent tout en désordre et s'avancèrent jusqu'à Châlon-sur Marne. La Convention envoya des troupes contre eux, et l'enthousiasme qui animait alors les soldats, joint au talent des généraux qu'on leur donna, ne tarda pas à nous donner l'avantage sur un ennemi qui avait eu trop de confiance dans ses propres forces, et trop de mépris pour celles que la Convention venait de lui opposer.

Les puissances étrangères, étonnées de ce premier résultat, ne firent que menacer de nouveau la France avec plus d'éclat. Le peuple et la Convention répondirent par un cri de vengeance, l'infortuné Louis XVI en fut victime. La Convention le jugea et le condamna à mort, comme coupable d'avoir trahi la nation en entretenant des correspondances perfides avec l'étranger, pendant qu'il était encore roi. Louis XVI fut conduit à l'échafaud où sa tête tomba sous la hache fatale, le 21 janvier 1793. La guerre sur les frontières recommença de nouveau, sans grands succès marqués de part ni d'autre; toute l'Europe était alors liguée contre nous; il fallait opposer des armées sur toutes nos frontières; la Convention, par son énergie et l'enthousiasme qu'elle sut inspirer à la majeure partie du peuple, les fit surgir tout à coup comme par miracle : la France ne présenta plus que l'image d'un camp sur tout son territoire.

Cependant un autre danger vint menacer la Convention, une partie de la France se révolta contre elle pour rétablir la royauté; la Vendée fut le principal siége de cette guerre civile, où toutes les horreurs furent commises de part et d'autre. Dans le même temps, les partis opposés se combattaient dans le sein même de la Convention. Danton, l'un des chefs qui avaient dirigé les événemens de la journée du 10 août, et qui exerçait par son éloquence une grande influence sur le peuple, voulait dans l'assemblée retenir un peu la fougue sanguinaire d'un parti contraire, appelé la Montagne, à la tête duquel se trouvait Robespierre, autre membre de la même assemblée. Danton et son parti succombèrent sous les accusations de leurs ennemis; ils furent envoyés, comme tant d'autres, à l'échafaud. De ce moment Robespierre parut presque régner seul sur la France; les échafauds furent en permanence; des milliers de personnes de tout rang, de tout sexe, de tout âge, y périrent; il suffisait du moindre soupçon pour être sacrifié; les prisons regorgeaient de détenus. A la fin, cependant, cette fureur sanguinaire lassa la Convention elle-même : Robespierre, voyant son influence y diminuer, voulut appeler la populace à la révolte contre elle : mais il succomba dans la lutte et périt lui-même sur l'échafaud.

La France alors respira, et la Convention arrêta les supplices. Pichegru, parvenu au grade de général, avait reçu le commandement en chef d'une partie de nos armées; il bat l'ennemi partout où il le rencontre, s'empare de la Belgique et va conquérir la Hollande. De toutes parts les puissances étrangères sont vaincues ou du moins contenues et humiliées. C'est alors que le jeune

Bonaparte apparut tout à coup sur l'horizon politique, et commença à fixer sur lui seul les regards de la France et de l'Europe.

CHAPITRE III.

Bonaparte en Corse. — Son retour à Paris. — Journée du 20 juin. — Il retourne en Corse. — Paoli traître à la France. — Siége de Toulon. — Bonaparte à l'armée d'Italie. — Son arrestation. — Sa destitution.

1793 à 1795.

Bonaparte, ayant obtenu un congé au commencement de la révolution, alla, à cette époque, visiter sa ville natale.

Paoli était venu à Paris en 1790 : présenté à l'assemblée constituante, il avait reçu dans la capitale tous les honneurs qu'à cette belle époque de la liberté on décernait aux défenseurs de l'indépendance des nations. De retour dans ses foyers, Paoli reçut le brevet de lieutenant-général au service de France, et le commandement de la Corse. Deux partis s'y étaient formés alors, dont l'un tenait pour l'union avec les Français, et l'autre pour l'indépendance. Paoli se prononça pour ce dernier parti ; quant à Bonaparte son choix ne fut pas douteux, il devait fidélité à la France. Ajaccio, sa ville natale, était le chef-lieu du parti opposé au nôtre ; Bonaparte, nommé au commandement temporaire de l'un des bataillons soldés qu'on avait levés en Corse pour le maintien de l'ordre public, marcha contre la garde nationale d'Ajaccio ; voilà son premier pas dans la carrière des armes. Un chef des mécontens, Peraldi, ancien ennemi de sa famille, osa néanmoins l'accuser d'avoir provoqué le désordre qu'il voulait réprimer. Appelé à Paris pour rendre compte de sa conduite, il se justifia facilement de cette calomnie.

Après son retour à Paris. Napoléon, se trouvant sans emploi, fut aux prises avec l'adversité ; les ressources lui manquèrent souvent : il sollicitait du service à la guerre. Arriva la journée du 20 juin 1792, où le peuple préluda au 10 août, en forçant l'entrée du château des Tuileries, et y soumettant Louis XVI aux plus indignes outrages. Bonaparte sortait de la rue Saint-Honoré, près le Palais-Royal, lorsqu'il vit arriver du côté des halles une troupe d'hommes en guenilles et burlesquement armés, hurlant les plus grossières provocations, et s'avançant à grands pas vers les Tuileries. C'était ce que la population des faubourgs avait de plus vil et de plus abject. Bonaparte prit les devans, et alla se placer sur la terrasse du bord de l'eau. C'est de là qu'il vit les scènes scandaleuses qui eurent lieu. Il en ressentit une grande surprise et une profonde indignation : il ne revenait pas de tant de faiblesse. Mais lorsque le roi se montra à l'une des fenêtres qui donnent sur le jardin, avec le bonnet rouge que venait de placer sur sa tête un homme du peuple, l'indignation de Bonaparte ne put se contenir : « Comment, s'écria-t-il, a-t-on pu laisser entrer cette canaille? Il fallait en balayer quatre ou cinq cents avec des canons, et le reste courrait encore ! »

Vint enfin le 10 août, où Louis XVI, forcé dans les Tuileries par une multitude furieuse et armée, alla se réfugier dans le sein de l'assemblée, dont il devint le prisonnier. Des scènes si terribles jetèrent tout à coup dans l'esprit de Napoléon d'étranges lumières. Après cette journée il écrivit à son oncle Paravicini : « Ne soyez pas inquiet de vos neveux, ils sauront se faire place. »

Bonaparte retourna visiter son pays natal au mois de septembre. Il y retrouva Paoli avec lequel il avait toujours entretenu une correspondance ; les impressions de son enfance en faveur de celui que la France avait proclamé grand citoyen entraînaient Bonaparte vers le grand homme de la Corse. Paoli observait Napoléon; il le jugea et dit : Ce jeune homme est taillé à l'antique: c'est un homme de Plutarque. Bientôt Napoléon à son tour observa et jugea Paoli. Quelle affliction pour lui de reconnaître dans son protecteur, dans son héros, dans l'ami de sa famille, le chef du parti anti-français ! Les relations entre Paoli et lui prirent dès-lors un caractère de réserve. La méfiance divisa le chef qui, investi du pouvoir de la France, s'en servait contre elle, et le simple officier qui jurait d'accomplir le serment fait à sa nouvelle patrie.

Une escadre arriva à Ajaccio en janvier 1793, et Bonaparte fut chargé, avec son bataillon, d'opérer une diversion contre les petites îles de la Madelaine ; l'expédition n'eut point de succès ; Bonaparte revint à Ajaccio. Paoli, dénoncé alors à la Convention, avait été jugé comme traître : sa tête était mise à prix. Pour échapper à ce danger, il leva l'étendard de la révolte. On croit que Paoli protégea des entreprises tendant à enlever Napoléon, qui eut le bonheur de réussir à rejoindre à

Calvi les représentans du peuple qui venaient de débarquer avec des forces. Les troupes marchèrent contre Ajaccio, mais l'entreprise échoua encore. Bonaparte sauva sa famille et l'envoya en France. Il l'établit dans les environs de Toulon et se rendit à Paris. Son père alors était mort depuis quelques années.

Tout cédait à l'influence de la Convention, excepté la Vendée, toujours en feu, et quelques départemens du midi, qui avait arboré le drapeau blanc, symbole de la royauté abolie. C'est alors qu'une conspiration tramée par les ennemis de la république livra la ville et le port de Toulon aux Anglais. Bonaparte reçut enfin du service, et fut envoyé comme chef de bataillon à l'armée de Toulon, pour diriger l'artillerie du siége, en qualité de commandant en second. Le général Dammartin, qui commandait en chef, était malade. Bonaparte arriva le 12 septembre. Il trouva l'armée absolument dépourvue du matériel et du personnel d'artillerie nécessaires à un siége aussi important. En moins de six semaines sa prodigieuse activité créa toutes les ressources qui manquaient, et cent pièces de gros calibre furent réunies. Cependant la Convention, trouvant que le siége avait déjà traîné trop en longueur, envoya le représentant du peuple Gasparin, l'un de ses membres, sur les lieux, avec l'ordre, était-il dit, de brûler la flotte ennemie et de prendre Toulon en trois jours. Dans son incapacité, le général en chef de l'armée, Cartaux, voulait faire exécuter cet ordre à la lettre. En effet, Cartaux ordonne à Bonaparte de commencer le feu. Bonaparte lui observe que les batte-

ries sont à deux ou trois portées de la rade et des ouvrages; mais Cartaux insiste : alors le coup d'épreuve est tiré, et le boulet tombe à cent cinquante toises de la place. Cartaux ne tarda pas à être destitué par la Convention et fut remplacé par le général Dugommier. Bonaparte avait établi deux batteries sur le bord de la mer. Le 14 octobre deux colonnes ennemies débouchèrent pour s'en saisir. Il accourut, enleva les troupes et sauva les batteries. Ce fut à la construction d'une nouvelle batterie qu'ayant besoin de dicter un ordre, Bonaparte demanda un homme qui sût écrire. Un sergent d'un bataillon de la Côte-d'Or se présenta, et comme il écrivait sur l'épaulement de la batterie, un boulet le couvrit de terre, lui et son papier : « Bon, dit le » sergent, je n'aurai pas besoin de sable. » Ce sergent, c'était Junot. Bonaparte avait aussi découvert dans le train d'artillerie un jeune officier, qui fut son ami pendant dix-sept ans : c'était Duroc. Telle fut l'origine de la fortune de ces deux militaires. Bonaparte alors ne se doutait pas qu'il faisait des ducs et des grands dignitaires de ses ordres futurs.

Cependant il fallait à tout prix s'emparer du fort Mulgrave, que les Anglais avaient si bien fortifié qu'ils l'avaient nommé le Petit Gibraltar. Bonaparte avait jugé et dit que Toulon était là, parce que la prise de la ville en dépendait. Il fit construire une batterie destinée à foudroyer ce fort; mais dès qu'elle fut connue de l'ennemi, tous les efforts des Anglais tendirent à la détruire. Les canonniers français y étaient tellement exposés qu'aucun d'eux ne pouvait y rester. Bonaparte, commençant ici à mettre en usage cet art av lequel il savait si bien entraîner l'esprit du soldat, fit mettre sur un écriteau par Junot, qui était resté d'ordonnance près de lui : Batterie des hommes sans peur. Tous les canonniers voulurent y servir. Debout sur le parapet, Bonaparte donna l'exemple aux hommes sans peur : bientôt l'attaque est donnée ; on s'empare enfin du fort. De là Bonaparte allait faire diriger les pièces contre la flotte ennemie ; mais les Anglais, sans perdre un instant et avant que l'assaut eût été commencé sur la ville, abandonnent précipitamment le port, en livrant aux flammes tous les vaisseaux qu'ils n'eurent pas le temps d'emmener avec eux. Toulon tomba alors au pouvoir des Français.

Après cette victoire, le gouvernement donna en récompense à Bonaparte le commandement en chef de l'artillerie à l'armée d'Italie. Dugommier avait demandé pour lui le grade de général de brigade ; il écrivait au comité de salut public (c'était ce comité, formé dans le sein de la Convention, qui gouvernait alors la France): « Récompensez et avancez ce jeune homme ; car, si l'on » était ingrat envers lui, il s'avancerait tout seul. » Cependant ce ne fut que six semaines après que ce grade lui fut accordé. Il n'avait pas encore vingt-cinq ans.

Au mois de mars 1794, le général Bonaparte se rendit en Italie où il prit le commandement en chef de l'artillerie de l'armée d'Italie. Il avait pour aides-de-camp Muiron et Duroc ; Bonaparte visita toutes les positions de l'armée ; il conçut un plan d'opérations qui fut renvoyé à un conseil composé des représentans du peuple, Robespierre jeune, Dumerbiou, Masséna et quelques autres généraux. Ce plan fut approuvé, son exécution commença le 6 avril, le lendemain du jour où Danton et son parti tombaient sous la hache de Robespierre En peu de jours l'armée d'Italie, d'après le plan du général Bonaparte, se trouva maîtresse de toute la chaîne des Alpes maritimes. Quatre mille prisonniers, soixante-dix pièces de canon, deux places fortes, Oneille et Saorgie, et l'occupation de la chaîne des Alpes jusqu'aux Apennins, furent les résultats inespérés de cette belle opération.

Peu de temps après, un événement de la plus haute importance surprenait la France et l'Europe : le 9 thermidor (27 juillet 1794) avait détrôné Robespierre. Pendant l'hiver de 1794 à 1795 Bonaparte alla inspecter l'armement des batteries établies sur le littoral de la Méditerranée; on le vit souvent à Toulon, à Marseille, où les fureurs de la réaction étaient échauffées par les passions méridionales. A Marseille le représentant du peuple craignit que la société populaire ne s'emparât du magasin d'armes, des forts St-Jean et St-Nicolas. Le général Bonaparte lui remit alors un projet pour élever une muraille crenelée qui fermât ces forts du côté de la ville. Ce plan, envoyé à Paris, fut qualifié de liberticide dans la Convention, et le général d'artillerie de l'armée d'Italie mandé à la barre. Il était retourné au quartier-général à Nice, où les représentans le firent arrêter et garder chez lui par deux gendarmes. La situation de Bonaparte devenait d'autant plus dangereuse qu'à cette époque on ne pardonnait rien. Si Bonaparte eût été alors envoyé à Paris, il succombait infailliblement, mais le général en chef apprit un mouvement de l'ennemi. Pressés par le danger dont la responsabilité retombait sur leur tête, les représentans du peuple écrivirent au comité de salut public qu'on ne pouvait se passer du général Bonaparte à l'armée, et le décret de citation à la barre fut rapporté.

Une accusation non moins dangereuse que la première pesait encore sur Bonaparte : dans une course qu'il avait faite à Toulon peu de temps avant, il avait été assez heureux pour sauver plusieurs émigrés de la famille Chabriant. Tout ce qui appartenait à l'armée de terre et de mer, les ouvriers de l'arsenal, les équipages de vaisseau et la populace de la ville prenait le parti de la Montagne contre les représentans en mission, et, dans une émeute, ils demandèrent la mort de ces représentans et celle des émigrés. Bonaparte fut reconnu au milieu de ce tumulte par les canonniers du siége de Toulon. Il monte sur un chantier, et, prenant la parole, il reprend sur eux tout son crédit, sauve les représentans du peuple qu'on voulait mettre à mort, et promet à la multitude que dès le lendemain les émigrés seraient jugés; mais il les fit cacher la nuit dans des caissons du parc d'artillerie ; ensuite ils allèrent s'embarquer à Hyères, où un bateau les attendait. Que de motifs pour accuser Bonaparte à cette terrible époque où tout pouvait mener à la mort!

Aubry, représentant du peuple, ancien capitaine d'artillerie, avait obtenu la direction du comité de la guerre. Il en profita pour entraver dans sa carrière son camarade Bonaparte, dont il était jaloux. Il lui ôta le commandement de l'artillerie de l'armée d'Italie, pour lui donner une brigade d'infanterie dans la Vendée. Bonaparte se rendit à Paris pour obtenir d'Aubry la conservation de son commandement. Aubry fut inflexible et lui dit qu'il était trop jeune pour commander plus long-temps en chef dans son arme. « On vieillit » vite sur le champ de bataille, répondit Bonaparte, et » j'en arrive. » Tout fut inutile. Alors Bonaparte refusa la brigade de l'Ouest et rentra à Paris dans la vie privée. C'est ainsi qu'il se trouva contraint à une inaction intolérable pour son caractère ardent qu'exaltait encore la jeunesse. Il prit avec assez de peine la résolution d'attendre la fin des préventions qu'avaient alors contre lui les hommes du pouvoir. Il espérait que ce pouvoir passerait dans les mains de personnes mieux disposées en sa faveur : il était toujours pensif, souvent triste et inquiet. Le temps se passait sans qu'il pût parvenir à rien, on n'écoutait aucune de ses demandes. Ses amis, Sébastiani et Junot, l'avaient accompagné. Ils prirent ensemble un petit logement. La détresse se fit bientôt sentir : Bonaparte fut obligé pour vivre de vendre une précieuse collection d'ouvrages militaires qu'il avait rapportés de Marseille. On dit qu'il eut alors la pensée d'aller servir le sultan ; mais si cela fut, cette idée ne l'occupa point long-temps ; les événemens qui se passaient lui firent prévoir qu'il ne tarderait pas à se faire une place au milieu des mouvemens qui devaient avoir lieu.

Cependant il était tout-à-fait oublié, lorsque Doulcet

de Pontécoulant remplaça Aubry pour les affaires de la guerre. Pontécoulant, à qui les talens et les services de Bonaparte étaient bien connus, apprit qu'il était à Paris; il le fit appeler et l'attacha au comité topographique où se décidaient les plans de campagne et se préparaient les mouvemens des armées. Ce service, peu considérable, fut toujours présent au souvenir de Bonaparte. Il l'a témoigné lorsque, devenu premier consul, il appela au sénat conservateur M. de Pontécoulant, le jour même où son âge lui permettait d'y être admis.

CHAPITRE IV.

Grands événemens de 1795. — Constitution de l'an III. — Journée du 13 vendémiaire. — Mariage de Bonaparte avec madame de Beauharnais.

1795.

L'année 1795 est une des années les plus pleines d'événemens. La Hollande est conquise par Pichegru. La paix conclue avec la Toscane fait entrer la république dans le système européen. La Vendée elle-même traite avec la Convention ; la Prusse imite la faible Toscane et fait un traité avec nous. La république française et la république batave s'unissent par un traité de paix et d'alliance. Le fils de Louis XVI, le jeune Louis XVII, resté en prison après la mort de son père et celle de sa mère Marie-Antoinette qui n'avait pas tardé non plus à périr sur l'échafaud ; Louis XVII meurt le 17 juin dans la tour du Temple, à l'âge de dix ans, à la suite d'une maladie de langueur dont les mauvais traitemens de ses gardiens furent la cause. Le premier frère de Louis XVI, Monsieur, comte de Provence, qui avait aussi émigré, prend alors, comme héritier du trône, le titre de Louis XVIII.

Le 22 juillet, Charles IV, roi d'Espagne, signe la paix avec la France. Un décret de la Convention ferme les sociétés populaires, source de trouble et d'agitation : d'autres décrets déclarent le Rhin barrière intégrante du territoire français ; enfin la Convention donne à la nation une constitution qui divise le pouvoir législatif en deux conseils, l'un nommé conseil des Anciens, l'autre conseil des Cinq-cents. C'est ce qu'on appela la constitution de l'an III, car depuis 1793 la Convention avait changé le calendrier en usage. L'ère nouvelle fut comptée à partir du 22 septembre 1792, jour où la république avait été proclamée. Le nom des mois avait été aussi changé : cette nomenclature est celle de l'histoire, jusqu'au rétablissement du calendrier ancien. La nouvelle constitution remettait le pouvoir exécutif, c'est-à-dire le gouvernement, entre les mains d'un Directoire composé de cinq membres qui devaient être élus par les conseils, lesquels étaient eux-mêmes à élire par cinquième d'année en année.

Cependant, Paris souffrait beaucoup de la disette et de tous les inconvéniens provenant de la mauvaise administration. Le parti royaliste se releva tout à coup, et se propagea avec une rapidité effrayante dans certaines classes : on se sentait porté à vouloir un état de choses contraire à celui sous lequel on avait gémi si long-temps.

La conspiration trouva un aliment puissant dans l'adoption de la nouvelle constitution, soumise à l'acceptation du peuple convoqué en assemblées primaires. On était devenu délicat, difficile en fait de liberté, depuis la chute de Robespierre ; on avait souffert plus que patiemment les barbaries de son règne, et l'on s'indignait hautement contre ce que l'on appelait les usurpations de la Convention.

Sur les quarante-huit sections qui composaient la garde nationale de Paris, cinq seulement se prononcèrent pour elle. Quarante-trois sections se soulevèrent et se réunirent en assemblées délibérantes ; chacune avait sa tribune : elles rejetèrent la loi par laquelle la Convention avait décidé que les deux tiers de ses membres feraient, de droit, partie des conseils.

La Convention crut terminer ces agitations, en proclamant, le 23 septembre, l'acceptation de la constitution par la majorité des assemblées primaires de la république ; mais le 24 une assemblée centrale d'électeurs se réunit hostilement à l'Odéon ; le 2 octobre (10 vendémiaire) : cette assemblée insurrectionnelle fut dissoute par la force.

La guerre civile allait commencer. La section Lepelletier, qui se rassemblait au couvent des Filles-St-Thomas, en donna le signal : la Convention ordonna la clôture du couvent et le désarmement de la section. La rue Vivienne fut tout à coup occupée par le général Menou, à la tête d'une force imposante, mais il y trouva les gardes nationaux de la section rangés en bataille, et les maisons occupées par les sectionnaires. Il fut obligé de consentir à une sorte de capitulation, et maîtresse du champ de bataille sans avoir combattu, la section Lepelletier n'avait que plus de raison de chanter victoire.

Au milieu de ces grandes agitations, Bonaparte continuait les habitudes de sa vie privée : il était au théâtre Feydeau quand il apprit ce qui se passait dans la rue Vivienne ; il s'y rendit et fut témoin de la convention ; il courut aux tribunes de l'assemblée. Menou était dénoncé par les représentans eux-mêmes ; il fut mis en arrestation. L'agitation fut grande pendant cette nuit : divers orateurs montèrent à la tribune, et dénoncèrent hautement le péril public. Les opinions étaient partagées sur le choix d'un chef militaire à qui l'on pourrait confier le salut de la patrie; elles furent à la fin entraînées, soit par les représentans du peuple, qui avaient pu juger Bonaparte lors de leur mission aux armées du midi, soit par les membres du comité du gouvernement, et elles se réunirent sur le même général. Caché dans la foule, il assistait à cette délibération. En voyant la destinée venir le prendre par la main pour l'élever au milieu des Français ; malgré l'horreur que lui inspira toujours la guerre civile, devait-il laisser périr la république qui, même au temps des proscriptions, n'a jamais en vain appelé ses défenseurs ? laissera-t-il échapper cette périlleuse faveur du sort? Non. Bonaparte se rendit au comité de salut public : il y était attendu!

Il rendit compte de ce qu'il avait vu dans la rue Vivienne, et déclara qu'il n'accepterait pas le commandement s'il devait marcher sous les ordres des commissaires. Le péril pressait : pour trancher la difficulté, on donna le commandement en chef au représentant Barras, et le commandement en second à Bonaparte. Barras n'entendait rien à la guerre : cette nomination réunissait en lui le pouvoir de trois commissaires et ceux de général en chef. Il avait reconnu à Toulon le génie de Bonaparte, il s'empressa de lui déléguer toute son autorité militaire.

Aussitôt que Bonaparte fut investi du commandement, il envoya le chef d'escadron Murat, avec un fort détachement, s'emparer des quarante pièces d'artillerie parquées à la plaine des Sablons. Minuit sonnait : un instant plus tard elles auraient été enlevées par une colonne de la section Lepelletier qui n'osa attaquer en les rencontrant les trois cents chevaux de Murat. Le 13, à neuf heures du matin, l'artillerie était placée à toutes les avenues des Tuileries ; l'armée, d'abord de cinq mille hommes contre quarante mille, fut portée à huit mille cinq cents. Un parlementaire des sections, envoyé par Damien, leur général, traversa les portes les yeux bandés, et osa sommer la Convention de retirer ses troupes. Le général Bonaparte fit porter huits cents fusils à la Convention, pour armer les députés, et former ainsi une réserve. A quatre heures après midi le feu commença, et à six heures, après une faible résistance, les sections furent mises en déroute. Il y eut quatre cents hommes tués de part et d'autre. Le général Bonaparte et son artillerie sauvèrent le gouvernement. Il fit acquitter Menou, que le comité voulait condamner à mort.

Dès cette époque, le nom de Bonaparte devint populaire ; en sa qualité de général en second de l'armée de l'intérieur, il était obligé de pourvoir à la paix et à l'ordre public. Il était sans cesse au milieu du peuple, il le harangua plusieurs fois aux halles et dans les faubourgs, et prit sur lui un grand ascendant. La Convention avait décrété le désarmement général des sections. Cette opération ne rencontra point d'obstacles, et son exécution devint la singulière occasion du mariage de Bonaparte. Les perquisitions avaient été faites avec tant de rigueur dans les maisons, qu'il n'y était resté aucune arme. On introduisit un matin, chez le général Bonaparte, un enfant de douze à treize ans : cet enfant était Eugène Beauharnais. Ayant été informé que le général Bonaparte était devenu possesseur de l'épée de son père (1), il hasarda auprès de lui, pour la redemander, une démarche qui obtint un plein succès. A peine l'enfant eut-il l'épée entre les mains, qu'il la couvrit de baisers et de larmes, et cela avec des manières si naturelles, que Bonaparte en fut enchanté. Mme de Beauharnais, en apprenant l'accueil que le général avait fait à son fils, crut lui devoir une visite de remerciemens. Joséphine plut beaucoup à Bonaparte dès cette première entrevue : il lui rendit sa visite ; ils se revirent souvent. Voilà comment Bonaparte connut Mme de Beauharnais, sa première, peut-être son unique passion. Pendant long-temps il voulut se la dissimuler, et encore plus à celle qui la lui avait inspirée ; mais ce sentiment

---

(1) Général de la république mort sur l'échafaud.

deviné et partagé puisa une force nouvelle dans l'élévation qui venait d'honorer sa vie. Cette grandeur lui devenait plus chère par l'hommage qu'il pouvait en faire à la femme pleine de douceur et de charmes dont il avait obtenu l'amour le plus tendre. Il avait été si malheureux, si oublié, depuis la guerre du Piémont, qu'il était reconnaissant des sentimens qu'il avait inspirés. D'ailleurs, le besoin d'avoir confiance en un autre lui-même était impérieux en lui ; il lui fallait une intimité qui ne fût pas celle d'un favori ou d'un conseiller. Quoi qu'on en ait pu dire, son ame n'était pas toute politique, et comme celle des autres hommes, auxquelles d'ailleurs elle ne ressemblait pas, elle avait ses déplaisirs, ses faiblesses, ses secrets et le besoin de consolation. Il épousa Mme de Beauharnais le 9 mars 1796. Outre son fils Eugène, elle avait une fille nommée Hortense.

CHAPITRE V.

Établissement du Directoire. — Echange de la fille de Louis XVI. — Arrivée de Bonaparte au quartier-général d'Italie. — État de l'armée. — Proclamation aux soldats. — Etat des forces respectives. — Bataille de Montenotte et de Millésimo. — Armistice avec la cour de Turin.

Le 16 octobre 1795, Bonaparte fut nommé général de division. Le 25, la veille de sa dissolution, la Convention réunit la Belgique à la France, et, chose remarquable, l'assemblée qui avait tant abusé de la mort

prononça l'abolition de cette peine à la paix générale ; mais ce beau projet ne fut jamais réalisé. Les membres de la Convention qui devaient rester se divisèrent ensuite pour former les deux conseils avec les nouveaux membres qui furent élus. On donna le château des Tuileries aux Anciens, et la salle du Manége aux Cinq-Cents. Cette législature proclamée nomma les cinq membres du Directoire ; le choix tomba sur La Réveillère-Lépaux, Letourneur, Rewbell, Barras et Carnot. Le Directoire s'établit au palais du Luxembourg. Bonaparte, qui venait de sauver la constitution de l'an III, reçut le commandement en chef de l'armée de l'intérieur, que la nomination de Barras au Directoire laissa vacant ; peu de jours après il fut nommé général en chef de l'armée d'Italie.

La coalition étrangère subsistait toujours contre nous : elle se composait de l'Angleterre, de l'Autriche, du Piémont, de Naples, de la Bavière, de tous les petits princes d'Allemagne et de ceux de l'Italie. Mais l'Autriche était la véritable ennemie qu'il fallait combattre, c'était aussi la seule guerre qui occupait le Directoire, et pour en assurer le succès, il en donnait la conduite à un général de vingt-sept ans ! L'Autriche négociait dès lors pour l'échange de l'infortunée fille de Louis XVI, depuis duchesse d'Angoulême, qui était restée dans la tour du Temple ; ce ne fut qu'en sortant de prison qu'elle connut tous ses malheurs, en apprenant la mort du roi, de la reine, du dauphin et de sa tante, la princesse Élisabeth : elle fut échangée le 26 décembre 1796 contre divers prisonniers qui avaient été faits à la république.

Bonaparte partit de Paris pour Nice, où le quartier-général était depuis quatre ans, et y arriva le 27 mars 1796. Il avait conçu une autre gloire que celle des armes ; mais il possédait seul son secret. Barras et Carnot, auxquels il devait le commandement de l'armée, ne devinaient pas bien son caractère et son génie. Bonaparte voyait au-delà d'un avenir militaire ; il devait bientôt étonner ses protecteurs et la France comme politique, après avoir détruit ses ennemis comme guerrier.

Cependant il devait avant tout tenter une conquête difficile ; c'était celle des hommes de guerre déjà connus de l'armée avant lui par leurs succès ; ces hommes déjà couverts de gloire allaient se trouver sous ses ordres. Il remplaçait Schérer, connu par la prise de Valenciennes et par le beau combat de Vado. Il voyait sous ses ordres Masséna encore tout couvert des lauriers de Loano ; Augereau, qui avait pris la forte ville de Figuières ; Victor, qui commandait si brillamment une division d'infanterie au siége de Toulon ; Laharpe, Serrurier, Joubert, Cervoni, illustres dans les armées de la république : il avait pour juge le vieux Kellermann, qui en 1792 avait remporté la grande victoire de Valmy. Quel génie fallait-il pour se faire pardonner la grande faveur qu'il venait d'obtenir !

En arrivant à Nice, Bonaparte trouva trente mille soldats et trente pièces de canon au lieu de plus de cent mille hommes qui étaient portés sur l'état du ministre de la guerre ; c'était peu pour combattre quatre-vingt mille Austro-Sardes et une artillerie de deux cents pièces. L'armée à la vérité, enthousiaste, intrépide, avait été victorieuse naguère avec Bonaparte et depuis encore avec Masséna ; mais elle se trouvait sans argent, sans habits, presque sans armes et dépourvue de munitions. Pour conquérir seulement le terrain qu'ils devaient enlever afin de commencer la guerre à laquelle on les destinait, nos soldats étaient forcés d'emporter d'assaut des glaciers inexpugnables, défendus par deux grandes armées. Il devait donc étonner cette armée, l'électriser, la surprendre pour obtenir des victoires. Napoléon sut juger les soldats de Toulon, de Gana, de Saorgie; et avant de partir, il leur dit :

« Soldats !

» Vous êtes nus, mal nourris; le gouvernement vous
» doit beaucoup et ne peut rien vous donner. Votre
» patience et le courage que vous montrez au milieu
» de ces rochers sont admirables ; mais ils ne vous pro-
» curent aucune gloire, aucun éclat ne rejaillit sur
» vous. Je veux vous conduire dans de fertiles plaines;
» de riches provinces, de grandes villes seront en votre
» pouvoir ; vous y trouverez honneur, gloire et ri-
» chesses. Soldats d'Italie ! manqueriez-vous de cou-
» rage ou de constance ? »

Ces paroles prononcées d'une voix ferme furent électriques pour la jeune armée à laquelle on n'avait pas su parler encore : elle répondit par une acclamation unanime. Dès ce moment s'établit entre Bonaparte et les soldats une sorte de fraternité d'armes, de confiance mutuelle, qui fut la source de ces faits inouïs qui étonnent encore le monde.

La tactique provenant des combinaisons de Bonaparte était propre uniquement à la guerre d'Italie; sa conformation physique entra dans ses moyens de conquête, ainsi que la nature des armées qu'il devait combattre et le caractère propre de celle qu'il commandait.

Voici quelles étaient les forces en présence : l'armée austro-sarde obéissait au général en chef Beaulieu; quarante-cinq mille Autrichiens étaient commandés par les généraux Argenteau, Mélas, Wukassowick, Liptay et Sebottendorff, et vingt-cinq mille Sardes par les généraux Provera et Latour; le premier corps avait cent quarante pièces de canon, et le second soixante. Dix mille Napolitains devaient porter les forces ennemies à quatre-vingt mille hommes. L'armée française comptait trente mille soldats, en cinq divisions d'infanterie commandées par Masséna, Augereau, Laharpe, Maquart et Serrurier; deux mille cinq cents hommes d'artillerie et du génie avec trente pièces de canon, par le général Dujard; les aides-de-camp du général en chef étaient Murat, Duroc, Muiron, Marmont, etc.

L'idée-mère de cette campagne était de tourner les Alpes, et de pénétrer en Italie au point où elles finissent et où commencent les Apennins.

L'infériorité numérique de notre armée prescrivait à Bonaparte d'éviter tout engagement général avec la grande armée austro-sarde. Jusqu'au 11 avril tout avait réussi au gré du général piémontais, mais trois fois l'infanterie ennemie attaque notre dernier rempart; trois fois elle est repoussée par les feux croisés de l'artillerie. Cependant les Autrichiens étaient au pied des retranchemens presque sans avoir éprouvé de résistance. La redoute allait tomber, les républicains n'avaient plus de munitions! Le colonel Rampon qui les commandait s'élance au milieu d'eux, leur fait jurer de mourir plutôt que d'abandonner leur poste, et la redoute est défendue par des prodiges de valeur qui durent toute la nuit. Bonaparte envoie Laharpe avec des munitions et des renforts; et quand l'ennemi s'approche, du haut de la redoute la mitraille le pulvérise. A cette résistance inattendue les Autrichiens s'arrêtent glacés de terreur : bientôt ils prennent la fuite de tous côtés sans pouvoir comprendre la cause de leur malheur. Quinze cents morts, deux mille prisonniers, des drapeaux, des canons témoignèrent de la perte des coalisés. Telle fut la bataille de Montenotte et la première victoire par laquelle Beaulieu apprit l'entrée des Français en Piémont.

Les Autrichiens battus se retirèrent sur Diégo et les Piémontais sur Millésimo. Le général français porta son quartier-général à Cossenza. Le 12 et le 13 son armée marcha en trois corps; la gauche, sous Augereau, se porta sur Millesimo; le centre, sous Masséna, sur Dego; et Laharpe avec la droite sur les hauteurs du Cairo. Augereau força les défilés de Millesimo, Masséna et Laharpe enlevèrent Dego. Provera, réfugié dans le château de Cossaria, dut poser les armes. La journée de Montenotte et celles de Millesimo et Dego coûtèrent à l'ennemi huit mille prisonniers, trente-cinq pièces de canon et vingt drapeaux. Au combat de Dego, Bona parte remarqua un chef de bataillon qu'il fit chef de brigade sur le champ de bataille : c'était Lannes.

En arrivant sur les hauteurs de Monte-Zemolo l'armée française contempla avec étonnement la gigantesque chaîne des Alpes. « Annibal a franchi les Alpes, dit Bonaparte; nous, nous les avons tournées. » C'était le plan et le résultat de cette miraculeuse campagne.

Serrurier, qui s'était attaché à la poursuite de Colli, se porte sur Mondovi, enlève la redoute de la Bicoque et décide le succès de la bataille. Les Piémontais perdent trois mille hommes, huit pièces de canon, dix drapeaux, quinze cents prisonniers, dont trois généraux. Pendant dix jours de campagne chaque général divisionnaire de l'armée eut son tour de gloire, chaque rencontre fut une bataille et chaque bataille une victoire pour l'armée française.

Bonaparte marche sur Cherasco et met cette place en état de défense; il y trouve de grands magasins, et désormais l'artillerie compte soixante bouches à feu en campagne. L'armée d'Italie connaît l'abondance et la discipline, c'est une patrie pour les braves, et les dépôts se précipitent avec joie sur la route pour rejoindre les héros de la république.

Cherasco ne donne pas son nom à une victoire, mais à un traité. La cour de Turin envoya solliciter un armistice. Les conditions de cet armistice donnent l'idée des embarras où se trouva tout-à-coup plongé ce faible gouvernement. Le colonel Murat, premier aide-de-camp de Bonaparte, partit pour Paris avec vingt-et-un

drapeaux et le traité d'armistice. Bonaparte écrivit au Directoire : « ...... Je marche demain sur Beaulieu ; je
» l'oblige à repasser le Pô. Je le passe immédiatement
» après ; je m'empare de toute la Lombardie, et avant
» un mois j'espère être sur les montagnes du Tyrol,
» trouver l'armée du Rhin, et porter de concert la
» guerre dans la Bavière. Ce projet est digne de vous,
» de l'armée et des destinées de la France....∴ » L'armée grandissait avec son chef, la législature lui transmit l'expression de la reconnaissance nationale. Cependant le roi de Sardaigne envoie à Paris le comte de Revel pour traiter la paix. Elle est signée le 15 mai.

Dès ce moment l'Europe contemple avec admiration le jeune conquérant qui, en quinze jours de campagne, s'est emparé d'un royaume défendu par les Alpes, par des forteresses, et par deux armées à la tête desquelles se trouvaient de vieux et habiles généraux.

CHAPITRE VI.

Passage du Pô. — Suspension d'armes avec Parme et Modène.— Passage du pont de Lodi.— Le Directoire jaloux de Bonaparte. — Il veut lui adjoindre le général Kellermann. — Traité avec le Piémont. — Révolte de Pavie.

1796.

Bonaparte, qui n'avait conquis le Piémont que pour attaquer le Milanais, ne songea, dans sa seconde campagne, à conquérir le Milanais que pour prendre Mantoue. Le général Bonaparte marche maintenant avec des forces à peu près égales à celles de l'ennemi. Les citadelles de Tortose, Coni, Ceva, sont occupées par les Français. Les Autrichiens évacuent Alexandrie. Le 6 mai, Beaulieu passe le Pô à Volonza; il croit que les Français tenteront le passage du fleuve, il détruit le pont et enlève les bateaux. Les mouvemens que Bonaparte ordonne et que Masséna exécute d'Alexandrie servent à entretenir l'erreur du général ennemi. La marche d'un fort détachement, qui fait mine de vouloir passer le Pô à Cambio, masque l'opération de l'armée française sur un autre point. En effet Bonaparte part avec dix bataillons de grenadiers, sa cavalerie et vingt-quatre pièces de canon; et le 7 mai il se dirige sur Plaisance à marches forcées, pour surprendre le passage du Pô. Lannes passe le fleuve le premier avec l'avant-garde sur des bateaux. Le 9 toute l'armée, qui est arrivée la veille, franchit le fleuve, large, à Plaisance, de deux cent cinquante toises.

Le même jour Bonaparte écrit dans son quartier-général de Plaisance au directeur Carnot : « Nous avons » passé le Pô; la seconde campagne est commencée; » Beaulieu est déconcerté; il donne constamment dans » les piéges qu'on lui tend; peut-être voudra-t-il livrer » une bataille. Cet homme a l'audace de la fureur et » non celle du génie. Encore une victoire et nous sommes » maîtres de l'Italie. — Je vous fais passer vingt » tableaux des premiers maîtres, de Corrége et de Mi- » chel-Ange. — J'espère que les choses vont bien; je » peux vous envoyer une douzaine de millions, cela ne » vous fera pas de mal pour l'armée du Rhin. »

Une suspension d'armes fut signée le même jour à Plaisance avec le duc de Parme, qui acheta ce traité avec des tableaux et des millions que le général fit passer à Paris. L'armistice donna en plus seize cents chevaux, des magasins de blé et de fourrages, et défraya le service des hôpitaux. Le duc de Modène s'empressa également d'envoyer un plénipotentiaire au général Bonaparte, pour demander une suspension d'armes; elle eut lieu moyennant dix millions, dont deux millions cinq cent mille livres en denrées et munitions de guerre, et vingt tableaux de grands maîtres.

Le 10, l'armée marche sur Lodi. A une lieue de Casal, une forte arrière-garde de grenadiers autrichiens défend la chaussée de Lodi; elle est culbutée et poursuivie jusque dans la ville, où les Français entrent pêle-mêle avec l'ennemi. Beaulieu démasque vingt-cinq pièces de canon pour la défense du pont; le général Bonaparte en oppose autant; puis, aussitôt que la cavalerie a commencé son attaque, les grenadiers se précipitent sur le pont, le franchissent, au pas de course et s'emparent du canon de l'ennemi. Ce beau fait d'armes jette une profonde consternation dans le camp autrichien. La victoire de Lodi donnait toute la Lombardie à la république.

Bonaparte, méditant toujours une invasion par le Tyrol, écrivit le 11 au directeur Carnot: «Bientôt il est pos-
» sible que j'attaque Mantoue; si je prends cette place,
» rien ne m'arrêtera plus pour pénétrer dans la Bavière......» Toutefois, dans une dépêche que Bonaparte reçut à Lodi, le Directoire témoignait presque autant

de surprise du langage de son général que de ses victoires. Aussi après avoir loué la conquête du Piémont et avoir approuvé le brillant armistice qui en fut la suite, il témoignait, avec une affectation très prononcée, sa satisfaction de ce que le commissaire civil Salicetti avait été consulté avant la conclusion de cet armistice. « Ces
» sortes de transactions, disait la dépêche, dans les cas
» où le Directoire ne peut être consulté lui-même,
» sont particulièrement du ressort du commissaire du
» gouvernement. » Quant au projet d'une invasion dans le Tyrol, il était combattu comme périlleux dans l'hypothèse d'une défaite, et de plus le Directoire lui annonçait son intention de partager en deux l'armée d'Italie. Kellermann devait commander celle qui garderait le Milanais, et Bonaparte celle qui devait agir sur les côte de la Méditerranée, à Livourne, à Rome et à Naples.

Bonaparte, jugeant bien ceux qui lui donnaient de tels ordres, se plaça aussitôt dans la sphère de supériorité qui lui convenait, et traita d'égal à égal, de puissance à puissance. Il leur dit de Lodi, le 14 mai suivant :
« Je crois très impolitique de diviser en deux l'armée
» d'Italie ; il est également contraire aux intérêts de la
» république d'y nommer deux généraux. L'expédition
» de Livourne, Rome et Naples est très peu de chose ; elle
» doit être conduite par des divisions échelonnées, de
» sorte que l'on puisse, par une marche rétrograde, se
» trouver en force contre les Autrichiens et menacer
» de les envelopper au moindre mouvement qu'ils fe-
» raient. Il faudra pour cela non-seulement un seul

» général, mais encore que rien ne le gêne dans sa
» marche et dans ses opérations. J'ai fait la campagne
» sans consulter personne; je n'eusse rien fait de bon
» s'il eût fallu me concilier avec la manière de voir
» d'un autre. J'ai remporté quelques avantages sur des
» forces supérieures et dans un dénuement absolu de
» tout, parce que, persuadé que votre confiance se re-
» posait sur moi, ma marche a été aussi prompte que
» ma parole. Si vous m'imposez des entraves de toute
» espèce, s'il faut que je réfère de tous mes pas aux
» commissaires du gouvernement, s'ils ont le droit de
» changer mes mouvemens, de m'ôter ou de m'envoyer
» des troupes, n'attendez plus rien de bon. Si vous af-
» faiblissez vos moyens en partageant vos forces, si
» vous rompez en Italie l'unité de la pensée militaire,
» je vous le dis avec douleur, vous aurez perdu la plus
» belle occasion d'imposer des lois à l'Italie. »

Le même jour, par le même courrier, il écrivait au directeur Carnot, en lui parlant de sa réponse au Directoire : « Kellermann commandera aussi bien que moi;
» mais je pense que vouloir nous réunir c'est vouloir
» tout perdre. Je ne puis pas servir volontiers avec un
» homme qui se croit le premier général de l'Europe;
» et d'ailleurs, je crois qu'il faudrait plutôt avoir un
» mauvais général que deux bons : la guerre est comme
» le gouvernement, c'est une affaire de tact. »

Toutes les victoires du général Bonaparte avaient amené un traité qui fut signé à Paris, et enleva au Piémont la Savoie, le comté de Nice et le territoire de Tende, et livra toutes ses places fortes à l'armée française. Le jour même de la signature de ce traité, le 15 mai, le général Bonaparte faisait son entrée solennelle à Milan, dont toutefois la citadelle restait au pouvoir de l'ennemi.

Depuis notre entrée en campagne, la guerre alimentait l'armée. L'artillerie et les munitions nécessaires au siège du château de Milan furent tirées des places de Tortone, Alexandrie, Coni, Ceva et Cherasco. Outre les sommes stipulées dans les traités avec les ducs de Parme et de Modène, la Lombardie eut à nous payer vingt millions. Le 22 mai, Bonaparte écrivit au Directoire : « Vous pouvez compter à cette heure sur six à
» huit millions, argent ou or, lingots ou bijoux, qui
» sont à votre disposition à Gênes... Les troupes sont
» satisfaites ; elles touchent la moitié de leurs appointe-
» mens en argent ; le pillage est réprimé et la discipline
» avec l'abondance renaissent dans cette glorieuse ar-
» mée. »

Le Directoire n'avait pas vu d'avance qu'en partageant l'armée d'Italie entre Kellermann et Bonaparte, il perdait infailliblement sa conquête ; il comprit au moins par la réponse de ce dernier qu'il serait imprudent de persister dans ce projet ; mais la jalousie des lauriers de Bonaparte avait aveuglé le Directoire, et il avait poussé cette jalousie jusqu'à l'ingratitude. Cependant il lui écrivit : « Vous paraissez désireux, citoyen général,
» de continuer seul à conduire toute la suite des opéra-
» tions militaires de la campagne actuelle en Italie. Le
» Directoire a mûrement réfléchi sur cette proposition,
» et la confiance qu'il a dans vos talens et votre zèle

» républicain a décidé cette question en faveur de l'af-
» firmative. Le général Kellermann restera à Cham-
» béry, etc... »

De cette époque date la suprématie de Bonaparte. C'est du palais de Milan qu'il correspond avec le palais du Luxembourg, et sa correspondance ressemble à celle qui s'établit entre un souverain et ses ministres; la répartition qu'il désigne pour les contributions qu'il envoie, la disposition de ses forces, l'emploi de tous ses moyens, sont présentés par lui au Directoire comme des nécessités dont il le rend responsable; et d'après l'attitude que prend Bonaparte, le gouvernement semble transiger plutôt qu'ordonner.

Bonaparte donne huit jours de repos à l'armée, mais ces huit jours sont pour lui des jours de travail : il poursuit l'exécution du traité avec le Piémont, prépare ceux qu'il doit imposer au pape et au roi de Naples, termine l'arrangement avec le duc de Parme, conclut l'amnistie de Modène, organise les gardes nationales, et introduit les principes républicains par l'ouverture des sociétés populaires.

Bonaparte n'ignorait pas qu'il avait en Italie deux ennemis bien redoutables : les nobles et les prêtres, il en obtint bientôt la preuve. Arrivé le 24 à Lodi, pour reprendre contre Beaulieu ses opérations militaires, il est subitement rappelé à Milan par la nouvelle d'une conspiration éclatée à Pavie, et soutenue par la garnison de la citadelle de Milan. Le général Bonaparte se porta rapidement sur Pavie, foyer de la conspiration. Le tocsin sonnait dans les campagnes, les prêtres et les

nobles excitaient au massacre des Français. Les révoltés avaient porté une avant-garde de huit cents hommes au village de Binasco. Lannes les détruisit et mit le feu au village. Bonaparte espérait que cette exécution militaire imposerait à la ville de Pavie, qui du haut de ses remparts voyait l'incendie de Binasco. Il fait placarder aux portes de la ville de Pavie cette proclamation publiée dans Milan : « Une multitude égarée, sans moyens de
» résistance, se porte aux derniers excès, méconnaît la
» république et brave l'armée qui a triomphé des rois.
» Ce délire inconcevable est digne de pitié. L'on égare
» ce pauvre peuple pour le conduire à sa perte. Le gé-
» néral en chef, fidèle aux principes adoptés par sa na-
» tion, ne fait pas la guerre aux peuples; il veut bien
» laisser une porte au repentir : mais ceux qui, sous
» vingt-quatre heures, n'auront pas posé les armes, se-
» ront traités comme rebelles ; leurs villages seront
» brûlés. Que l'exemple terrible de Binasco leur fasse
» ouvrir les yeux. Son sort sera celui de toutes les com-
» munes qui s'obstineront à la révolte. »

Le 26, le général Bonaparte sort de Binasco avec sa petite colonne, et arrive devant Pavie ; il trouve les portes fermées. Il comptait sur la coopération de la garnison de la citadelle, qu'il y avait laissée, mais il apprend qu'elle s'est rendue. Le moment est critique : s'il rétrograde, la rébellion triomphe. Il ne balance point : avec ses six pièces d'artillerie, il fait battre les portes; les grenadiers les achèvent à coups de hache. Ils entrent dans la ville, et Pavie est soumise ; les magistrats et le clergé demandent grâce : elle leur est accordée. Mais il y a une justice à faire, et c'est sur les Français qu'elle doit tomber. Trois cents soldats, prisonniers dans la citadelle, avaient profité du tumulte pour se réunir aux insurgés : « Lâches ! leur dit le général en chef, je vous » avais confié un poste essentiel au salut de l'armée, » vous l'avez abandonné à de misérables paysans, sans » opposer la moindre résistance ! » Il voulait les faire décimer; mais le capitaine qui, sur l'ordre du général ennemi, avait rendu la citadelle, devint seul responsable de la conduite de ses soldats : il fut fusillé. Cependant le général en chef révoqua l'ordre d'incendier Pavie, qui résultait de sa proclamation ; on désarma les campagnes, et des ôtages choisis dans les principales familles de la Lombardie partirent pour Paris. Ainsi finit la révolte de Pavie.

CHAPITRE VII

Institution du corps des guides. — Reddition de la citadelle de Milan. — Siége de Mantoue. — Campagne des cinq jours. — Trahison du pape. — Paix avec Naples. — La Corse délivrée des Anglais.

De juin à la fin de septembre 1796

Beaulieu avait obtenu des renforts et transféré son quartier-général derrière le Mincio, qu'il était résolu à défendre pour empêcher l'investiture de Mantoue. Le général Bonaparte manœuvre le 30, pour tromper l'ennemi, sur le Mincio, comme il l'avait fait sur l'Adda et sur le Pô. Le général Murat attaque la cavalerie, prend neuf pièces de canon, deux étendards et deux mille hommes ; le colonel Gardane, avec les grenadiers, entre au pas de charge dans Porghetto, dont l'ennemi brûle le pont : Gardane se jette dans la rivière avec cinquante grenadiers ; arrive audacieusement sur Vaglio et l'emporte.

Le général en chef établit son quartier général à Velaggio, d'où l'intrépidité de Gardane a chassé l'ennemi. Cependant le général autrichien Schottendoff, avec une partie de la gauche de Beaulieu, accourait de Pozzuolo, au bruit du canon, et ne rencontrant personne, pénétra dans Velaggio. Le général en chef était enlevé, si son escorte n'avait pas fermé tout-à-coup la porte de sa maison ; il se jeta sur un cheval et se sauva par les jardins.

Cet incident militaire fit instituer ce fameux corps de guides de Bonaparte, qui, composé de cavaliers d'élite, devait accompagner partout le général en chef. Ce corps reçut dès-lors l'uniforme adopté depuis pour les chasseurs de la garde impériale ; ce fut le dernier habit que Napoléon porta à Sainte-Hélène.

La victoire de Borghetto donnait à Bonaparte l'avantage de couvrir le siége de Mantoue, mais il fallait s'emparer de Vérone. Il s'occupait à la fois d'entrer à Livourne, pour s'emparer dans ce port des bâtimens et des propriétés britanniques ; se créer en Corse, qui était occupée par les Anglais, une insurrection contre eux, d'anéantir, par de rigoureuses exécutions militaires, la révolte des pays conquis ; enfin d'emporter la citadelle de Milan, qui était le chef du siége de Mantoue. Le roi de

Naples, que l'envahissement de l'Italie supérieure rendait inquiet pour ses états, pressé par le cabinet de Madrid, avait envoyé le prince de Belmonte-Pignatelli au général Bonaparte, pour demander un armistice : ce fut un grand coup de fortune pour l'armée française ; mais le Directoire, étranger à toute politique raisonnée, ne cédait qu'au penchant aveugle de révolutionner la Toscane, l'État romain et le royaume de Naples. Il envisageait la conquête comme une proie, sans s'embarrasser des suites d'une déprédation ordonnée contre les peuples : aussi le général en chef lui écrivait-il de Milan, après avoir établi l'avantage de l'armistice qu'il venait de conclure avec le roi de Naples. « Pouvons-nous et devons-
» nous aller à Naples? Le siége du château de Milan, la
» garde du Milanais, et les garnisons des places con-
» quises, demandent quinze mille hommes; la garde de
» l'Adige et les positions du Tyrol, vingt mille. Il ne
» reste, compris les secours qui arrivent de l'armée des
» Alpes, que six mille hommes. Mais en eussions-nous
» vingt, il ne nous conviendrait pas de faire vingt-cinq
» jours de marche. Pendant ce temps-là Beaulieu se re-
» poserait, recruterait, renforcerait son armée dans le Ty-
» rol et nous reprendrait, à l'automne, ce que nous lui
» avons pris dans le printemps, etc. »

Le siége de la citadelle de Milan était poussé avec une grande vigueur et la tranchée ouverte. Pendant ces travaux, auxquels il trouvait sa présence peu nécessaire, Bonaparte transféra brusquement son quartier-général à Tortone, et envoya le colonel Lannes avec douze cents hommes châtier les fiefs impériaux. La première exécution tomba sur la ville d'Arquata, dans laquelle un détachement de cent cinquante Français avait été assassiné.

Cependant le général Bonaparte était inquiété par des soulèvemens que l'oligarchie génoise fomentait en secret, et désavouait ensuite. Le vainqueur réprimait par la force ces attentats si contraires aux conventions et remplissait envers son armée et son gouvernement une de ses plus grandes obligations comme général en chef, celle de maintenir ses communications avec la patrie, et les dépôts de toute nature qu'il avait formés à Nice et à Antibes.

Aussitôt le calme rétabli dans l'état de Gênes et dans le Piémont, Bonaparte quitta Tortone et arriva le 19 juin à Modène. La guerre contre le pape occupait alors l'armée. Le 14, Augereau avait passé le Pô et s'était emparé des légations de Bologne et de Ferrare. Le colonel Vignolles avait fait capituler le fort d'Urbin. Reggio, Modène et Bologne surtout secouèrent hautement le joug pontifical, et, dès les premieres propositions d'armistice faites par le chevalier Azzaro, ministre du saint-père, Bologne demanda d'être garantie de tout retour sous la puissance de Rome. Elle arma des gardes nationales, et se constitua en ville libre sous la protection de la France. La trêve fut conclue le 24 juin à Bologne. Cette place et Ferrare restèrent au pouvoir de l'armée française, qui prenait possession de la citadelle d'Ancône. Le pape paya vingt-et-un millions en argent et en denrées; et abandonna cent chefs-d'œuvre des arts et cinq cents manuscrits au choix des commissaires français

Le moment d'occuper Livourne, d'en chasser les Anglais et de leur reprendre la Corse était enfin venu ; Murat se porta sur Livourne, la destruction de la factorerie anglaise, la saisie de toutes les marchandises britanniques, se firent vivement sentir en Angleterre; et la Corse fut aussitôt menacée par les Français. Une vingtaine de Corses qui avaient fui le gouvernement de Paoli se réunirent à Livourne, et de là descendirent en Corse, où ils réveillèrent l'insurrection dans les montagnes. Bonaparte, sur la fin de juin, fit passer à ses compatriotes quatre mille fusils, mille paires de pistolets et six milliers de poudre ; trois mois après, la Corse était affranchie de la domination anglaise.

De Livourne, le général en chef se rendit à Florence. Peu de jours après, étant à table chez le grand duc, il apprit que, le 29, la citadelle de Milan avait capitulé. On y trouva de grands approvisionnemens.

La nouvelle de la reddition du château de Milan rappela le général en chef aux opérations du siége de Mantoue. La république de Venise suivait un plan de perfidie, et, sous le voile de la neutralité, elle faisait en secret des armemens considérables. Tous les gouvernemens de l'Italie avaient une haine cachée contre la république et ses troupes, c'était un volcan prêt à dévorer l'armée française, sauf les villes de Bologne, de Ferrare, de Faenza, de Reggio, qui avaient d'enthousiasme arboré les couleurs de la liberté. La saine politique du général en chef lui prescrivait dans cet état de choses de ménager les habitans, aussi il écrivait au Directoire·

» ....Dans la position où nous sommes en Italie, il faut
» ne nous faire aucun ennemi..... »

Quelques jours plus tard, il confiait en quatre mots au Directoire la destinée de la campagne qu'il méditait, avec quarante mille hommes contre les soixante mille de Wurmser : « Malheur, disait-il, à qui calculera mal. »

Cent quarante pièces de canon sont devant Mantoue, depuis le 18 juillet; la tranchée est ouverte. Le général en chef se rend à Milan, où il obtient l'entière exécution du traité avec le roi de Sardaigne. L'Italie est alliée ou soumise. Mantoue seule tient encore en suspens la victoire française.

Depuis deux jours la grande armée de Vurmser, deux fois plus forte que l'armée française, faisait d'immenses progrès; les colonnes autrichiennes couvraient les hauteurs de Vérone, la rive gauche de l'Adige, stationnaient à Gavardo, menaçaient Ponte-san-Marco et Lonato, et par la direction des différens corps, étaient à la fois sur Milan, sur Crémone et sur Mantoue. Cette disposition découvrit au général Bonaparte le plan des ennemis; l'infériorité numérique de ses troupes ne lui permettait pas de livrer bataille à l'armée autrichienne réunie : il devait, avant tout, empêcher Wurmser de se réunir à Quasdonawitch, commandant un corps de vingt mille hommes dans l'armée ennemie. Son génie lui inspira subitement la résolution d'abandonner devant Mantoue la tranchée, les ouvrages, les cent quarante pièces de canon de siége; en un mot, de lever le blocus, et d'aller conquérir par de nouveaux triomphes le pouvoir de le reprendre; le général Serrurier brûla ses affûts, noya ses poudres, et, dans la nuit du 31 juillet, rejoignit l'armée active. Après un conseil de guerre, où Augereau vota pour l'attaque, le général en chef mit l'armée en mouvement contre Quasdanowitch sur Brescia.

Ici commence cette suite de victoires que nos soldats nommèrent la *campagne des cinq jours*. C'est alors qu'eurent lieu la bataille de Lonato, de Castiglione et la prise de Vérone. Du 29 juillet au 12 août, l'ennemi avait perdu soixante-dix pièces de canon et quarante mille hommes, dont quinze mille avaient été faits prisonniers. Il est vrai qu'il avait ravitaillé Mantoue, où il avait laissé une garnison de quinze mille hommes, et que l'armée française ne pouvait réparer la perte de l'artillerie de siége laissée devant cette ville : aussi le général Bonaparte se contenta-t-il d'ordonner un étroit blocus dont il chargea la division Serrurier. Le 24 août, l'ennemi, chassé de toutes ses positions extérieures, était refoulé dans la place.

Ce fut le second blocus de Mantoue.

Alors le général Bonaparte fut à même de connaître l'esprit de l'Italie et la fidélité des princes avec lesquels il avait traité. Le pape avait donné le premier l'exemple de la perfidie; aussitôt après la levée du siége de Mantoue, il avait cru au triomphe des Autrichiens. Le cardinal Mattei, archevêque de Ferrare, avait prêché l'insurrection, et il était entré à main armée dans la citadelle de cette ville. Six jours après on prit Castiglione. Le cardinal, mandé à Brescia par le général en chef, vint, s'humilia devant le vainqueur, et lui dit ce seul mot :

peccavi. Bonaparte l'envoya pendant trois mois dans un séminaire, en punition ecclésiastique.

Fidèle à son plan d'attaquer l'ennemi en détail, Bonaparte mit en mouvement l'armée française. Le 1ᵉʳ septembre, Vaubois se dirigea sur Trente, Masséna sur la chaussée de la rive gauche; Augereau suivit cette même rive. L'avant-garde de Vaubois emporte le pont de la Sasco; celle de Masséna la position de Soravalle; et le 14 septembre s'engagea la bataille de Roveredo, où les Autrichiens enfoncés de toutes parts furent poursuivis par les Français jusqu'aux défilés de Caliano. La victoire de Roveredo donna à la république sept mille prisonniers, vingt-cinq pièces de canon, cinquante caissons, sept drapeaux; elle seconda aussi les vues du général Bonaparte, en ce que Wurmser était coupé du Trentin et du Tyrol.

Dans la nuit suivante Bonaparte apprend que Wurmser menace Vérone, il prend sur-le-champ la résolution d'aller, à marches forcées, pour l'arrêter; le lendemain matin 6, les deux avant-gardes se trouvent en présence à Primolano qui fut emporté, ainsi que le fort de Cavolo. Cette journée coûta à l'ennemi quatre mille prisonniers, douze pièces de canon et une grande quantité de caissons. Le 8, Bassano était à nous; six mille prisonniers, trente pièces de canon, un parc immense de bagages et de voitures attelées, deux équipages de pont restèrent au pouvoir des Français.

Dans sa retraite, Wurmser força les Français à Céréa; il s'empara aussi de Villa-Impenta et de duc-Castelli, ces succès déterminèrent le général autrichien à continuer à tenir la campagne; il se mit à la tête de la garnison de Mantoue et campa entre le faubourg Saint-Georges et la citadelle. Son armée était de vingt-cinq mille hommes; l'armée française en comptait vingt-quatre mille. Le choc eut lieu le 19 : il prit le nom de bataille de Saint-Georges. Une habile manœuvre de Masséna porta le désordre dans les rangs autrichiens et décida la victoire. Le combat fut sanglant et acharné; enfin l'ennemi laissa trois mille prisonniers, trois drapeaux, onze pièces de canon et courut se renfermer dans Mantoue. Le général Kilmaine, à la tête de la division Serrurier, mit fin, le 1er octobre, à la guerre de Wurmser; il entra dans le Séraglio, reprit les positions de Pradella et de Cérèse, et Mantoue fut étroitement bloquée.

L'aide-de-camp Marmont porta au Directoire les drapeaux enlevés aux batailles de Roveredo, de Bassano et de Saint-Georges.

L'application de la politique à la guerre n'abandonna jamais la pensée de Bonaparte dans tout le cours de sa vie. La campagne d'Italie n'est pas seulement pour lui l'école pratique de cette stratégie supérieure qu'il a inventée : elle l'est encore de cette suprématie qui a mis pendant quinze ans l'Europe à ses pieds. Mais il ne trouve pas dans le Directoire des hommes qui le comprennent. Le Directoire dans toutes ses dépêches montre la crainte de ne pas faire assez tôt la paix. Il s'arrangeait pour vivre tranquille et pour régner bourgeoisement sur la liberté. Il croyait que les peuples de l'Italie ne devaient songer à leur affranchissement que sous son bon plaisir. Mais le général en chef savait qu'il devait compte de sa conduite à la patrie, à l'armée, à l'histoire, et il prenait aussi sur lui, dans ses lettres aux ministres de la république, à Gênes, à Rome et à Venise, la responsabilité de la politique future et des traités actuels. La correspondance du général Bonaparte avec le Directoire se termine à Milan, au 12 octobre. Avant de quitter cette capitale il désigne au Directoire des officiers et des employés civils accusés de dilapidation dont il veut débarrasser l'armée. « En leur faisant guerre ouverte, dit-il, il est clair que je vais élever contre moi mille voix qui vont chercher à pervertir l'opinion. Je comprends que si l'on supposait que je voulais être duc de Milan, on peut dire aujourd'hui que je veux être roi d'Italie..... L'armée d'Italie, continue Bonaparte, a produit, dans la campagne d'été, vingt millions, elle peut en produire le double si vous nous envoyez une trentaine de mille hommes. » Par le même courrier, Bonaparte rendait compte de la séance du congrès qui avait eu lieu à Modène. Il avait pris sur lui de rompre l'armistice avec le duc : « Je suis fâché, écrivait-il au Directoire le 24 octobre, que votre lettre soit arrivée trop tard... »

Le 9, une convention fut conclue à Paris, entre le Directoire et le gouvernement de Gênes. Le 10, le Directoire signa la paix de Naples. Le 22, la Corse, après avoir envoyé sa soumission à Bonaparte et avoir expulsé les Anglais, était rentrée sous la domination française. Enfin le même jour, lord Malmesbury arrivait à Paris pour négocier la paix de l'Angleterre.

Le Directoire ne savait pas se résoudre à des concessions momentanées pour acquérir l'alliance du nouveau roi Charles-Emmanuel. Bonaparte ne pouvant vaincre le gouvernement prit sur lui de signer à Bologne, le 10 février 1797, un traité offensif et défensif avec le comte de Balbo ; mais le Directoire jaloux de ses prérogatives ne l'approuva point. Le même jour, le général en chef rompit l'armistice de Modène, dont la régence avait, au mépris des conventions, procuré des secours à Mantoue.

L'armistice de Bologne avait eu lieu le 23 juin. Le Directoire gâta le traité à faire avec le pape : il discuta philosophiquement les affaires spirituelles ; le pape vit la religion en danger et ne voulut pas le ratifier. La république perdit seize millions par cette ineptie du Directoire. Dans l'intervalle, le saint père trahit son armistice et s'adressa à la cour de Vienne. La possibilité de punir la cour pontificale dépendait de la chute de Mantoue. Les fautes du Directoire compromettaient la tranquillité du Midi et la sûreté de l'armée française.

CHAPITRE VIII.

Bataille d'Arcole. — Bataille de Rivoli. — Reddition de Mantoue — Guerre du pape.

Du 1er novembre 1796 au 1er mars 1797.

Alvinzi, parti de Frioul à la tête de quatre-vingt-dix mille combattans, voulait délivrer Wurmser et chasser les Français d'Italie. Il marcha en trois colonnes sur la Brenta. Bonaparte arriva avec les troupes qu'il ame-

nait de Vérone. Le 6, à la pointe du jour, commença la bataille de la Brenta, une partie de l'armée ennemie fut rejetée sur la rive gauche de cette rivière. Moins heureux sur le Lavisio, Vaubois, forcé par sa position, abandonna la ville de Trente, et pressé par l'ennemi trop supérieur en nombre, compromit en se retirant la sûreté de Vérone. Le général en chef, mécontent de cette retraite, dit à la division Vaubois : « Soldats, je ne suis
» pas content de vous, vous vous êtes laissé chasser de
» positions où une poignée de braves devait arrêter
» une armée. Soldats de la 39ᵉ et de la 85ᵉ, vous n'êtes
» pas des soldats français. Général chef d'état-major,
» faites écrire sur les drapeaux : *Ils ne sont plus de*
» *l'armée d'Italie.* » Peu de jours après, ces deux régimens illustrèrent l'armée : c'était ainsi que Bonaparte faisait des héros.

L'armée d'Alvinzi et celle des Français se trouvèrent en présence le 11 : l'attaque eut lieu le lendemain ; mais l'avantage resta aux Autrichiens. Il y eut un moment de découragement dans l'armée française ; elle se plaignait, mais tout bas. Le 14 au soir elle passa silencieusement l'Adige et se forma sur la rive droite ; c'était une retraite qui s'opérait devant l'ennemi vainqueur ! Les habitans, voués aux Français, suivent avec désespoir les mouvemens de l'armée. La nuit ajoute encore à cette scène de tristesse. Tout à coup Bonaparte tourne brusquement à gauche ; à l'aurore, il se retrouve sur l'autre rive de l'Adige. Il n'y a que treize mille hommes au drapeau français ; ils n'ont pu lutter en plaine ; mais le terrain où Bonaparte place sa petite armée augmente sa force : ce sont des marais et des digues de part et d'autre ; il compte dès lors sur la victoire puisqu'elle ne dépend plus que du courage. Alvinzi n'a pas gardé le pays entre Arcole et l'Adige; il ne peut croire qu'une armée s'aventure dans des marais impraticables. Cependant cette armée s'avance : Bonaparte veut emporter Arcole; mais ce village résiste. Il ordonne alors un dernier effort, sa colonne de grenadiers s'arrête un moment indécise sous la mitraille : Bonaparte voit ce moment terrible; il descend de cheval, saisit un drapeau et s'élance sur le pont : « Soldats, s'écrie-t-il, n'êtes-vous plus les braves de Lodi? Suivez-moi ! » A sa voix un certain nombre de soldats montent sur la chaussée et marchent en avant. Mais le trouble règne à la queue de la colonne. Bonaparte, le drapeau à la main, s'élance à travers une grêle de balles et de mitraille; il est entouré de ce fameux état-major qui doit donner à l'armée ses plus illustres généraux : Lannes couvre de son corps le général en chef et reçoit encore trois blessures, Muiron est tué devant lui. Cependant la colonne est prête à franchir le pont, lorsqu'une dernière décharge la rejette en arrière. Les grenadiers restés auprès du général s'emparent de lui et l'emportent à travers le feu. A l'extrémité du pont, Bonaparte veut ramener les siens au combat; une nouvelle décharge à mitraille écrase tous ceux qui l'entourent, et, parmi ses troupes en désordre, il est entraîné dans un marais où il enfonce jusqu'à moitié du corps. Un cri se fait entendre: sauvons notre général ! Belliard et Vignolles se précipitent au pas de course sur l'ennemi, et le repoussent au-delà du pont, malgré un feu épouvantable. Bonaparte parvient à s'arracher du marais et vient se replacer à la tête de la colonne ; mais Alvinzi échappait aux Français, qui, des hauteurs de Ronco, le virent s'éloigner. Ainsi le succès de cette terrible journée ne fut pas complet. Ce jour même Bonaparte se décide à évacuer Arcole et se porte sur Ronco. Pour cacher son mouvement à l'ennemi, il fait allumer des feux sur la digue, et pendant la nuit il opère sa retraite. Le lendemain, il marche contre le corps commandé par Alvinzi. La bataille d'Arcole dura trois jours. La seconde journée est à Ronco. Alvinzi attaque son adversaire avec deux divisions. Les Français l'enfoncent au pas de charge et le refoulent dans les marais, après lui avoir enlevé du canon, des drapeaux et un grand nombre de prisonniers. Le lendemain, la bataille recommença. Elle fut d'abord indécise, Bonaparte évalue les pertes de son ennemi et se décide à l'aller affronter en plaine. A trois heures le combat s'engage sur toute la ligne. Une ruse fait croire à l'ennemi qu'il va être canonné par derrière, alors il rompt la ligne et bat en retraite.

Bonaparte ramena l'armée triomphante à Vérone par la porte de Venise. Les habitans, qui l'avaient vue partir quelques jours auparavant, malheureuse et découragée, témoignèrent leur surprise et leur admiration.

Tandis que Bonaparte cueillait les lauriers d'Arcole, l'impératrice de Russie, Catherine II, mourut. Cette mort inattendue devint pour la France et pour son général une grande faveur de la fortune. L'impératrice allait signer un traité d'alliance et de subsides avec l'Angleterre, quand elle fut emportée à Saint-Pétersbourg, le 17 novembre, par une attaque d'apoplexie. Paul Ier, son successeur, brisa tous les engagemens de Catherine.

Napoléon et Venise étaient dans un état d'observation réciproque : une prudence nécessaire voilait leurs desseins. Venise s'abstenait de provocations ouvertes, parce que l'armée était là; Bonaparte de son côté s'abstenait de vengeance, parce que Mantoue n'était pas prise. L'Autriche avait jeté le masque et rompu le traité de Bologne; l'empereur écrivait à Wurmser : « J'attends de votre volonté et de votre zèle que vous défendiez Mantoue jusqu'à toute extrémité » Bonaparte avait compris la seule manière de négocier avec l'Autriche : c'était de battre Alvinzi. Le général en chef avait demandé vingt mille hommes au Directoire; il lui en arriva six mille. Notre armée était de plus de deux tiers inférieure à celle des Autrichiens. Leur plan actuel étai d'opérer sur Mantoue avec deux armées, pour dégager la troisième qui se trouvait prisonnière dans la place. Bonaparte, qui n'a que trente-cinq mille hommes sous son drapeau, et huit à dix mille qui bloquent Mantoue, doit lutter contre quatre armées. Le pape fournit contre nous cinq ou six mille hommes.

Bientôt la lutte commence : Alvinzi s'avance vers le plateau de Rivoli, dans le dessein de se réunir à son artillerie et à sa cavalerie. Bonaparte l'apprend et veut l'assaillir avant qu'il ait atteint ce but. Il donne à Joubert l'ordre de s'emparer à tout prix du plateau de Rivoli : il y arrive lui-même, en toute hâte, après minuit. Il profite d'un beau clair de lune pour observer les forces de son adversaire, et juge, sur les feux de bivouac, qu'il a devant lui plus de quarante mille hommes, c'est plus de deux contre un; mais nous avons soixante bouches à feu et de la cavalerie. Au jour la bataille est livrée; l'armée d'Alvinzi est culbutée : sept mille hommes tombent en notre pouvoir, ainsi que dix pièces de canon qui avaient été au moment de se joindre à l'ennemi. Tout le reste de l'artillerie autrichienne avait été témoin de la déroute d'Alvinzi sans pouvoir lui porter secours. L'armée victorieuse se précipite alors sur elle et la prend presque tout entière. Bonaparte resta constamment au milieu du feu pendant l'action, qui dura douze heures; il eut plusieurs chevaux tués et blessés sous lui. Alvinzi, poursuivi et éprouvant des pertes immenses, abandonna successivement toutes ses positions et fut forcé de repasser la Piave.

Vingt jours du mois de janvier 1797 ravirent à l'Autriche trente-cinq mille hommes, dont vingt-cinq mille prisonniers, soixante pièces de canon et vingt-quatre drapeaux que le commandant des guides Bessières porta à Paris.

Le 2 février 1797, Wurmser remit au général Serrurier la ville de Mantoue et sa garnison de treize mille hommes. Bonaparte voulut épargner au vieux maréchal le chagrin de remettre son épée aux mains d'un aussi jeune capitaine que lui. Il ne voulut point assister au moment où cette garnison ayant son général en tête défila, en sortant de la ville, devant l'armée française. Peu de jours après Wurmser, reconnaissant de la modération que son vainqueur avait montrée à son égard, le prévint d'un complot d'empoisonnement ourdi contre lui.

Ce fut à peu près à cette époque que le jeune Beauharnais vint rejoindre le général en chef. Il avait dix-sept ans ; il fit immédiatement le service d'aide-de camp du général, qui avait pour lui une grande tendresse, justifiée par ses bonnes qualités.

Les Français portèrent alors leurs armes dans la Romagne. Le 2 février, Bonaparte partit de Bologne et plaça son quartier-général à Imola.

L'armée du pape était en campagne. Le prince de l'église lui-même campait fièrement, à la tête de sept mille hommes et d'une multitude de paysans et de moines, sur les bords du Sessio, et défendait le pont de Castel-Bolognèse avec huit pièces de canon. Le général Victor prit position le 2 février. Un parlementaire romain se présenta et menaça, de la part du saint-père, de faire feu si l'ennemi s'avançait. Bonaparte eut la politesse de remettre l'affaire au jour suivant ; mais il fit passer, pendant la nuit, la rivière à une lieue au-dessus de sa position, par l'avant-garde aux ordres du général Lannes, en sorte que le lendemain l'armée pontificale se réveilla très étonnée de se trouver entre deux feux. Une heure après, les troupes romaines fuyaient dans une déroute complète. On ramassa sur le champ de bataille des moines, des crucifix et des poignards. La conquête de la Romagne fut une promenade militaire.

La paix fut alors signée avec Sa Sainteté.

Ainsi Bonaparte, vainqueur infatigable, donne sur

le champ de bataille la paix à ses conquêtes. Il n'est encore ambitieux ni pour lui ni pour sa patrie ; ce sont des amis et des nations libres qu'il attache à la république.

CHAPITRE IX.

Armistice de Leoben. — Junot va menacer Venise. — Conférences de Leoben. — Opérations tardives des armées du Rhin et de Sambre-et-Meuse. — Fin de Venise.

Du 1er mars au 12 mai 1797.

Après la prise de Mantoue, l'Autriche s'était vue menacée dans ses états héréditaires. Elle songe alors à opposer une cinquième armée à Bonaparte. Le prince Charles quitte les bords du Rhin, où il tenait tête sur ce point aux armées françaises, et amenant avec lui ses meilleures troupes, se met en marche vers l'Italie ; la faute de l'Autriche, dans toute cette guerre, fut de morceler ses armées et de les faire battre en détail, au lieu de les porter en masse contre son ennemi. Bonaparte se dispose à marcher contre ce nouvel adversaire. Le total des forces françaises est de soixante-quinze mille hommes, dont cinquante-cinq mille forment l'armée active, que le général en chef va mettre en mouvement.

Les premiers coups de Masséna soumettent Bassano, Feltre, Bellune, Cadore. Bonaparte force le passage du Tagliamento ; bientôt la ligne des Autrichiens est enfoncée, et l'ennemi bat en retraite sur Palma-Nova, où le vainqueur entre à sa suite. Les Français se rendent encore maîtres de quatre capitales, Goritz, Klagenfurth, Laybach et Trieste. L'alarme se répand à Vienne; on transporte au fond de la Hongrie les enfans de la famille impériale, ainsi que les trésors de la cour et de la ville.

Bonaparte suivant le système de modération et de générosité qui a si fort illustré ses victoires, écrit à l'archiduc Charles pour l'engager à conclure la paix ; mais l'orgueil du cabinet autrichien la refuse à Bonaparte aux portes de Vienne. Il fut encore condamné à vaincre. Le 2 août, Masséna se porta en avant : en peu d'instans la ligne autrichienne fut brisée, les Français s'emparèrent des positions et entrèrent avec les Impériaux dans Neumark, où l'on prit douze cents hommes et du canon. L'archiduc proposa une suspension d'armes, afin, disait-il, de pouvoir prendre en considération la lettre du 31 mars. Mais Bonaparte répondit qu'on pouvait négocier en se battant, et qu'il n'y aurait point d'armistice jusqu'à Vienne, à moins que ce ne fût pour la paix définitive. Mais l'archiduc Charles lui ayant demandé une suspension d'armes de cinq jours, Bonaparte accepta ; le soir la suspension d'armes fut signée, et l'adjudant-général Leclerc, depuis son beau-frère, porta la nouvelle de cet armistice au Directoire.

Depuis le commencement de cette campagne les négociations précédemment entamées avec la république de Venise avaient continué. Cependant, malgré la défaite de l'archiduc Charles, le sénat de Venise fut si aveugle dans sa haine contre la France, que l'envoyé de cette république à Vienne reçut ordre de conclure un traité d'alliance avec l'empereur. Des instructions furent alors données pour exciter des soulèvemens dans les pays qui venaient d'être dépassés par l'armée de Bonaparte. On répandit le bruit que les armées françaises du Rhin et de Sambre-et-Meuse avaient été écrasées ; que le Tyrol venait d'être le tombeau des Français; Bonaparte apprit à Judenbourg la nouvelle de cette insurrection générale organisée dans la république vénitienne contre les Français et leurs partisans. Aussitôt il expédia son aide-de-camp Junot à Venise, avec l'ordre de lire en plein conseil la lettre qu'il écrivait au Doge :

« Dans toute la terre-ferme, les sujets vénitiens sont
» sous les armes, leur cri de ralliement est : mort aux
» Français. Le nombre des soldats d'Italie qui en ont
» été la victime se monte déjà à plusieurs centaines.
» Vous affectez en vain de désavouer des attroupemens
» que vous-mêmes avez préparés..... Le sénat de Ve-
» nise a répondu par la plus noire perfidie à notre gé-
» nérosité soutenue à son égard. Je prends le parti de
» vous envoyer mes propositions par un de mes aides-
» de-camp. La guerre ou la paix. Si vous ne prenez
» sur-le-champ toutes les mesures pour dissiper les at-
» troupemens, si vous ne faites aussitôt arrêter et re-
» mettre en mes mains les auteurs des meurtres qui se
» commettent, la guerre est déclarée. Le Turc n'est pas
» sur vos frontières, aucun ennemi ne vous menace,
» et cependant vous avez fait arrêter, de dessein pré-
» médité, des prêtres pour faire naître un attroupe-
» ment et le tourner contre l'armée. Je vous donne

» vingt-quatre heures pour le dissiper. Les temps de
» Charles VIII sont passés. Si, malgré la bienveillance
» que vous a montrée le gouvernement français, vous
» me réduisez à vous faire la guerre, ne pensez pas
» que les soldats français, comme les brigands que vous
» avez armés, aillent ravager les champs du peuple
» innocent et malheureux de la terre-ferme; non, je
» le protégerai, et il bénira jusqu'aux forfaits qui au-
» ront obligé l'armée française de l'arracher à votre
» tyrannique gouvernement. »

Junot remplit sa mission, le 15 avril, avec la fermeté naturelle à son caractère, en y joignant aussi la rudesse d'un soldat victorieux et irrité. Il vit à ses pieds cet implacable sénat de Venise, dont la dernière heure allait sonner. Le doge répondit le même jour au général en chef, par une lettre pleine d'excuses qui ne pouvaient tromper personne, et des contradictions les plus remarquables. Cette attitude suppliante où se montrait le sénat ne faisait que cacher les intentions perfides qui ne devaient pas tarder à éclater.

Bonaparte avait transporté son quartier-général à Leoben, où se tinrent les conférences avec les ministres autrichiens, pour la conclusion d'un traité. C'est dans une de ces conférences qu'il obtint la liberté du général Lafayette. Ce général, après avoir concouru à l'établissement de la liberté, en 1789, et organisé le premier les gardes nationales du royaume, auxquelles il fit prendre le drapeau tricolore, qu'adoptèrent ensuite les armées, avait été forcé de s'expatrier, en 1792, pour échapper à la proscription. Il s'était présenté sur le territoire de l'Autriche pour y chercher un refuge; mais y ayant été fait prisonnier, contre le droit des gens, il fut enfermé dans les cachots d'Olmutz, où il resta pendant cinq ans avec ses deux compagnons, Latour-Maubourg et Bureau de Puzy.

La négociation de Leoben fit entrer la république dans les grandes affaires de l'Europe. La renommée élevait de plus en plus la gloire de Bonaparte, qui, toujours infatigable, grave, réfléchi, réunissait cet ensemble qui fait que l'histoire et la postérité donnent le nom de *grand*. Le 16 avril il écrivait au Directoire, en lui envoyant les projets de préliminaires : « Si rien » de tout cela n'est accepté (le traité provisoire fut » signé le 18 avril), nous nous battrons.... »

Bonaparte, avant cette dernière campagne, avait demandé la coopération de l'armée de Sambre-et-Meuse et de celle du Rhin. Mais l'armée de Sambre-et-Meuse, commandée par le général Hoche, ne commença les hostilités que huit jours après la signature du traité de Leoben. Quant à celle du Rhin, commandée par le général Moreau, elle les commença le 20 avril. En l'absence de Moreau, qui était alors à Paris, le général Desaix passa le fleuve, à quelques lieues au-dessous de Strasbourg. Moreau arriva à temps pour battre les Autrichiens. Ce n'était pas la faute des braves armées du Rhin et de Sambre-et-Meuse si elles n'avaient pas coopéré aux grandes opérations de l'armée d'Italie; leur impatience sous les armes, dans les cantonnemens français, approchait de la sédition. Le Directoire, qui, toujours jaloux de Bonaparte, n'avait pas donné les ordres nécessaires, dut prendre pour lui tous les reproches que Bonaparte adressait alors à Moreau et aux deux armées.

La nouvelle de l'armistice arrêta Hoche à Francfort, où il était entré le 22 avril, après avoir vaincu le général Kray à Reddersdorf. Le même jour, la même nouvelle trouva Moreau à Offenbourg : il avait mené battant le général Starray jusqu'à Radstadt et repris le fort de Kehl. Ce fut à la suite de cette victoire que le fourgon du général Klinglin, renfermant la correspondance secrète qui s'était engagée entre Pichegru et le prince de Condé, tomba au pouvoir de Moreau. Ces papiers contenaient un plan de contre-révolution, dont Pichegru devait diriger l'exécution. Il s'agissait de mettre Louis XVIII sur le trône. Ce prince avait promis à Pichegru de le nommer maréchal de France et gouverneur de l'Alsace : on lui donnait en outre un million comptant et deux cent mille francs de rente, etc. Le prince de Condé voulait que Pichegru proclamât le roi à Huningue ; Pichegru s'y était refusé. « Ce plan » ne mène à rien, avait-il répondu, le roi serait chassé » d'Huningue en quatre jours et je me perdrais en » quinze. J'offre de passer le Rhin ; j'arbore le drapeau » blanc, l'armée de l'empereur s'unit à nous ; je repasse » le Rhin et nous allons à Paris en quatorze jours. » Ces propositions ne furent pas acceptées. Cependant Moreau laissa passer quatre mois avant de rendre compte de cette correspondance au gouvernement : trois ans après, il devait, ainsi que Pichegru, paraître devant la justice comme complice de trahison envers le premier consul.

Une dépêche de Bonaparte au directoire en date du 19 avril, annonça la signature des préliminaires. « Si » je me fusse, au commencement de la campagne, obs- » tiné à aller à Turin, disait-il, je n'aurais jamais passé » le Pô. Si je m'étais obstiné à aller à Vienne, peut-être » aurais-je perdu la république. Dans la position des » choses, les préliminaires de la paix, même avec l'em- » pereur, sont devenus une opération militaire. Cela » sera un monument de la gloire de la république fran- » çaise, et un présage infaillible qu'elle peut, en deux » campagnes, soumettre le continent de l'Europe. Je » n'ai pas, en Allemagne, levé une seule contribution ; » il n'y a pas eu une seule plainte contre nous. J'agirai » de même en évacuant ; et, sans être prophète, je sens » que le temps viendra où nous tirerons parti de cette » sage conduite. Quant à moi, je vous demande du » repos. »

Cette dépêche établissait énergiquement la position dans laquelle Bonaparte se plaçait en face du gouvernement. En effet, il fit évacuer, sans attendre la ratification du Directoire, la Styrie, une partie de la Carniole et de la Carinthie. Dans une des conférences, à Gratz, le comte de Meerweldt remit au général une lettre autographe par laquelle l'empereur offrait de lui faire donner, à la paix, une souveraineté de cent cinquante mille ames en Allemagne, pour lui et sa famille. Le cabinet autrichien avait senti tout l'avantage d'enlever à la république un homme tel que Bonaparte. C'était à ses yeux désarmer la France.

L'illustre Masséna, qui tenait le premier rang après le général en chef, en raison de la part qu'il eut dans toutes les victoires, représenta dignement à Paris la gloire de l'armée d'Italie; envoyé par Bonaparte; il remit, le 9 mai, au Directoire, en audience solennelle, les préliminaires de Leoben, et fut le héros de cette grande fête nationale que le gouvernement fit célébrer dans la capitale.

Cependant le sénat de Venise qui, le 15 avril, protestait dans la lettre du doge à Bonaparte de sa résolution de maintenir la paix, n'avait rien fait pour apaiser les esprits irrités par lui contre les Français. Depuis plusieurs jours on prêchait hautement, par son ordre, dans les églises leur extermination pendant les cérémonies de la semaine sainte. Pezaro organisait quarante mille paysans et dix mille Esclavons, pour détruire en même temps les Français et leurs partisans; et dans Vérone, pendant les fêtes de Pâques, la cloche, qui appelait les fidèles au service divin, appelait aussi la population au meurtre des Français. Ils tombaient impitoyablement massacrés dans les maisons, dans les rues, dans les hôpitaux; on donna la mort aux blessés; on n'attendit pas celle des mourans. Les postes placés aux portes furent surpris. La garnison, trop faible pour tenter des sorties et menacée d'un assaut général, ne pouvait opposer que le feu des forts où elle était enfermée. Plus de quatre cents Français périrent sans combat. Ce crime inouï, prémédité et exécuté froidement reçut, un nom qui associe la plus grande férocité aux solennités du christianisme : le nom de Pâques vénitiennes, plus affreux encore que celui de Vêpres siciliennes. A cet horrible attentat se joignit une foule d'autres forfaits. Ils ne devaient pas rester impunis : le châtiment arriva. Le sénat de Venise députa au Directoire et au général Bonaparte, pour détourner la vengeance de la république française. Il offrit à Paris et à Leoben tout ce que peut offrir pour son salut un gouvernement au désespoir. Rien ne fut écouté au quartier-général de Bonaparte : le sang des victimes criait trop haut pour permettre d'entendre leurs assassins. L'heure fatale de Venise avait sonné. Le sénat fut aboli ; le peuple de la ville et de la Terre-Ferme appelé à se gouverner dans une forme purement démocratique. Les autres villes qui en dépendaient se constituèrent en républiques séparées. Ainsi disparut cette république jadis si fameuse. Le silence de sa chute presque inaperçue étonne les imaginations qui retrouvent dans l'histoire les brillantes époques de sa gloire maritime.

Bonaparte exigea le châtiment des trois inquisiteurs d'état et du commandant du Lido, pour venger le sang des Français. Les chevaux de Corinthe, que les Vénitiens avaient jadis enlevés à Constantinople, devinrent, comme le lion de Saint-Marc, un trophée de la victoire française ; ce monument partit pour Paris. On brûla publiquement le livre d'or ainsi que le bonnet ducal du doge. La marine, forte de douze vaisseaux de 64 et d'autant de frégates, fut envoyée à Toulon. Les îles Ioniennes passèrent aussi sous la domination de la

France. Le général Gentilly planta le drapeau tricolore à Corfou. Jamais il n'y eut de possession plus complète; car il ne resta dans l'état vénitien que les palais, les anciens sujets et l'armée victorieuse.

CHAPITRE X.

Séjour à Milan. — République cisalpine. — 18 fructidor.—Traité de Campo-Formio. — Retour de Bonaparte à Paris.

De mai 1797 à 1798.

Bonaparte arriva le 5 mai à Milan et alla s'établir à Montebello, très beau château à trois lieues de là, véritable résidence royale. On eût dit une cour au lieu d'un quartier-général. Bonaparte avait contracté dèslors l'habitude du commandement absolu. Pendant les loisirs de Milan et de Montebello, il prit les mœurs d'un monarque. Là, madame Bonaparte était entourée déjà comme une reine de personnages des cours étrangères. Depuis que son mari était à Milan, ses compagnons d'armes, sentant d'eux-mêmes la distance que la fortune avait mise entre eux et lui, avaient cessé de le traiter avec cette fraternité de camp que Bonaparte avait habilement recherchée d'abord en arrivant à Nice. Une partie de la cour française s'était déjà soumise à ces nouveaux usages : quant à l'autre, composée des généraux Masséna, Augereau, Bernadotte, Serrurier, elle était encore trop fière pour se plier à ces nouvelles habitudes.

Pendant son séjour à Montebello, le général en chef, qu'on se plaisait à nommer le grand libérateur de l'Italie, fit une excursion au lac de Como et au lac Majeur. Il vit en détail les îles Borromées, et s'occupa, à son retour, de l'organisation des états de Venise, de Gênes et du Milanais. La réunion de ces états forma la république Cisalpine qui fut proclamée le 9 juillet. Cette république reçut la constitution française et Bonaparte nomma les cinq directeurs. Il cherchait des hommes dignes de sa confiance et se plaignait de n'en pas trouver. « Bon Dieu, disait-il, que les hommes sont rares ! » Il y a en Italie dix-huit millions d'hommes et j'en » trouve à peine deux, Dandolo et Melzi. » Il les avait bien jugés. Dandolo est un des hommes qui, dans ces temps de révolution, a le plus honoré l'Italie. Les services de Melzi ne furent pas moindres : il fut chancelier et garde-des-sceaux de la couronne d'Italie.

D'importans intérêts occupèrent Bonaparte pendant les quatre mois qu'il séjourna à Montebello. Il n'en était distrait que par les inquiétudes qui agitaient l'intérieur de la France ; il prévoyait une crise prochaine, produite par le refus que venait de faire la cour de Vienne de ratifier la convention signée avec le marquis de Gallo, et qui contenait les bases de la paix définitive ; c'était ce refus qui l'avait déterminé à créer la république Cisalpine, afin d'avoir sous sa main un auxiliaire à opposer à l'Autriche, en cas de rupture. Bonaparte avait aplani toutes les difficultés politiques, quand il fut obligé de porter toute son attention sur ce qui se passait en France.

Bonaparte, pour attacher au système de la France la république Cisalpine, avait fixé au 14 juillet la solennelle fédération qui devait en sanctionner le succès. Il profita de cette grande fête pour apprendre à ses soldats les troubles politiques qui agitaient la capitale. Il avait encore choisi ce jour pour donner des drapeaux aux troupes des deux peuples. Par des paroles remplies de force et d'éloquence, Bonaparte faisait entrer l'armée dans les intérêts politiques de la patrie. Dans l'enthousiasme qu'avait produit sa dernière proclamation, on vota et l'on signa par division une foule d'adresses au Directoire. Dès ce moment, l'armée devint un pouvoir de l'état, et Bonaparte un souverain dans l'armée.

Trois conspirations n'avaient cessé de lutter contre le Directoire pendant le cours de son existence; l'une, celle des hommes de 93; l'autre, celle des royalistes; la troisième, celle des philosophes politiques qui voulaient conserver le mode de liberté établi par l'Assemblée constituante. Le renouvellement annuel par cinquième dans les membres des Conseils y introduisit de nouveaux ennemis du Directoire. Pichegru avait été porté par acclamation à la présidence des Cinq-Cents; il dirigeait la faction contre-révolutionnaire. Les feuilles périodiques ne cessaient pas d'appeler les esprits à un grand changement; les royalistes attaquèrent imprudemment à la fois le Directoire, la révolution et le général Bonaparte.

Cependant on osait calomnier jusqu'à ses succès. Le

ressentiment qu'une telle ingratitude inspirait à l'armée l'avait disposée à suivre son chef à Paris pour venger la liberté et la victoire outragée. On pressait Bonaparte de venir remplacer un pouvoir dont la chute semblait prochaine; mais Bonaparte jugea que le Directoire, tout déconsidéré qu'il pouvait être, constituait un pouvoir légal, tandis que lui ne serait qu'un usurpateur armé, responsable de la révolte militaire qu'il aurait excitée. Enfin il eut raison alors de ne pas se croire assez fort pour attaquer le gouvernement avec succès.

Le Directoire avait demandé à Bonaparte un général avec un corps d'armée pour venir le défendre au besoin à Paris contre ses ennemis. Bonaparte envoya Augereau, républicain violent, homme d'exécution, dont il saisissait avec joie l'occasion de se délivrer. Il le rendit porteur de son adhésion et de celle de son armée à toutes les mesures que le Directoire croirait devoir adopter pour sa conservation. Après l'arrivée d'Augereau, le 18 fructidor (4 septembre), la majorité du Directoire, formée de Barras, Rewvbell et la Réveillère-Lepaux, frappa le coup d'état qu'elle méditait depuis long-temps. Dans la nuit, Augereau, initié aux projets du Directoire, s'empara militairement de la salle où siégeaient les Conseils; puis on alla arrêter à leur domicile le général Pichegru et cinquante autres membres les plus influens des Conseils, avec environ cent cinquante autres individus presque tous écrivains politiques et journalistes. Les deux membres du Directoire qui n'avaient pas pris part au coup d'état, Carnot et Barthélemy, furent aussi proscrits. Barthélemy fut arrêté, mais Carnot parvint à s'échapper. Toutes les personnes arrêtées furent condamnées par le Directoire, sans forme de procès, à la déportation à Sinnamary. Ce qui resta des membres des Conseils approuva ce qu'avait fait le Directoire et se prépara à lui donner en tout son appui.

Cependant le Directoire avait voulu imposer ses vues étroites à Bonaparte pour la conclusion du traité définitif avec l'Autriche. Bonaparte avait alors offert sa démission à peu près à l'époque du 18 fructidor ; le Directoire trembla et se hâta d'envoyer Bottot, secrétaire de Barras, pour calmer les ressentimens du général irrité. Bonaparte imposa pour condition tout ce qu'il avait demandé jusque là en vain au Directoire, tel que le rappel de Kellermann de l'armée des Alpes, la ratification du traité offensif et défensif avec le Piémont, et enfin quinze mille hommes qui furent sur-le-champ envoyés à l'armée d'Italie. Le Directoire consentit à tout. Bonaparte jugea, par cette condescendance, à quel point il était maître du terrain politique. Cependant le plénipotentiaire de l'Autriche, le comte de Cobentzel, présentait de la part de son souverain un ultimatum que ne voulait point accepter Bonaparte. Ce plénipotentiaire paraissait inébranlable dans ses refus. Bonaparte donne alors à ses troupes l'ordre de se mettre en mouvement. Les conférences continuaient toujours; mais, a dit Bonaparte lui-même, on conférait au bruit des tambours.

Le 16 octobre, les paroles furent tellement vives à

Udine, chez le comte de Cobentzel, que Bonaparte, entendant dire par ce dernier que l'armée russe allait se joindre à l'armée autrichienne, se leva et lui dit : « Eh
» bien! la trêve est donc rompue et la guerre déclarée,
» mais souvenez-vous qu'avant la fin de l'automne je
» briserai votre monarchie comme je brise cette porce-
» laine. » A ces mots, il jeta sur le parquet un cabaret de porcelaine que Catherine II avait donné au comte de Cobentzel, salua le congrès et retourna à Passeriano. En montant en voiture il envoya un officier prévenir l'archiduc Charles que les hostilités recommenceraient dans vingt-quatre heures. Le comte de Cobentzel, l'ayant appris, dépêcha sur les traces de Bonaparte le marquis de Gallo, pour lui remettre un acte signé par lequel il acceptait les conditions de la France. Le lendemain, 17 octobre, le traité fut conclu chez le général Bonaparte, à Passeriano, bien qu'il ait été daté de Campo-Formio, village entre Udine et Passeriano. En rédigeant le premier article du traité, le secrétaire autrichien ayant mis : L'empereur d'Allemagne re-
» connaît la république française, » Bonaparte dit :
» Effacez cet article; la république française est comme
» le soleil, est aveugle qui ne la voit pas. »

Le 15 novembre, Bonaparte, ayant totalement terminé en Italie sa mission de politique et de guerrier, prit congé de ses troupes en leur adressant une proclamation.

Il quitta Milan et se dirigea sur Radstadt par Genève et le pays de Vaud, après la signature d'un traité purement militaire qui complétait celui de Campo-Formio.

Il arriva à Paris incognito et descendit dans sa petite maison de la rue Chantereine, que par une délibération spontanée le corps municipal appela rue de la Victoire.

Bonaparte devint l'objet de l'enthousiasme universel. Le peuple, les soldats exprimaient leur admiration par des cris de joie sur son passage. Le Directoire s'effraya de cette puissance de la gloire à laquelle il sentit qu'il devrait se soumettre lui-même. Il se chargea de donner au vainqueur de l'Italie une fête triomphale. La remise du traité par Bonaparte servit de prétexte à cette fête qui eut lieu le 20 frimaire (10 décembre) au palais du Luxembourg, en présence des ambassadeurs et des ministres des états étrangers. Les généraux Joubert et Andréossy y tenaient le drapeau donné par le Corps-Législatif à l'armée d'Italie, qu'ils ramenaient couvert d'inscriptions. Ce drapeau se déployait en forme de dais au-dessus des cinq directeurs, qui étaient drapés à l'antique avec une grande magnificence, tandis que le général Bonaparte était vêtu de l'uniforme de Lodi et d'Arcole; son cortége se bornait à quelques officiers couverts, ainsi que lui, de l'habit des champs de bataille.

Talleyrand-Périgord, ministre des relations extérieures, en présentant Bonaparte au Directoire, lui adressa un discours empreint du sceau d'un ardent républicanisme, rempli d'admiration pour le vainqueur, et semé d'éloges pour le gouvernement qui avait su le deviner et le choisir. Ce discours, fait pour frapper les esprits, ne fut écouté qu'avec une grande impatience;

on voulait que le héros parlât lui-même; dès qu'il en manifesta l'intention, un silence religieux régna dans l'assemblée. Bonaparte s'avança, remit au président le traité de Campo-Formio, et prit la parole : sa harangue fut courte, pleine de force, et se terminait ainsi. « Je » vous remets le traité de Campo-Formio ratifié par » l'Empereur. Cette paix amène la liberté, la prospé- » rité et la gloire de la république. Lorsque le bonheur » du peuple français sera assis sur les meilleures lois » organiques, l'Europe entière deviendra libre. » Barras, qui présidait le Directoire, en répondant au général, s'étendit avec chaleur sur le 18 fructidor que celui-ci avait passé sous silence. En mêlant les éloges de l'armée d'Italie à ceux du grand capitaine. « La nature, » dit-il, a épuisé toutes ses richesses pour le créer, » Bonaparte a médité ses conquêtes avec la pensée de » Socrate; il a réconcilié l'homme avec la guerre. » Barras invitait ensuite Bonaparte à aller planter l'étendard tricolore sur la tour de Londres.

Le Corps-Législatif donna aussi une fête au vainqueur de l'Autriche. Mais la plus brillante fut celle du ministre des relations extérieures, Talleyrand. L'Institut, ce corps qui réunit dans son sein tout ce que la France a d'hommes les plus célèbres dans la littérature, les sciences et les beaux-arts, reçut Bonaparte au nombre de ses membres, pour remplacer, à la classe des sciences mathématiques, Carnot proscrit au 18 fructidor. C'est alors que le peintre David, ardent républicain, lui offrit de le représenter à cheval au pont d'Arcole ou de Lodi : « Non, répondit Bonaparte, j'y

» servais avec toute l'armée. Représentez-moi de sang-
» froid sur un cheval fougueux. »

CHAPITRE XI.

Préparatifs de l'expédition d'Égypte. — Embarquement, traversée. — Prise de Malte. — Prise d'Alexandrie.

De mai 1798 à juillet 1799.

Le Directoire avait nommé Bonaparte, immédiatement après le traité de Campo-Formio, et avant qu'il eût quitté l'Italie, général en chef de l'armée d'Angleterre, qui n'existait encore qu'en projet, mais qu'on voulait réaliser pour attaquer cette nation qui, depuis le commencement de la révolution, n'avait cessé d'être à la tête de toutes les coalitions contre la France, fournissait des troupes et surtout des subsides aux ennemis de la république, et favorisait tous les complots qui se formaient contre elle, soit au dedans soit au dehors. Après la solennité dont on vient de parler, Bonaparte partit avec éclat pour aller inspecter les troupes qui occupaient la Normandie, la Picardie et la Belgique. On annonçait hautement le projet d'une descente en Angleterre; tous les chantiers des ports retentissaient d'immenses préparatifs.

Cependant ce n'était pas là le projet de Bonaparte; déjà tourmenté d'une ambition sans bornes, il avait conçu le plan de se soustraire aux tracasseries dont il était l'objet de la part du Directoire; il voulait se créer une position indépendante, et c'est dans cette vue qu'il proposa à ce dernier d'aller conquérir l'Égypte Bonaparte, tournant ses idées vers l'Orient, espérait par ses victoires y établir une domination à l'aide de laquelle il pourrait ensuite faire ce qu'il jugerait convenable. On assure que son projet, si la fortune le favorisait, était de marcher sur Constantinople, après avoir conquis la Palestine, et d'y fonder un nouvel empire d'Orient. Bonaparte exposa au Directoire que la conquête de l'Égypte devait porter le coup le plus fatal à l'Angleterre, en ouvrant une nouvelle route de commerce de l'Europe avec les Indes orientales, par la navigation de la mer Rouge, commerce dont l'Angleterre était devenue presque absolue maîtresse par sa domination exclusive sur les mers d'Afrique et du cap de Bonne-Espérance, par où ce commerce se faisait depuis deux ou trois siècles. Le Directoire, heureux de se délivrer de la présence du conquérant de l'Italie, qui l'inquiétait à Paris, entra dans toutes ses vues à ce sujet, et l'expédition d'Égypte fut résolue, mais dans le plus grand secret.

La France apprend tout-à-coup que trente mille hommes et dix mille marins sont réunis dans les ports de la Méditerranée; qu'un armement immense, qui compte treize vaisseaux de ligne, se fait à Toulon; des membres de l'Institut, des savans, des artistes, au nombre de cent, sont envoyés dans cette ville pour faire partie de l'expédition. On se demande : Est-ce un nouvel état que la France veut fonder? Où va-t-elle aller porter la liberté et la civilisation ? On parlait également alors de la Grèce, de l'Inde et de l'Égypte.

Bonaparte choisit son état-major : il prend pour aides-de-camp son frère Louis, Eugène Beauharnais, Duroc, etc. Tous les plans de la mystérieuse expédition lui sont dus ; rien n'est oublié pour la faire réussir. Talleyrand devait aller en ambassade extraordinaire à Constantinople, afin d'amener la Porte à seconder l'entreprise et à s'unir à la France pour briser le joug de la domination britannique sur le commerce de l'Inde et de la Méditerranée. Bonaparte est prêt à partir ; il n'a plus à vaincre que les lenteurs dont le Directoire semble se plaire à entraver ses desseins.

Enfin toutes les difficultées sont levées, et Bonaparte se met en route pour Toulon.

Il y arriva le 9 mai 1798 ; son armée l'attendait. Il salua ses braves d'Italie par un discours brusque et concis. Dix jours après, au moment de mettre à la voile, il leur dit dans une proclamation :

« Soldats,

» Vous êtes une des ailes de l'armée d'Angleterre ;
» vous avez fait la guerre des montagnes, des plaines
» et de siége, il vous reste à faire la guerre maritime...
» Soldats, matelots, vous avez été jusqu'à ce jour né-
» gligés ; aujourd'hui la plus grande sollicitude de la
» république est pour vous... Je promets à chaque sol-
» dat qu'au retour de cette expédition il aura à sa dis-
» position de quoi acheter six arpens de terre. »

Les troupes s'embarquaient pleines d'espérance.

Mais quelles mers devaient-elles franchir? quelle partie de la terre fallait-il conquérir pour obtenir ce que leur général venait de leur promettre? C'était pour elles un mystère. La traversée donna quelques alarmes à Bonaparte. Les Anglais sillonnaient la mer en tout sens pour nous rencontrer : une fois l'amiral Nelson s'approcha de la flotte française à la distance de six lieues; un brouillard épais déroba les Français aux ennemis. Bonaparte appréciait toutes les conséquences funestes d'un combat naval s'il eût été malheureux; mais soutenu par une espérance surnaturelle, confiant dans son courage et dans son génie, il s'occupait, avec ses généraux, du gouvernement de l'Égypte comme si elle était déjà conquise; il conversait, discutait, donnait des ordres avec la liberté d'esprit d'un monarque qui siége au milieu de ses états.

Quelquefois s'entourant des savans qui suivaient l'expédition, il parlait avec eux de chimie, de mathématiques, de religion. Quelquefois il s'entretenait avec les hommes de mer, pour s'instruire des différentes manœuvres, et la sagacité de ses questions étonnait toujours ceux qui l'entendaient. Continuellement tourmenté du malaise que cause le roulis, il restait presque toujours couché, et se faisait faire une lecture. Jamais l'ennui ne l'atteignit un seul instant pendant la traversée. Passionné pour la gloire de la France, passionné pour sa propre gloire, il y avait pourtant dans cette ame si pleine une grande place pour celle qu'il aimait alors jusqu'à l'idolâtrie, pour Joséphine, qu'il avait été obligé de laisser à Paris : il en parlait presque sans cesse dans ses entretiens familiers. Un des plus grands plaisirs de Bonaparte, pendant la traversée, était, après le dîner, de désigner trois ou quatre personnes pour soutenir une proposition, et autant pour la combattre. Ces discussions tendaient à le mettre à même de juger de la portée de l'esprit et des connaissances de ceux qu'il avait intention de bien connaître.

Un jour un homme tomba à la mer; c'est alors qu'on put juger combien il y avait d'humanité dans l'ame de l'homme qui depuis a été si prodigue du sang de ses semblables sur les champs de bataille. Il fit mettre sur-le-champ le bâtiment en panne, et témoigna la plus grande inquiétude jusqu'à ce que le malheureux fût repris.

Le 9 juin on arriva devant Malte. Bonaparte envoya demander au grand maître de l'ordre antique de chevaliers qui régnaient dans cette île, l'entrée du port. La réponse ayant été négative, Bonaparte ordonna à l'amiral Brueys, qui commandait la flotte, d'opérer le débarquement : deux jours après l'île était tombée au pouvoir des Français. Avant de se rembarquer, Bonaparte fit rendre la liberté aux captifs mahométans qui languissaient dans les bagnes des chevaliers.

Le premier juillet l'armée française aperçut les minarets d'Alexandrie, elle connut alors le but de son voyage : elle allait conquérir la terre d'Égypte. Avant de débarquer, Bonaparte fit cette proclamation à l'armée :

« Les peuples avec lesquels nous allons vivre sont
» mahométans; leur premier article de foi est celui-ci :

» Il n'y a pas d'autre dieu que Dieu, et Mahomet est
» son prophète. Ne les contredisez pas; agissez avec
» eux comme vous avez agi avec les juifs, avec les Ita-
» liens; ayez des égards pour leurs muphtis et pour
» leurs imans comme vous en avez eu pour les rabbins
» et pour les évêques. Ayez, pour les cérémonies que
» prescrit l'alkoran, pour les mosquées, la même to-
» lérance que vous avez eue pour les couvens, pour
» les synagogues, pour la religion de Moïse et celle de
» Jésus-Christ. Les légions romaines protégeaient tou-
» tes les religions. Vous trouverez ici des usages diffé-
» rens de ceux de l'Europe : il faudra vous y accoutu-
» mer. Les peuples chez lesquels nous allons traitent
» les femmes différemment que nous; mais, dans tous
» les pays, celui qui viole est un monstre. Le pillage
» n'enrichit qu'un petit nombre d'hommes; il nous
» déshonore, il nous rend ennemis des peuples qu'il est
» de notre intérêt d'avoir pour amis. La première ville
» que nous allons rencontrer a été bâtie par Alexandre;
» nous trouverons à chaque pas de grands souvenirs,
» dignes d'exciter l'émulation des Français.» Bonaparte apprit que Nelson, qui n'avait pu le rencontrer,
était arrivé avant lui devant Alexandrie, et que ne le
trouvant pas il était retourné sur ses pas pour l'attein
dre. Voulant mettre à profit cette singulière faveur de
la fortune, il ordonna le débarquement; mais tout-à-
coup on signale une voile : « Fortune, s'écria Bona-
» parte, m'abandonnerais-tu? Je ne te demande que
» cinq jours! » Cette voile était celle d'une frégate française. Le général en chef, impatient de signaler son

arrivée, n'attend pas la présence des autres divisions; il sait qu'Alexandrie se dispose à se défendre; mais il se promet d'étonner ses ennemis par une audace qui leur est inconnue. A deux heures du matin il commande l'assaut des murailles; elles cèdent, les Français se précipitent dans la ville, qui se rend aux vainqueurs. La prise d'Alexandrie ne coûta qu'un petit nombre de soldats et d'officiers français, que Bonaparte fit enterrer au pied de la colonne de Pompée, et leurs noms furent gravés sur le fût du monument.

Maître d'Alexandrie, il adressa aux habitans du pays la proclamation suivante : « Depuis long-temps, les
» beys qui gouvernent l'Égypte insultent à la nation
» française et couvrent les négocians d'avanies; l'heure
» de leur châtiment est arrivée. Depuis long-temps ce
» ramassis d'esclaves, achetés dans le Caucase et la Géor-
» gie, tyrannise la plus belle partie du monde; mais
» Dieu, de qui dépend tout, a ordonné que leur empire
» finît. Peuple de l'Égypte, on vous dira que je viens
» pour détruire votre religion : ne le croyez pas; répon-
» dez que je viens vous restituer vos droits, punir ces
» usurpateurs, et que je respecte plus que les mame-
» lucks Dieu, son prophète et le koran. Dites-leur que
» tous les hommes sont égaux devant Dieu; la sagesse,
» les talens et les vertus mettent seuls de la différence
» entre eux..... N'est-ce pas nous qui avons détruit le
» pape, qui disait qu'il fallait faire la guerre aux mu-
» sulmans? N'est-ce pas nous qui avons détruit les che-
» valiers de Malte? N'est-ce pas nous qui avons été,
» dans tous les temps, les amis du grand-seigneur et

» l'ennemi de ses ennemis ? Trois fois heureux ceux qui
» seront avec nous; mais malheur à ceux qui s'armeront
» pour les mamelucks et combattront contre nous ! ils
» périront. »

Bonaparte, le lendemain de son entrée dans la ville, traita avec les Arabes pour la délivrance des hommes qu'ils avaient enlevés la veille.

CHAPITRE XII.

Marche sur le Caire. — Bataille des Pyramides. — Entrée au Caire. — Destruction de la flotte française à Aboukir. — Conduite de Bonaparte en Egypte. — Révolte du Caire.

La crainte des Anglais ne permettait aucun retard dans le pressant besoin de prévenir et d'effrayer le bey. En conséquence, on prescrivit une marche rapide sur le Caire. Le général Desaix se porte aussitôt dans le désert avec sa division, qui formait l'avant-garde. Mais pendant une marche de quinze lieues dans ces immenses plaines brûlées par les rayons du soleil, nos troupes, presque entièrement privées d'eau, éprouvèrent des souffrances telles que Desaix, si difficile à émouvoir, écrivait au général en chef : « Si l'armée ne passe pas
» le désert avec la rapidité de l'éclair, elle périra. »

L'armée part d'Alexandrie les 5 et 6 juillet, et se dirige sur Damanhour. La faim, la soif, tourment plus terrible encore, causent des maux inouis à nos soldats ; plusieurs succombent à chaque instant. Le phénomène du mirage présente à l'œil des nappes d'eau là où l'on ne trouve qu'une terre sèche et aride, alors que la soif fait expirer de douleur. Les Arabes harcelaient sans cesse l'armée : ils comblaient et infectaient les citernes et les puits, déjà si rares dans le désert. A peine si l'armée française trouvait une eau bourbeuse et jaunâtre ; les murmures allaient croissant ; la nuit, il se répandait une rosée glaciale qui pénétrait jusqu'aux os ; les hommes les plus dévoués donnaient des signes de désespoir... Le 8 juillet, Bonaparte arrive à Damanhour ; alors l'armée, réunie, oublie ses souffrances et les cris séditieux dont elle a menacé son chef. Bonaparte oublie tout également.

Le général en chef se dirigea, dans la nuit du 14 juillet, vers le sud en suivant la gauche du Nil. La flottille remonta le fleuve parallélement à la gauche de l'armée ; mais la force des vents fit dépasser à la flottille l'armée qu'elle devait appuyer, et qui devait la protéger à son tour. La flottille isolée se trouve alors en face des chaloupes canonnières turques et des Arabes qui garnissaient les deux rives du fleuve. Ils avaient du petit canon sur des chameaux. Dans le même temps, le général en chef rencontrait un corps d'environ mille mamelucks : il les attaqua, mais le temps se passait sans avantage pour nous. Les Turcs massacraient les équipages, et montraient avec une atroce férocité les têtes de leurs victimes suspendues par les cheveux. Le général en chef revint sur la gauche, battit les mamelucks, et les força à se retirer sur le Caire. Le commandant de la flottille turque leva l'ancre et remonta le Nil. Les deux rives du fleuve furent évacuées et la flottille échappa à sa ruine qui paraissait certaine. Le 21 juillet, l'armée arrive sur les deux heures après midi à une demi lieue d'Embabeh où l'on remporte une victoire complète sur les mamelucks, et on se dirige sur le Caire.

Là tout est nouveau pour les Français : ils voient se dessiner sur le ciel les hautes pyramides, énormes géans qui les contemplent. A droite coule le Nil, et plus loin on voit les minarets dorés du Caire. Bonaparte dispose son armée, la bataille s'engage, les mamelucks font des efforts incroyables pour entamer les Français ; ils périssent bientôt foudroyés de toutes parts ; ceux qui ont échappé au canon sont noyés : le camp des ennemis est emporté à la baïonnette, des chameaux, des vivres, des trésors sont les trophées de la victoire. Bonaparte donna à cette brillante journée le nom de *Bataille des Pyramides*.

Les mamelucks étant complétement défaits, et leur chef Murad-Bey se trouvant contraint de fuir dans la haute Égypte, Bonaparte ne voyait plus d'obstacles à son entrée dans la capitale de l'Égypte, et cela, après une campagne de vingt jours.

Nos soldats pénètrent la nuit dans les murs de la capitale, ils s'égarent dans des rues désertes et silencieuses; toutes les portes sont fermées, toutes les lumières éteintes, et les hurlemens des chiens répondent seuls au tambour des Français. Bonaparte fait précéder son entrée au Caire par la proclamation suivante, pour montrer qu'il ne voulait point abuser de la victoire :

« Bonaparte, général en chef, aux scheiks et aux
» notables du Caire,

» Vous verrez par la proclamation ci-jointe les sen-
» timens qui m'animent.

» Hier les mamelucks ont été pour la plupart tués
» ou blessés, et je suis à la poursuite du peu qui reste
» encore....

» Faites passer de ce côté-ci les bateaux qui sont sur
» l'autre rive ; envoyez-moi une députation pour me
» faire connaître votre soumission : faites préparer du
» pain, de la viande, de la paille et de l'orge pour mon
» armée ; et soyez sans inquiétude, car personne ne dé-
» sire plus contribuer à votre bonheur que moi. »

Le 25 juillet, le général en chef fit son entrée au Caire au milieu du peuple accouru pour contempler les vainqueurs des mamelucks, tandis que Ibrahim, bey d'Égypte, sortait de la ville par l'autre côté, avec ses femmes et ses trésors. Bientôt il est rejeté dans le désert, et Bonaparte, débarrassé d'un dangereux adversaire, s'occupe des moyens de l'empêcher de reparaître en Égypte.

Bonaparte était dans une vive inquiétude relativement à l'escadre : il n'avait point de nouvelles de l'amiral Brueys, parce qu'elles avaient été interceptées. Brueys, dans l'espérance de résister aux Anglais, s'était retiré dans la rade d'Aboukir.

Le premier août, vers trois heures après midi, on signala l'escadre anglaise, forte de quatorze vaisseaux de ligne, et deux bricks. L'amiral appela ses capitaines à son bord pour décider si l'on devait combattre embossé ou à la voile : la majorité fut pour le combat à la voile. Brueys, de l'opinion contraire, usa de son autorité pour que l'on s'y soumît. A six heures, l'action s'engagea par une violente canonnade; de part et d'autre on se bat avec acharnement. Dès le commencement de l'action, Brueys fut blessé; le soir, il tombe renversé par un boulet : son ami Gantheaume veut le faire emporter ; « Non, dit-il en lui serrant la main, un amiral français doit mourir sur son banc de quart, » et il expire au bout d'un quart d'heure. Gantheaume s'empare du commandement; l'*Orient* ainsi que les autres navires français fait un mal horrible aux Anglais dont plusieurs vaisseaux ne tirent déjà plus; mais à neuf heures, l'incendie éclate sur l'*Orient* : l'équipage se jette à la mer; une heure après l'*Orient* saute avec fracas; a deux heures arriva la ruine ou la prise de presque tuos nos vaisseaux.

La fortune fut contraire aux Français à la bataille d'Aboukir; mais les marins ennoblirent leur défaite par des prodiges de valeur qui méritaient la victoire.

En apprenant la terrible catastrophe d'Aboukir, le général en chef fut vivement affecté, mais non pas abattu. Il ne se dissimulait pas les tristes conséquences que ce malheur devait amener. Plus de moyens de communication avec la France, plus d'espoir d'y retourner à moins de conclure une honteuse capitulation. Le découragement moral de ses compagnons de gloire ajoutait encore à ses souffrances.

Mais bientôt Bonaparte, surmontant une impression qui n'était pas dans son caractère, dit à l'armée :

« Nous n'avons plus de flotte ; eh bien, il faut rester ici, ou en sortir grands comme les anciens. » Les soldats acceptèrent leur destinée, il n'en fut pas de même des habitans.

Il y avait de la fermentation dans la ville du Caire : on était à l'époque de l'ouverture de la digue du canal du Caire qui reçoit les eaux du Nil lorsqu'il est arrivé à la hauteur fixée par le Méquyas.

Deux jours après, arriva la fête anniversaire de la naissance de Mahomet. Bonaparte saisit habilement l'occasion de rendre un hommage éclatant à un usage à la fois politique et religieux. Placé sous un pavillon avec le pacha du Caire, il préside à la pompe dont on lui faisait les honneurs. Il donne un signal, et la statue de la fiancée du Nil est précipitée dans les flots ; la digue est rompue ; le général français jette de l'or à la foule, et les noms de Bonaparte et de Mahomet retentissent dans les airs.

Les difficultés qui entouraient Bonaparte le contraignaient à flatter les vainqueurs ; mais il tirait constamment parti de la superstition musulmane. D'ailleurs, la tolérance religieuse était la conséquence naturelle de son esprit philosophique. Il regardait le respect pour les religions comme un puissant moyen de gouvernement ; il riait lui-même de ce qu'il avait dit devant les grands du pays, sur Mahomet, sur l'islamisme, sur le koran ; mais il désirait que cela fût répété et traduit en prose et en beaux vers arabes. L'armée, toute jeune alors, s'amusait beaucoup des cérémonies et des usages des Égyptiens.

Le scheik El-Bekri céda à Bonaparte, d'après son désir, deux jeunes mameluks, Ibrahim et Roustan : ce dernier ne le quitta plus. Bonaparte s'était fait faire un habillement turc : un jour, au moment du déjeuner, il entra avec son nouveau costume et prit place avec calme au milieu de ses officiers. On l'accueillit avec de grands éclats de rire; il garda pendant quelques instans sa dignité; mais il était si mal sous le turban, si gêné dans sa robe orientale, qu'il alla bien vite se déshabiller et depuis ne fut jamais tenté de recommencer.

Il s'occupait d'une administration régulière qui assurât l'existence de ses troupes et qui pourvût à la défense de la contrée : il fallait créer un système de contributions. Cette mesure amena de nombreuses insurrections à main armée. De nombreuses exécutions militaires comprimaient momentanément la révolte, et voici, à ce sujet un trait qui peint le caractère des chefs égyptiens : le général Kléber envoya à bord de l'*Orient* le chérif d'Alexandrie, Sidy-Mohamed et Coraïm, prévenus de trahison. Coraïm était condamné à payer, dans l'intervalle de cinq jours, la somme de trois cent mille francs, à défaut de quoi il devait avoir la tête tranchée. Il refusa constamment de les donner; on lui représenta vivement qu'il était riche, qu'il s'agissait de sauver sa vie, et que le général était décidé à faire un exemple : c'était un fort bel homme, qui intéressait par sa position. Il répondit en ricanant : « Si je dois mourir à présent, rien ne peut m'y soustraire, et je donnerais mes piastres inutilement; si je ne dois pas mourir, pourquoi les donner?» Il fut exécuté au Caire, le 6 septembre, et sa tête fut promenée dans les rues de la ville avec cet écriteau : « Ainsi seront punis tous les traîtres et les parjures. » Cet exemple intimida quelques autres riches habitans qui se trouvèrent dans le même cas, et qui ne furent pas si fatalistes : on en tira trois ou quatre millions pour les besoins de l'armée.

Cependant, le 22 septembre 1798, Bonaparte ordonna la célébration de la fête de la fondation de la république. Il voulut rendre cette fête nationale pour les Égyptiens. Il fit construire un cirque immense décoré de neuf colonnes portant chacune un drapeau et le nom d'un département de la France; sur ces colonnes on trouvait inscrits les noms des braves Français morts dans les dernières batailles, avec des inscriptions arabes parmi lesquelles on lisait celle-ci : « Il n'y a de dieu que Dieu, et Mahomet est son prophète. » Des évolutions militaires appelaient l'attention du peuple égyptien tandis qu'on plantait le drapeau tricolore sur la plus haute des pyramides. En même temps, on préparait un banquet où deux cents personnes furent assises sous des ornemens aux couleurs françaises et ottomanes qui flottaient confondues au dessus des convives; le croissant turc et le bonnet de la liberté, la déclaration des droits de l'homme et les tables du koran figuraient ensemble et offraient un spectacle aussi étrange que nouveau. Des poètes, dans les mosquées, chantaient : « Réjouissez-vous de ce que le grand Allah vous a envoyé les braves d'Occident pour vous délivrer du joug des mameluks. Réjouissez-vous, ô fils des hommes ! que le grand Allah bénisse le favori de la victoire ! » Cependant les fils des hommes conspiraient contre le favori de la victoire et les braves d'Occident pour rentrer sous leur premier joug.

Toutefois, le Caire, grace à l'infatigable activité de Bonaparte, offrait l'aspect d'une ville d'Europe : il y avait appelé les sciences et les arts et tous les bienfaits de la civilisation. Cependant, le 21 octobre, lorsqu'il était au vieux Caire, il apprend qu'une insurrection venait d'éclater dans la ville. Des rassemblemens séditieux s'y étaient tout-à-coup formés : les Français de toute classe, de toute condition, tombaient impitoyablement massacrés dans les rues, dans les maisons. Les mosquées deviennent les forteresses de la rébellion; les imans, du haut des minarets, donnent le signal de la destruction des infidèles. A cette nouvelle, Bonaparte entrevoit le danger qui le menace, la perte de tous les Français et celle de l'Égypte. Rappelant alors cette force et ce génie qui savaient l'élever si haut au-dessus du danger, il se précipite au Caire, suivi de ses braves; ses colonnes emplissent les rues et font reculer le peuple insurgé qui s'entasse dans les mosquées; on lui offre son pardon qu'il refuse, et le combat recommence. Mais la fortune se déclare encore pour Bonaparte : un phénomène très rare dans ces climats semble venir à son secours; le ciel se couvre de nuages, le tonnerre éclate. Les musulmans pâles et glacés d'effroi tombent à genoux et demandent grace; mais le moment de la clémence était passé : le canon foudroie les portes de la grande mosquée, et les rebelles sont abandonnés à la fureur des Français.

CHAPITRE XIII.

Visite à l'isthme de Suez. — Passage de la mer Rouge. — Expédition de Syrie. — Prise de Jaffa. — Massacre des prisonniers. — Pestiférés. — Siége de Saint Jean-d'Acre. — Retraite de l'armée. — Bataille d'Aboukir. — Départ de Bonaparte pour la France.

Le Caire était soumis, Bonaparte rêve maintenant le projet d'aller résoudre, à Suez, le problème de la jonction de la mer Rouge avec la Méditerranée, et de chercher les traces de ce canal fameux auquel Sésostris a donné son nom. On partit pour Suez; on campa dans le désert, auprès d'un petit arbre qui est une rareté dans ces lieux; on éprouva pendant le jour une vive chaleur, et le soir le froid se fit sentir avec une telle intensité que Bonaparte s'en plaignit lui-même. Le chemin était jonché des ossemens de ceux qui périssaient journellement sur cette route; pour suppléer au bois qui manquait, on ramassa ces débris d'hommes, on y mit le feu, mais personne ne put supporter l'odeur infecte de ce foyer. On arriva, et Bonaparte employa la journée à visiter le port de Suez, à donner des ordres pour des ouvrages de fortifications et de marine, et s'occupa particulièrement du commerce de l'Inde. On s'écarta de Suez pour visiter la fontaine de Moïse; en revenant le soir on arriva au bord de la mer; la nuit était profonde, la marée montait, on se trouva au milieu de l'eau; on ne se voyait plus, mais on criait, on s'appelait. Bonaparte a raconté ainsi lui-même ce fait à Ste-Hélène : profitant de la marée basse, il avait voulu traverser la mer Rouge à pied sec. Au retour il fut pris par la nuit, et s'égara au milieu de la marée montante. Il courut le plus grand danger et faillit périr de la même manière que Pharaon poursuivant les Hébreux à la sortie d'Égypte; ce qui n'eût pas manqué de fournir à tous les prédicateurs de la chrétienté un texte magnifique contre lui.

Bientôt Bonaparte décide qu'il poussera son expédition jusqu'en Syrie. Il quitte donc le Caire et arrive devant El Arich. Il fait sur-le-champ canonner une de ses tours; en deux jours les berbers qui en formaient la garnison ont capitulé.

Le lendemain, l'armée française vit s'élever devant ses yeux les belles montagnes de la Syrie, qui lui rappelaient sa patrie. Deux jours lui sont accordés pour prendre du repos et y oublier toutes les privations. Trois jours après, elle était devant Jaffa. Des forces imposantes défendaient cette ville; l'importance de cette place ne permettait pas d'en retarder le siége. Au bout de trois autres jours, l'investissement est formé, la tranchée est ouverte, et le bombardement commence ; on juge la brêche praticable. Bonaparte envoie un Turc porter une sommation au commandant de Jaffa, qui n'y répond pas, et fait couper la tête au parlementaire. Le soir, le canon français fait crouler une tour. Le point de l'assaut est marqué. Alors un spectacle bien touchant s'offre aux regards des soldats : ce sont les chrétiens de la ville, qui leur tendent les bras en leur montrant un crucifix, et qui franchissent les remparts au milieu de l'horrible carnage qui s'y fait, en criant :

Chrétiens! chrétiens! Ils viennent se réfugier dans les rangs de l'armée française ainsi que des enfans en danger qui s'empresseraient de chercher un asile dans le sein de leur mère. Ils furent accueillis comme des frères; mais après cet événement, le combat contre les infidèles reprit tout son acharnement; ils résistèrent avec opiniâtreté, mais ils ne sauvèrent ni eux ni Jaffa. La ville fut emportée; le massacre devint général et fut horrible. Des Arnautes et des Albanais, au nombre de quatre mille, qui avaient échappé au massacre, promirent de se rendre si on leur assurait la vie sauve. Beauharnais et Croisier, que Bonaparte avait envoyés pour apaiser la fureur des soldats, crurent pouvoir accéder à cette demande. Ils les amenèrent au camp en deux troupes; Bonaparte voit de loin arriver ces prisonniers, alors il s'écrie avec un profond sentiment de douleur : « Que » veulent-ils que j'en fasse? ai-je des vivres pour les » nourrir? » Eugène et Croisier reçurent une forte réprimande, mais le mal était fait; quatre mille hommes étaient là, attendant qu'on prononçât sur leur sort. On fit asseoir ces prisonniers en avant des tentes; une corde leur attachait les mains derrière le dos; une ardente fureur animait leur figure. On tint conseil sur le parti qu'il y avait à prendre; on délibéra long-temps sans rien arrêter. Dans les rapports journaliers qui arrivaient chaque soir, il n'était question que des plaintes des soldats; ils montraient leur mécontentement de voir leur pain donné à des ennemis; les rations étaient insuffisantes, ils menaçaient d'une révolte. Le conseil se réunit de nouveau, avec le plus vif désir de trouver une mesure qui pût sauver ces malheureux. Fallait-il les renvoyer en Égypte? mais il faudrait leur donner une nombreuse escorte, et comment nourrir eux et l'escorte? — Fallait-il les embarquer? mais où trouver des navires? Les instrumens d'optique furent inutilement braqués sur la mer : on n'y découvrit pas une voile. Bonaparte brava pendant trois jours les murmures de son armée, dans l'espoir de recevoir cette faveur de la fortune. Mais ce fut en vain.

Rendrait-on à ces prisonniers une entière liberté? mais ces hommes devaient aller aussitôt renforcer l'armée ennemie, ou bien se jeter dans les montagnes et nous faire beaucoup de mal. On pourrait les incorporer, désarmés, dans nos troupes, entre les soldats. La question des vivres se représentait, ainsi que le danger d'avoir de pareils compagnons de route.

Le troisième jour arriva sans qu'on eût pu trouver un moyen de salut pour ces malheureux. Les murmures allaient croissant; le remède paraissait impossible; le danger était réel et pressant; l'ordre fut enfin donné de les fusiller.

Plusieurs de ces malheureux, exécutés sur le bord de la mer, parvinrent à gagner à la nage quelques récifs assez éloignés pour que la fusillade ne pût les atteindre. Les soldats posaient leurs armes sur le sable, et pour les faire revenir, leur faisaient les signes égyptiens en usage dans le pays pour marquer la réconciliation. Alors ils revenaient, mais à mesure qu'ils avançaient, ils retombaient sanglans dans les flots. Bonaparte ne s'était rendu qu'à la dernière extrémité, et fut un de ceux qui virent le massacre avec le plus de douleur.

Après la prise de Jaffa, la peste commença ses ravages. Bonaparte fit établir un immense hôpital. Plusieurs hommes étaient atteints des symptômes de cette effrayante maladie. La propagation du fléau donna de sérieuses inquiétudes au général en chef; les soldats surtout s'effrayaient de cette idée ; c'est alors que Bonaparte, pour combattre le découragement qui se manifestait parmi eux, entreprit de leur persuader que la maladie qui régnait n'était point la peste, nullement contagieuse. Il entra dans toutes les salles des pestiférés, et toucha les plaies des malades, en leur disant : « Vous voyez bien que ce n'est rien. »

Le peintre Gros a représenté cette scène dans un tableau, chef-d'œuvre de la peinture française.

Quand il eut quitté l'hôpital, on lui reprocha son imprudence; il répondit avec calme : « C'est mon devoir, je suis général en chef. »

Vers le temps de la prise de Jaffa, un jour Bonaparte se promenant sur le bord de la mer avec Junot, ceux qui l'observaient le virent tout-à-coup devenir pâle, et ses traits agités de mouvemens convulsifs. Il se frappa plusieurs fois la tête avec violence, et s'écria avec amertume : « Joséphine! Joséphine! » Junot venait de lui révéler des bruits qui avaient couru sur les relations de Joséphine avec son aide-de-camp Murat, et même avec d'autres jeunes gens. « Joséphine! continua Bonaparte; se pourrait-il! m'avoir trompé! et je ne puis pas en acquérir les preuves! six cents lieues nous séparent! Ah! je ne sais pas ce que je donnerais pour qu'une femme que j'ai tant aimée ne fût pas coupable !..... Si elle l'est, il faut qu'un divorce public, éclatant, m'en sépare à jamais..... Mais je veux écrire à Joseph qu'il fasse prononcer sur-le-champ le divorce. » Peu à peu il devint plus calme, et se persuada que la malignité avait seule et injustement accusé sa femme.

De Jaffa, l'armée se porta sur Saint-Jean-d'Acre. Quelques émigrés français, et l'amiral anglais Sidney Smith, qui avait été retenu prisonnier au Temple, dans le fort de la Révolution, s'étaient jetés dans cette ville, et ils en dirigèrent la défense et le siége.

En deux mois, il y eut huit assauts et douze sorties. A l'un des assauts, deux cents hommes entrèrent dans la ville : on criait déjà victoire ; mais ces hommes furent forcés de reculer ; les rues étaient barricadées. Les femmes couraient dans les rues en poussant de longs hurlemens et jetaient de la poussière dans l'air, suivant l'usage du pays.

Bonaparte vit ici, pour la première fois, pâlir son étoile. Les prodiges de la plus haute valeur durent céder à l'opiniâtre résistance des assiégés. L'inflexibilité de Bonaparte fut enfin ébranlée, et il apprit à l'armée qu'il renonçait à la conquête de Saint-Jean-d'Acre : « Soldats, leur dit-il, nous allons rentrer en Égypte ; » et l'on partit. Cependant, la contagion continuait ses ravages. Les malades sont traînés par les chevaux d'artillerie, dont les pièces ont été abandonnées. Tous les chevaux et ceux du général en chef sont employés au transport des blessés sur Jaffa. Bonaparte est à pied et donne l'exemple. Enfin, après quatre mois d'absence, l'armée arrive au Caire, et croit revoir sa patrie. Elle avait perdu six cents hommes par la peste, douze cents par la guerre, et ramenait dix-huit cents blessés. La perte était de dix-huit cents hommes.

Bonaparte, peu de temps après ce retour au Caire, reçut une lettre qui lui annonçait l'arrivée devant Aboukir d'une escadre de cent voiles turques, qui menaçaient Alexandrie. Aboukir était un nom déjà devenu fatal aux Français. Bonaparte veut y venger sa flotte. Il se rend à Gizeh, et dans la nuit donne des ordres à ses invincibles généraux pour qu'ils se portent au devant des troupes que le commandant turc, le pacha de Romélie, va mettre à terre. Quatre-vingts bâtimens avaient attaqué Alexandrie; mais repoussés par l'artillerie de cette place, ils étaient allés mouiller à Aboukir. Bonaparte les laisse débarquer, voulant exterminer toute cette armée et en mener les restes prisonniers en triomphe au Caire. L'armée ottomane était forte de dix-huit mille hommes et d'une artillerie nombreuse. La bataille s'engage; Murat s'avance rapidement, et coupe la retraite à l'ennemi. Ce mouvement coûte la vie à deux mille Turcs, qu'on jette dans la mer. Murat renverse, culbute un renfort que l'ennemi lui oppose, enlève un village et se rend maître de la première ligne de l'ennemi. Bientôt Murat se trouve engagé à son tour entre les chaloupes canonnières, et les Turcs reprennent un instant l'avantage; mais, suivant la barbare coutume de leurs combats, ils descendent pour couper la tête aux morts et aux blessés; Murat voit leur faute, il se précipite sur l'ennemi, qui fuit à son approche, le poursuit, blesse le général en chef Mustapha-Pacha, et l'envoie prisonnier à Bonaparte. Treize mille Ottomans périrent dans le combat ; le reste, enfermé avec le fils du pacha dans un fort, se rendit au bout de huit jours ; la victoire fut complète : un revers aurait perdu l'armée sans retour. Le général Kléber, transporté d'enthousiasme, dit à Bonaparte, après cette immortelle journée : « Venez que je vous embrasse, mon cher général ; vous êtes grand comme le monde. »

Cependant quoique maître de l'Égypte qu'il avait conquise, Bonaparte était tourmenté d'inquiétudes au sujet de la France. La flotte anglaise coupant toutes communications avec ce pays depuis dix mois, il était sans nouvelles de sa patrie. C'est dans cet état qu'il résolut d'y retourner. Il dissimula son départ. Après avoir remis le commandement en chef de l'armée au général Kléber, il alla s'embarquer secrètement lui et cinq cents personnes de sa suite sur deux frégates. Quinze mois s'étaient écoulés depuis qu'il avait quitté Toulon. Tout lui souriait alors ; maintenant il était sombre. Il espérait gagner la Corse, et de là revenir en France. Il craignait de tomber entre les mains des Anglais. Sa préoccupation était profonde et soutenue. Il n'y avait plus de conversations savantes ; on cherchait, comme on le dit en style vulgaire, à tuer le temps. On jouait aux cartes. Bonaparte détestait le jeu. Cependant il joua au vingt-un, parce que ce jeu marche vite ; mais ne voulant pas renoncer à la protection de la fortune si elle lui manquait, il la corrigeait, c'est-à-dire qu'il trichait. Il riait ensuite de ces petites tricheries, surtout lorsqu'il croyait qu'on n'avait pu s'en apercevoir; mais il n'en profitait pas; à la fin du jeu, il rendait l'argent qu'il avait gagné, et on se le partageait. Il ne pouvait supporter que la fortune lui refusât à point nommé un as ou un dix. Il jouait rarement aux échecs parce qu'il n'était que de la troisième force à ce jeu et qu'il n'aimait pas à être battu; il méprisait l'opinion de la prétendue ressemblance de ce jeu avec celui de la guerre. Un jour qu'il y jouait avec le général Beauvoir, celui-ci le pria de désigner le pion qui le ferait mat, en convenant que si ce pion était pris, lui Beauvoir perdrait la partie. Bonaparte désigna le premier pion à sa gauche. On y mit une marque, et ce fut ce pion qui le fit mat. Bonaparte n'était pas content.

CHAPITRE XIV.

Retour de Bonaparte à Paris.—Révolution du 18 brumaire.

Cependant les vents jusqu'alors favorables devinrent tout-à-coup contraires, et forcèrent Bonaparte à débarquer à Ajaccio. Il craignait que les Anglais n'apprissent son séjour forcé dans cette ville, et ne le contraignissent à y rester. Il était accablé de visites ; toute la ville était en rumeur. Sa famille semblait être beaucoup augmentée; tout le monde se disait son cousin ou son filleul. Bonaparte était tourmenté d'une inquiétude secrète; il ne voyait point clairement son avenir. Les nouvelles politiques lui manquaient. Enfin il apprit la série de nos revers sur tous les points et la situation de l'Italie, qui était rentrée sous le joug des Autrichiens, assistés des armées russes. Il fut un moment accablé ; mais ce qui le frappa vivement ce fut de voir que le Directoire était tombé dans la plus complète déconsidération aux yeux de la France. Il jugea que l'heure du Directoire et la sienne étaient arrivées. Le 9 octobre il se mit en route pour Paris. Ce fut pour lui une marche triomphale de Fréjus jusqu'à la capitale. Tout le monde à Paris répétait alors qu'un parti nouveau se présentait pour dominer tous les autres, que ce parti était celui de l'armée et que Bonaparte représentait ce parti. Son arrivée fut annoncée partout comme une prospérité publique ; il vit que Paris était dans son secret et concevait ses espérances. Il déclara au Directoire qu'instruit des malheurs de la France il n'était revenu que pour le défendre. Ensuite pour éviter tous soupçons, il rentra dans la vie privée qu'il avait adoptée lorsqu'il fut délaissé après le siège de Toulon.

Bonaparte n'avait pas oublié les indiscrétions de Junot. Quand il revit Joséphine il la reçut avec une sévérité calculée, et l'expression de la plus froide indifférence. Il resta trois jours sans communication avec elle. Les soupçons étaient revenus le tourmenter avec presque autant de fureur que sur les confins de la Syrie ; des menaces de divorce sortirent de sa bouche. Les graces, l'amour et la douceur de Joséphine, la considération du scandale que donnerait à la France une accusation d'adultère, l'amitié qu'il portait à Hortense et à Eugène, enfin son propre amour pour sa femme, réussirent à l'apaiser et amenèrent une réunion complète.

Paris suspectait la solitude où vivait Bonaparte et l'attribuait à quelques hautes combinaisons qui devaient venir au secours de la nation. S'il n'eût pas déjà conçu la pensée de s'emparer des rênes du gouvernement, il y aurait été forcé par l'opinion publique. La situation des affaires lui fut révélée par Cambacérès, Rœderer, etc. On le pressait de toutes parts de se mettre à la tête des mécontens.

Résolu à dissoudre le Directoire, Bonaparte voulait que ce fût par un changement et non par une révolution. Il lui était donc essentiel de connaître les dispositions de ceux qui pouvaient se placer en rivalité avec lui. Moreau jouissait d'une grande réputation militaire. Bernadotte, qui s'était distingué dans la guerre d'Italie, était parvenu au ministère de la guerre et avait épousé une parente de Bonaparte, était aussi un point de mire pour un changement politique. Un enthousiasme incroyable, il est vrai, avait accueilli Bonaparte sur toute sa route ; mais cela ne suffisait pas ; il fallait obtenir des suffrages qui se manifestent autrement que par des cris. Bonaparte dit un jour dans son intimité. « C'est un singulier homme que Bernadotte. Ce n'est » pas un moyen : c'est un homme-obstacle.... On lui a » dit qu'on voulait le revêtir d'un grand pouvoir pour » sauver la chose publique ; il est entêté, il n'a voulu » entendre à rien. Je crois bien que j'aurai Bernadotte » et Moreau contre moi. Mais je ne crains pas Moreau, » il est sans énergie. Mais Bernadotte a du sang maure « dans les veines : il est entreprenant, hardi ; il est

» allié à mes frères; il ne m'aime pas; je suis presque
» certain qu'il sera contre moi. S'il devenait ambitieux,
» il se croirait le droit de tout oser!... Ce diable
» d'homme est d'ailleurs peu susceptible de séductions;
» il est désintéressé, il a de l'esprit... Au reste, nous ne
» faisons que d'arriver, nous verrons. »

Bonaparte aimait la guerre et avait en horreur le moindre tumulte populaire. Il voulait qu'un changement politique se fît sans commotion dans le peuple. Il jugea enfin que le moment de s'entendre avec Sieyes, l'un des membres du Directoire, était arrivé; il voulait profiter de l'immense influence que ce directeur avait dans le conseil des Anciens. Barras, ayant voulu à cette époque sonder le général Barras sur ses projets, l'invita à dîner. Après le repas Bonaparte lui dit qu'il voulait se retirer des affaires, et qu'il sentait la nécessité d'adopter pour la France une autre forme de gouvernement. Il ajouta que tel général qu'il nommait au hasard, le général Hédouville, lui semblait l'homme qui convenait pour être président de la nouvelle république. Bonaparte l'ayant deviné lui témoigna par un regard qu'il était mécontent de ce qu'il avait voulu le jouer. Bonaparte se concerta avec Sieyes. On convint que ce dernier disposerait le conseil des anciens à prendre la résolution de transférer les deux Conseils hors de la capitale, suivant le pouvoir que lui en donnait la constitution, et qu'au besoin Bonaparte appuierait la décision du Conseil. Ils convinrent que l'entreprise serait exécutée du 15 au 20 brumaire, c'est-à-dire du 6 au 11 novembre 1799. Le lendemain Barras, averti par ses amis de l'inconvenance de ses paroles de la veille, vint se mettre à la disposition du seul homme, disait-il, qui pût sauver la France.

La garnison de Paris, dont la majeure partie avait marché sous les ordres de Bonaparte, ainsi que les chefs de la garde nationale nommés par lui après la journée du 13 vendémiaire, en sa qualité de général en chef de l'armée de l'intérieur, avaient voulu être présentés au vainqueur de l'Égypte dès son arrivée à Paris; le 15, après une conférence entre Bonaparte et Sieyes, il fut décidé que l'exécution de la révolution méditée aurait lieu le 18 brumaire (9 novembre). Les officiers de la garnison furent convoqués à sept heures du matin au domicile du général. Quant aux troupes, les généraux Murat, Lannes, Leclerc, etc., se chargèrent de les disposer à marcher sous le nouveau drapeau. Des ordres furent donnés pour qu'un régiment fût divisé en deux colonnes sur la place Louis XV. Sébastiani devait ensuite se rendre chez Bonaparte avec quatre cents chevaux pour occuper les avenues de sa maison, jusqu'à la rue du Mont-Blanc, avec ordre de ne permettre à personne de sortir. A six heures du matin, le 18, les troupes étaient à leur destination.

Le colonel Sébastiani avait reçu du Directoire l'ordre de se rendre au ministère, mais il mit l'ordre dans sa poche et se rendit à l'hôtel de Bonaparte avec ses quatre cents chevaux. Le général Lefebvre, commandant militaire de Paris, arrivant alors en voiture, demanda avec sévérité au colonel Sébastiani en vertu de quelle autorité il était alors à la tête de son régiment. « Le

» général Bonaparte vous le dira, » répondit Sébastiani en l'engageant à entrer chez Bonaparte; le général Lefebvre suivit son conseil; en arrivant chez Bonaparte il lui fit de violens reproches. Quand il eut fini, Bonaparte lui dit froidement : « Général Lefebvre, vous êtes » une des colonnes de la république, je veux la sauver » aujourd'hui avec vous et la délivrer des avocats qui » perdent notre belle France. » « Les avocats! répondit le général Lefebvre, oui, vous avez raison, il faut les chasser. Vous pouvez compter sur moi. » Bonaparte ressentit une grande satisfaction d'avoir avec lui et pour lui le commandant de Paris. Un grand nombre d'officiers, parmi lesquels on remarqua Moreau, s'étaient déclarés les partisans de Bonaparte. Bernadotte avait été mandé, il arriva chez Bonaparte et refusa de coopérer au changement politique; mais il promit de rester neutre. Déjà le général Bonaparte se trouvait entouré de la presque totalité des militaires de Paris, lorsque le député Carnot vint lui apporter le décret qui mettait l'armée à sa disposition, et ordonnait la translation des deux Conseils à Saint-Cloud.

Un grand nombre de troupes étaient assemblées dans les Tuileries. Bonaparte, accompagné des généraux Beurnonville, Moreau, Macdonald, passa en revue dix mille hommes : il leur lut le décret que venait de rendre la commission des inspecteurs des Anciens qui lui remettait le commandement de la ville et de l'armée.

La séance des Anciens, présidée par Lemercier, s'ouvrit le 18 à une heure; on y discuta sur la démis-

sion que venaient de donner les membres du Directoire voués à Bonaparte, et sur leur remplacement immédiat. Bonaparte se rendit à la séance du Conseil des Anciens, il venait d'apprendre qu'il s'y manifestait une grande agitation. Aussitôt qu'il fut entré il improvisa un discours sur les dangers actuels et sur ses propres intentions : « On parle d'un César, dit-il, d'un nou-
» veau Cromwell; on répand que je veux établir un
» gouvernement militaire... si j'avais voulu usurper
» l'autorité suprême je n'aurais pas eu besoin de solli-
» citer votre autorité; plus d'une fois j'ai été appelé
» par le vœu de la nation... Le Conseil des Anciens
» est investi d'un grand pouvoir, et animé par une
» grande sagesse : ne consultez qu'elle, prévenez les
» déchiremens; évitons de perdre ces deux choses pour
» lesquelles nous avons fait tant de sacrifices, la liberté
» et l'égalité. » « Et la constitution, » s'écria le député Linglet. « La constitution! reprit Bonaparte avec vio-
» lence, la constitution! osez-vous l'invoquer! vous
» l'avez violée au 18 fructidor, vous avez en son nom
» violé tous les droits du peuple... nous fonderons
» malgré vous la liberté et la république : aussitôt que
» les dangers qui m'ont fait conférer des pouvoirs ex-
» traordinaires seront passés, j'abdiquerai ces pou-
» voirs. — « Et quels sont ces dangers? lui cria-t-on;
» que Bonaparte s'explique! » —« S'il faut s'expliquer
» tout-à-fait, répondit-il, je dirai que les directeurs
» Barras et Moulins m'ont proposé eux-mêmes de ren-
» verser le gouvernement. Je n'ai compté que sur le

» Conseil des Anciens ; je n'ai point compté sur le Con-
» seil des Cinq-Cents, où se trouvent des hommes qui
» voudraient nous rendre la Convention, les échafauds,
» les comités révolutionnaires... Je vais m'y rendre et
» si quelque orateur payé par l'étranger parlait de me
» mettre hors de la loi, qu'il prenne garde de porter cet
» arrêt contre lui-même. S'il parlait de me mettre hors
» de la loi, j'en appelle à vous, mes braves compagnons
» d'armes ! à vous, mes braves soldats que j'ai menés
» tant de fois à la victoire! à vous, braves défenseurs
» de la république, avec lesquels j'ai partagé tant de
» périls pour affermir la liberté et l'égalité : je m'en
» remettrai, mes vrais amis, à votre courage et à ma
» fortune. »

Après cette harangue, le cri de vive Bonaparte! retentit dans l'assemblée. Le triomphe de la nouvelle révolution était assuré au Conseil des Anciens ; il devait maintenant aller faire la conquête de celui des Cinq Cents.

Il régnait une grande effervescence dans ce Conseil ; la démission de Barras venait d'être adressée aux Cinq-Cents par les Anciens. Au moment où l'on discutait la légalité de la démission, Bonaparte parut dans le Conseil, avec un peloton de grenadiers. Alors les plus violentes imprécations s'élevèrent de toute part, on s'écriait : « Ici des sabres! ici des hommes armés! à bas! s'écrient les députés avec indignation, à bas le dictateur! à bas le tyran! hors la loi le nouveau Cromwell! » — « C'est donc pour cela que tu as vaincu ! » s'écrie Desteus. Bignonet s'approche et dit à Bonaparte : « Que faites-

» vous, téméraire ! retirez-vous ! vous violez le sanc-
» tuaire des lois ! » Après une lutte pénible, Bonaparte parvient à la tribune et veut parler; mais sa voix est étouffée par de nouvelles vociférations; plusieurs députés s'élancent sur lui. Aréna, son compatriote, lui dit : « Tu feras donc la guerre à ta patrie ! »

Bonaparte ne peut prononcer une parole. Les grenadiers croyant qu'on voulait l'assassiner s'avancent précipitamment vers la tribune, en s'écriant *sauvons notre général*! et ils l'entraînèrent hors de la place.

Lucien qui présidait cette tumultueuse assemblée cherche à défendre son frère en citant ses nombreux services : il demande avec instance qu'il soit rappelé et entendu; mais il n'obtient que la répétition de la proscription, les députés se lèvent avec fracas en répétant à grands cris et tous ensemble, hors la loi ! aux voix la mise hors la loi contre le général Bonaparte ! Lucien est sommé d'obéir et de mettre aux voix la mise hors la loi contre son frère. Indigné, il se lève, abdique la présidence, dépose ses insignes et descend de la tribune; dans le même moment un piquet de grenadiers envoyé par Bonaparte paraît et l'enlève. Pendant ce temps Bonaparte haranguait les soldats et attendait Lucien. Celui-ci arrive, monte à cheval à côté de son frère, requiert le concours de la force pour rompre l'assemblée, et s'adresse aux troupes en ces mots :
« Vous ne reconnaîtrez, leur dit-il, pour législateurs
» de la France que ceux qui vont se rendre auprès de

» moi. Quant à ceux qui resteraient dans la salle, que
» la force les expulse! Ces brigands ne sont plus les
» représentans du peuple; ce sont les représentans du
» poignard. »

D'après l'ordre de Bonaparte, Murat, à la tête des grenadiers, fit évacuer de force la salle des Cinq-Cents. Les députés épouvantés se sauvèrent par les fenêtres auxquelles restèrent suspendus des lambeaux de leurs vêtemens.

On courut alors défendre aux portes des barrières de laisser entrer aucun député dans Paris.

Après la dispersion du Conseil des Cinq-Cents, Lucien se rendit au Conseil des Anciens et proposa de composer un nouveau Conseil des Cinq-Cents. On adopta sa proposition. On rassemble en hâte les membres partisans de Bonaparte qui sont restés dans le palais; et malgré cette minorité, on décrète que le général Bonaparte et ses soldats ont bien mérité de la patrie.

Dans la même journée on promulgue l'acte qui devait servir de base légale à la nouvelle révolution. Par cet acte, le Directoire était aboli; Bonaparte, Sieyes et Ducos formaient une commission de trois consuls revêtus du pouvoir exécutif, et les deux Conseils étaient ajournés. Les consuls prêtèrent serment, et le nouveau gouvernement, ainsi établi, quitta St-Cloud. Les trois consuls s'étant réunis au Luxembourg, on décida que ce serait Bonaparte qui présiderait. Sieyes avait cru que le pouvoir exécutif lui resterait; mais frappé de la sagacité avec laquelle Bonaparte traitait les plus hautes questions de politique, il dit en sortant à Talleyrand et à d'autres : « A présent, messieurs, nous avons un maître. Il sait tout, il fait tout et il peut tout. »

LIVRE DEUXIÈME.

CHAPITRE PREMIER.

Constitution définitive du gouvernement consulaire.—Bonaparte au Luxembourg.— Mariage de Murat. —Prise de possession des Tuileries.—Habitudes de la Malmaison.

On peut sans doute contester la légalité des actes du 18 brumaire; mais qui pourrait nier que cette révolution ne doive être considérée comme un grand bonheur pour la France, alors qu'elle se trouvait réduite à la plus triste situation tant au dedans qu'au dehors?

Bonaparte alla s'installer au Luxembourg. Il avait pour lui la presque totalité de l'armée, mais il aspirait alors au pouvoir civil. Il s'occupa immédiatement de la composition d'un sénat, d'un tribunat, d'un conseil-d'état et d'un nouveau corps législatif, enfin d'une nouvelle constitution. Bonaparte, par cette constitution, fut déclaré premier consul avec des droits presque égaux à ceux d'un souverain. Cambacérès et Lebrun lui furent associés, l'un sous le nom de second et l'autre de troisième consul. Le traitement du premier consul fut fixé à cinq cent mille francs.

Bonaparte occupait, au petit Luxembourg, l'appartement du rez-de-chaussée. Son cabinet se trouvait près d'un escalier dérobé conduisant au premier étage, où demeurait Joséphine. — Après son déjeûner qui était servi à dix heures du matin, il causait avec ses aides-de-camp et les personnes qu'il invitait. Ensuite il montait souhaiter le bonjour à Joséphine et à sa fille Hortense. Après la reception du matin, il allait au conseil; en rentrant dans son cabinet, il examinait le travail qu'il avait commandé, il lisait les lettres et les brochures du jour. Quelquefois, en chantant, il coupait avec un canif le bras de son fauteuil et ressemblait ainsi à un grand enfant; puis tout-à-coup sortant de sa distraction, il déployait ces conceptions qui ont épouvanté le monde en dictant des choses immenses et qui jetteront les siècles futurs dans la plus profonde admiration. — Il dînait à cinq heures; après son dîner il remontait chez Joséphine, où il recevait les ministres. A minuit, il donnait le signal de la retraite en disant brusquement: « Allons nous coucher. »

On doit se rappeler que Murat avait été envoyé à Paris précédemment pour présenter au Directoire les premiers drapeaux pris par l'armée française à la campagne d'Italie. Il fit alors connaissance de madame Bonaparte et de la sœur de son général, la jolie Caroline Bonaparte. Madame Bonaparte reçut avec bonté le jeune aide-de-camp, et comme elle et son amie madame Tallien jouissaient d'un grand crédit auprès du Directoire, elles demandèrent de concert et obtinrent pour lui le grade de général de brigade. Il avait suivi Bonaparte en Égypte; mais après les indiscrètes confidences qui étaient sorties des lèvres de Junot en Syrie, Murat s'aperçut qu'il était tombé en disgrace. Le général en chef le traitait avec froideur, l'éloignait souvent du quartier-général pour lui faire remplir des missions difficiles ; mais Murat fit de tels prodiges de valeur, se montra toujours si infatigable, et contribua si puissamment au succès de la bataille d'Aboukir, que Bonaparte le traita dès-lors avec plus de bienveillance, et depuis lui donna le commandement de la garde des consuls. Lorsque Bonaparte était encore au Luxembourg, Murat vint lui demander la main de sa sœur. Bonaparte accueillit la demande avec gravité et prit quelque temps pour rendre une réponse.

La demande de Murat fut le sujet de la conversation du soir. Madame Bonaparte mit tout en usage pour obtenir le consentement du premier consul, Hortense et Eugène s'unissaient à elle pour le décider. « Murat, dit » Bonaparte, est le fils d'un aubergiste ! Dans le rang » élevé où m'ont placé la fortune et la gloire, je ne » puis pas mêler son sang au mien ! » On fit valoir l'amour réciproque des deux jeunes gens, on lui fit observer combien Murat était dévoué à sa personne, on lui rappela son courage et sa belle conduite en Égypte ; « Oui, dit-il avec feu, j'en conviens ; Murat était su- » perbe à Aboukir ! » On ne laissa pas échapper ce moment d'enthousiasme et on obtint son consentement. Puis il ajouta : « J'espère qu'on ne dira pas que je suis » fier, que je cherche de grandes alliances. Si j'avais » donné ma sœur à un noble, tous vos jacobins auraient » crié à la contre-révolution. » Le même soir il dit vivement à Bourrienne, son secrétaire : « Je suis bien » aise que ma femme se soit intéressée à ce mariage-là. » Vous en devinez bien les raisons. »

Le mariage de Murat et de Caroline fut célébré au Luxembourg, mais avec modestie, car le premier consul était alors mal en argent. Il ne donna que trente mille francs de dot à sa sœur, mais sentant qu'il devait lui faire un cadeau et n'étant pas en fonds pour en acheter un convenable, il prit un collier de diamans à sa femme et le donna à la future.

Joséphine en fut très-contrariée et se promit bien de saisir la première occasion de se dédommager de sa perte. Elle savait qu'un bijoutier avait chez lui une magnifique collection de perles fines qui avaient appartenu à la reine Marie-Antoinette; on les lui apporta, elle les trouva d'une eau admirable, mais on en voulait cinquante mille francs et comment se procurer cet argent? Joséphine s'adressa à Berthier, qui était alors ministre de la guerre. Berthier lui fournit les fonds, et les perles passèrent des magasins du joaillier dans l'écrin de madame Bonaparte. Mais la difficulté était de les porter sans que son mari s'en aperçût. Il savait que Joséphine était sans argent, car il entrait avec elle dans les plus minutieux détails et il se vantait de connaître tous les bijoux de sa femme. Les perles restèrent quinze jours à l'ombre. Mais enfin le jour d'une grande réunion étant venu, la nouvelle propriétaire ne put résister au désir immodéré de se parer de son acquisition. Mais craignant toujours d'être grondée, elle dit à Bourrienne, qui était dans la confidence: « Restez, je vous en prie, auprès de moi; » si le premier consul me demande d'où viennent ces » perles, je lui répondrai sans hésiter que je les ai de- « puis long-temps. » Effectivement Bonaparte lui dit :

« Qu'est-ce que tu as donc là ? comme te voilà belle au-
» jourd'hui ! qu'est-ce que c'est donc que ces perles ?
» il me semble que je ne les connais pas ! — Eh mon
» dieu si, tu les a vues dix fois ; c'est le collier que m'a
» donné la république Cisalpine.—Il me semble pour-
» tant.,.. —Tiens, demande à Bourrienne, il te le dira.
» — Eh bien, Bourrienne, que dites-vous de cela ? vous
» rappelez-vous ? — Oui, général, répondit-il, je me
» rappelle très-bien les avoir déjà vues. » Effectivement
madame Bonaparte les lui avait montrées la veille. Le
premier consul ne se douta de rien.

Bonaparte n'aimait pas les hommes de la révolution
et redoutait les partisans des Bourbons. La pensée de
ces premiers lui causait une terreur secrète et il sentait
la nécessité d'élever une barrière entre la France et eux.
Il aimait la guerre et sentait qu'il fallait donner la paix.
Il entama des négociations avec le cabinet de Londres,
à cette époque où nous étions en guerre avec toute l'Europe. L'Italie était perdue pour nous ; l'empereur d'Allemagne était gouverné par ses ministres, gouvernés eux-
mêmes par l'Angleterre. Ce n'était pas une petite occupation que de faire marcher de front l'organisation du
gouvernement consulaire, les affaires non moins importantes de l'extérieur, et de trouver encore du temps
pour les plaisirs. Il allait au spectacle, qu'il aimait beaucoup ; il habitait souvent l'été la Malmaison, qui devint
alors un lieu de délices. Dans ce séjour enchanteur, la
joie était répandue sur toutes les figures, on bénissait le
nom du premier consul et celui de Joséphine. La société
était d'une élégance simple tenant le milieu entre la

grossièreté républicaine et le luxe de l'empire. Il n'y avait point alors l'étiquette sévère qu'il a fallu observer ensuite à Saint-Cloud, aux Tuileries et dans tous les palais où se trouva plus tard l'empereur Napoléon. Tout le monde était admis sur un pied d'égalité chez madame Bonaparte, ce qui lui plaisait beaucoup. On voyait là Murat, Duroc, Berthier, et d'autres personnes qui depuis ont figuré revêtues de grandes dignités et même de couronnes. La famille de Bonaparte était fort assidue, mais personne n'ignorait qu'elle n'aimait pas madame Bonaparte. Hortense de Beauharnais ne quittait jamais sa mère, et toutes deux s'aimaient beaucoup. Le premier consul vivait alors dans une parfaite intimité avec Joséphine et habitait le même appartement qu'elle; aucune intrigue galante n'eut lieu dans le château, la société était nombreuse et jeune, et se livrait souvent à des exercices qui rappelaient les récréations du collége. Enfin, après dîner on jouait souvent aux barres. Bonaparte en était, il séparait la société en deux camps : les acteurs étaient MM. Lauriston, Didelot, de Lucay, de Bourrienne, Eugène, Rapp, Isabey, madame Bonaparte et sa fille Hortense. Les plus habiles coureurs étaient Eugène, Isabey et Hortense. Le général Bonaparte tombait souvent et se relevait en riant aux éclats.

On jouait aussi la comédie à la Malmaison. C'était un délassement que le premier consul aimait beaucoup, mais il n'y remplit jamais d'autre rôle que celui de spectateur. Il riait, approuvait, critiquait aussi. Mais il arrivait souvent que pour des motifs plus graves il levait le siége et emmenait avec lui Figaro ou M. d'Etieutelle.

Cependant le premier consul disposait des hommes et des choses, il avait hérité dans un seul jour de la république et de la monarchie, et l'une et l'autre servirent de base à son gouvernement.

Depuis son retour d'Égypte, il avait été souvent averti par la police de se tenir en garde et de ne point s'aventurer seul dans les environs de la Malmaison, parce qu'on en voulait à ses jours. Des ouvriers marbriers avaient été envoyés à la Malmaison pour des réparations : on s'aperçut que dans le nombre il y en avait qui feignaient de travailler, et dont l'air et la tournure contrastaient avec leur genre d'occupation. Lorsque les appartemens furent prêts à recevoir le premier consul, on fit une tournée avant qu'il vînt les occuper. On trouva sur le bureau une tabatière parfaitement semblable à l'une de celles que le premier consul portait habituellement ; on fit examiner et décomposer le tabac qu'elle renfermait, il était empoisonné

Le 19 février, à une heure après midi, le premier consul se rendit en pompe aux Tuileries, que l'on appelait alors le palais du gouvernement, pour s'y installer avec toute sa maison ; il avait avec lui ses deux collègues. La voiture des consuls était attelée de six chevaux blancs, dont l'empereur d'Allemagne avait fait présent au vainqueur de l'Italie, après la signature du traité de Campo-Formio. Le sabre que portait ce jour-là le premier consul lui avait été également donné par ce monarque. Les regards et les exclamations de la foule et même celles d'un public plus distingué qui garnissait les fenêtres de la rue de Thionville et du quai Voltaire, ne s'adressaient qu'au premier consul et aux jeunes guerriers de son brillant état-major, encore tout noircis du soleil des Pyramides. Au premier rang marchait Lannes aux manières toutes militaires, et le brave Murat mettant une élégance recherchée dans son costume et dans ses armes. On se le montrait en disant : « Voilà le beau-frère du premier consul. » Venait ensuite Bonaparte, objet d'une admiration toute religieuse, accompagné par son beau-fils, le bon Eugène Beauharnais. Le premier consul, en arrivant aux Tuileries, s'empara sur-le-champ des appartemens royaux. Madame Bonaparte avait les siens à part, au rez-de-chaussée. En peu de temps il y eut des cercles aux Tuileries ; le titre de citoyen fut banni, la recherche se montra dans les costumes, et l'on allait à la cour chez le premier consul.

Quelques jours après cette installation, il y eut réception du corps diplomatique au château dans les appartemens de madame Bonaparte Les salons étaient encombrés par une foule au milieu de laquelle brillaient des femmes éblouissantes de diamans, de plumes et des plus fraîches parures. Lorsque chacun eut pris place, on annonça madame Bonaparte, qui s'avança conduite par M. de Talleyrand. Elle était vêtue d'une robe de mousseline blanche à la grecque, un collier de perles entourait son col ; ses cheveux tressés étaient attachés avec une négligence pleine de charmes. Un murmure flatteur s'éleva lors de son entrée. Jamais on ne vit une femme plus remplie de grace et de dignité. M. de Talleyrand lui présenta un à un les membres du corps diplomatique ;

6

ensuite il fit avec elle le tour des deux salons ; la revue était à moitié faite lorsque le premier consul entra sans se faire annoncer. Il était vêtu d'un uniforme extrêmement simple, il portait un pantalon de casimir blanc collant, des bottes à revers ; une écharpe de soie tricolore tenait sa taille, et il tenait son chapeau à la main. Sa mise si peu recherchée formait un singulier contraste avec les habits brodés, les ordres et les bijoux que portaient les ambassadeurs et les dignitaires étrangers.

Cependant il continuait de négocier avec l'Angleterre pour avoir la paix. « Point de paix avec la France, avait dit lord Chatam. Dans aucun cas, répétait-il chaque jour, en parlant de Bonaparte, dans aucun cas ne traitez avec cet homme. »

Paris voyait avec plaisir rentrer les déportés du 18 fructidor ; les prêtres, détenus à Oléron, revenir vieillir dans leurs familles, des secours accordés aux colons de Saint-Domingue, le régime des prisons recevoir une grande amélioration, et la statue de saint Vincent-de-Paule rendue aux orphelins de l'hospice de la Maternité. La banque de France fut rétablie. Paris s'embellit de deux nouveaux ponts : l'un reçut le nom de la Cité, l'autre, plus tard, celui d'Austerlitz. Bonaparte secourut les émigrés encore sans asile, et les tables de proscription furent brisées.

Tous les momens que le premier consul pouvait dérober aux affaires étaient consacrés à la Malmaison ; la veille des décadis, qui remplaçaient dans le nouveau calendrier les dimanches de l'ancien, était une fête pour tout le château. Madame Bonaparte envoyait des domestiques à cheval et à pied au-devant de lui; elle y allait souvent elle-même avec sa fille. Sans que cela leur fût ordonné, les employés du château prenaient eux-mêmes la même route, sans qu'on le sût, c'était avec affection pour celui qui était l'objet de tant de sollicitude. Le chemin de Paris à la Malmaison étais semé de dangers et de piéges; le passage des carrières de Nanterre était soigneusement surveillé par les gens de la maison. Le premier consul était reconnaissant; mais pour lui il était toujours sans crainte, et souvent il se moquait de celle des autres. Un jour, en arrivant, il raconta gravement à Joséphine qu'il venait de courir un grand danger sur la route : que des hommes à figures sinistres, épouvantables, s'étaient montrés à lui, et avaient eu l'audace de le mettre en joue... Lorsqu'il la vit pâle et tremblante, il éclata de rire et l'embrassa en lui disant : « N'aie pas peur, va, c'est un conte que je viens de te » faire... ils n'oseraient.» Jamais, dans ces jours de congé, comme il les appelait lui-même, il ne restait oisif. Il faisait abattre, relever, bâtir, agrandir, planter, tailler, dans le château et dans le parc; il examinait les comptes, les dépenses, prescrivait l'économie; mais il fallait bientôt, comme il le disait, reprendre le collier de misère.

CHAPITRE II.

Portrait de Bonaparte.—Détails sur son intérieur.—Ses goûts.—
Visite dans les hôpitaux et les prisons.—Il veut savoir l'opinion
qu'on a de lui dans le peuple.—Bataille de Marengo.

1800.

Les peintres et les sculpteurs retraçaient en cent façons les traits de Bonaparte. On a peint ses traits, son front superbe, et l'habitude méditatrice de sa figure; mais qui aurait pu peindre son regard et l'expression de ses yeux, tantôt si douce et tantôt si sévère? Bonaparte avait de belles mains : il le savait et tenait beaucoup à cet avantage; il avait aussi la prétention d'avoir de belles dents, mais celle-ci était beaucoup moins bien fondée. Lorsqu'il se promenait il se tenait un peu courbé, les mains derrière le dos, et marchait quelquefois cinq à six heures sans s'en apercevoir. Il disait souvent :
« Vous voyez combien je suis sobre et mince; eh bien,
» on ne m'ôtera pas de l'idée qu'à quarante ans je de-
» viendrai gros mangeur, et que je prendrai beaucoup
» d'embonpoint; je prévois que ma constitution chan-
» gera; et pourtant je fais assez d'exercice; mais, que
» voulez-vous? c'est un pressentiment; cela ne peut
» manquer d'arriver. » Parmi les instructions qu'il avait données à ceux qui l'entouraient, celle-ci est à remarquer : « Entrez le moins possible la nuit dans ma
» chambre », disait-il, « ne m'éveillez jamais si vous
» avez une bonne nouvelle à m'annoncer; pour une
» bonne nouvelle rien ne presse; mais s'il s'agit d'une

» mauvaise nouvelle, réveillez-moi à l'instant même, » car alors il n'y a pas un instant à perdre. »

Dès que Bonaparte était levé, son valet de chambre lui faisait la barbe, arrangeait ses cheveux. Pendant ce temps, on lui lisait les journaux; mais il ne donnait d'attention qu'aux journaux allemands : « Passez, di- » sait-il, passez ces journaux français; je sais ce qu'il » y a; ils ne disent que ce que je veux. » Quand sa toilette était faite, et il la faisait avec beaucoup de soin, il descendait dans son cabinet et signait le renvoi des pétitions; à dix heures, son maître d'hôtel entrait en disant : « Le déjeûner du général est servi. » Ce repas était d'une modestie extrême : il mangeait presque toujours du poulet à la provençale, et qui depuis a reçu le nom de poulet à la Marengo; Bonaparte buvait peu de vin, c'était toujours du Bordeaux ou du Bourgogne. Après son déjeûner et après son dîner, il prenait une tasse de café. Il prenait du tabac, mais très peu, et il le prenait dans une tabatière, et non dans la poche de son gilet, comme on a prétendu qu'il le faisait, pour ressembler au grand Frédéric.

Bonaparte avait deux passions bien prononcées : la guerre et la gloire. Il aimait aussi les projets de constructions gigantesques. Il dit un jour : « Une grande » réputation c'est un grand bruit; plus on en fait, » plus il s'étend au loin. Les lois, les monumens, les » nations, tout cela tombe; le bruit reste et retentit » dans d'autres générations. Mon pouvoir, disait- » il, tient à ma gloire, et ma gloire aux victoires » que j'ai remportées. Ma puissance tomberait si je

» ne lui donnais pour base encore de la gloire et
» des victoires nouvelles. La conquête m'a fait ce que
» je suis, la conquête seule peut me maintenir. » Voilà
les secrets motifs de son ambition. Il croyait que s'il
était stationnaire il tomberait; il aimait la France avec
passion, il voulait la voir grande et heureuse.

Avant de livrer une bataille, Bonaparte ne s'occupait
pas de ce qu'il ferait en cas de succès, mais seulement
de ce qu'il y aurait à faire en cas de revers. Au milieu
de sa gloire et de ses travaux la pensée des Bourbons le
poursuivait sans cesse, et malgré la force de son ame
il voyait s'élever ce fantôme du milieu du faubourg
Saint-Germain. Plus il vécut plus il méprisa les hommes. « Il y a deux grands leviers pour les remuer, disait-
» il, la crainte et l'intérêt. » Un de ses plus grands
malheurs était de ne pas croire à l'amitié et de ne pas
éprouver le besoin d'aimer. Il disait : « L'amitié n'est
» qu'un mot; je n'aime personne. Non, je n'aime pas
» même mes frères. Joseph,... peut-être, un peu; en-
» core si je l'aime c'est par habitude, c'est parce qu'il
» est mon aîné...— Duroc?... Ah! oui... lui aussi, je
» l'aime; pourquoi?... Son caractère me plaît : il est
» froid; et puis Duroc ne pleure jamais.... — Quant à
» moi, cela m'est bien égal; je sais bien que je n'ai pas
» de vrais amis. Tant que je serai ce que je suis, je
» m'en ferai tant que je voudrai, en apparence; je ne
» m'en affecte pas. Il faut laisser pleurnicher les fem-
» mes, c'est leur affaire; mais moi!... pas de sensibi-
» lité!... Il faut être ferme, avoir le cœur ferme...
» autrement il ne faut se mêler ni de guerre ni de

» gouvernement. » La résolution qu'il prenait ainsi de s'affermir contre les mouvemens de la sensibilité prouvait qu'elle le faisait souffrir souvent, et que par conséquent il n'en était point exempt.

Bonaparte avait les hommes sanguinaires de la révolution en horreur et surtout les régicides qu'il appelait les assassins de Louis XVI. Il s'irritait de la nécessité de les employer. Un jour il dit à Cambacérès, en lui pinçant légèrement l'oreille. « Mon pauvre Cambacé-
» rès, si jamais les Bourbons reviennent, vous serez
» pendu. » Alors un sourire forcé contractait la figure plombée du second consul. Lorsque Bonaparte éprouvait de l'inquiétude, il fredonnait toujours quelque chose qui n'était pas un air. Le son des cloches le transportait de plaisir. En se promenant dans les jardins de la Malmaison, lorsqu'il entendait celles de Rueil, il s'arrêtait tout court pour que le bruit de ses pas ne lui fît rien perdre de leurs sons éloignés, qui le ravissait. Alors d'une voix émue il disait : « Cela me rappelle les
» premières années que j'ai passées à Brienne... J'étais
» heureux, alors!... » Il aimait à voir de loin une femme d'une taille élevée et mince et vêtue de blanc se promener dans les longues allées couvertes. Il ne pouvait souffrir les robes de couleur. Les femmes trop grasses lui déplaisaient mortellement. Il éprouvait une forte répugnance à la vue d'une femme enceinte ; aussi était-il bien rare qu'il en parût aux dîners qu'il donnait. Il avait tout ce qu'il fallait pour être aimable, s'il avait voulu, mais il était trop imposant pour attirer; on était saisi de crainte à sa vue. Quand il était de bonne

humeur, ses caresses amicales consistaient en de petits soufflets, ou à pincer légèrement le bout de l'oreille. Bonaparte ne croyait ni en la médecine ni aux médecins, il n'admettait que les vérités démontrées. Il n'était pas poli avec les femmes et semblait se plaire à leur adresser de mauvais complimens. Il dit un jour à la duchesse de Chevreuse, qui était l'une des plus belles de son temps : « Comme vous avez les cheveux roux! »— « Cela est possible, lui répondit madame de Chevreuse, mais c'est la première fois qu'un homme me le dit; » la duchesse avait les cheveux du plus beau blond du monde. La première fois qu'il mit un habit habillé il s'obstina à garder une cravate noire, et sur l'observation qu'on lui fit que cela causait une désagréable disparate : « Tant mieux, répondit-il, cela me laisse
» toujours l'air un peu militaire. »

Bonaparte n'était point haineux; il n'était point non plus sanguinaire par caractère; il serait difficile de le justifier sur les cruelles nécessités que lui ont imposées les lois de la guerre; mais il fallait être fou furieux pour lui donner les noms de Néron et de Caligula. Rien en lui n'a mérité de pareilles flétrissures.

Après le 18 brumaire, il alla visiter les maisons d'arrêt; il arriva inopinément, afin que les administrateurs n'eussent pas le temps de rien farder. En revenant, il s'écria, en parlant des membres du Directoire : « A
» quel état ces gens-là ont réduit les établissemens pu-
» blics!... Mais, patience! je mettrai ordre à tout cela.
» Les prisons sont mal tenues, insalubres; les détenus
» sont trop mal nourris; je les ai questionnés, j'ai ques-

» tionné les geôliers, car avec les chefs on ne sait rien,
» ils vantent toujours leur marchandise. Quand j'ai été
» au Temple, je n'ai pu me défendre d'un souvenir
» pour ce malheureux Louis XVI!... C'était un brave
» homme; mais trop bon, trop doux; cela ne savait pas
» manier les hommes. — Et Sidney Smith!... Je me
» suis fait montrer sa chambre. Si les imbéciles ne l'a-
» vaient pas laissé sauver, j'aurais pris Saint-Jean-
» d'Acre!... Il y a trop de souvenirs, dans cette prison-
» là; je la ferai abattre un jour. Savez-vous ce que j'ai
» fait, au Temple? Je me suis fait présenter les écrous;
» il y avait encore des otages de Louis XVI, je les ai
» délivrés, je leur ai dit : Une loi injuste vous a privés
» de la liberté, mon premier devoir est de vous la rendre.
» N'est-ce pas que j'ai bien fait?»

Dans les premiers temps que Bonaparte habitait les Tuileries, il aimait à se promener dans le jardin quand, le soir, les grilles en étaient fermées. Quelquefois il prenait le bras de son secrétaire et se rendait dans la rue Saint-Honoré, entrait dans les boutiques sous le prétexte d'acheter différens objets, mais réellement pour tâcher de savoir ce qu'on pensait de lui. Alors, il s'efforçait de prendre le ton railleur et goguenard des jeunes gens à la mode. « Madame, dit-il un jour à une mar-
» chande, en rehaussant les coins de son col et se dan-
» dinant d'un pied sur l'autre avec grace, votre bouti-
» que me paraît bien achalandée. Vous devez voir
» beaucoup de monde. Que dit-on de ce farceur de
» Bonaparte?.. » Le mari de la marchande, choqué du ton irrévérencieux avec lequel Bonaparte parlait du

premier consul, se mit à exprimer son mécontentement dans des termes si peu obligeans, que Bonaparte, quoique ravi, se hâta de se retirer pour que les choses n'allassent pas plus loin que des invectives.

Bonaparte avait tout tenté pour obtenir la paix. Il ne lui restait plus qu'à reprendre les armes. L'armée d'Italie était retombée dans le même dénuement où Bonaparte l'avait trouvée quand il en prit le commandement en 1796. A la voix du premier consul, la France s'émeut ; elle vote elle-même la guerre, et va au devant des sacrifices. Le but de la campagne était de conquérir les deux bassins du Danube et du Pô ; il fallait y descendre. Bonaparte quitte Paris, va prendre le commandement de l'armée, et choisit pour base de ses opérations les revers du Simplon et du Saint-Gothard. Il décide que le passage de l'armée et le transport de l'artillerie se feront par la crête des montagnes, élevées à plus de douze cents toises au dessus du niveau de la mer. Le général Marescot fut chargé de la reconnaissance du St-Bernard. A son retour, Bonaparte lui dit : « Peut-on » passer? — Oui, répond Marescot, cela est possible. » —Eh bien ! partons. — L'armée passera, le premier » consul le veut, dit Marescot ; mais l'artillerie? » Cette difficulté était prévue. Les cartouches et les munitions furent renfermées dans de petites caisses ; les affûts, démontés, sont portés à dos de mulets. On prépare des troncs d'arbre creusés pour contenir les pièces de canon; cent soldats s'attellent à chacune d'elles, et tout cela parvient au faîte de la montagne, où les religieux de l'hospice offrent avec empressement tous les secours qu'ils peuvent donner. Mais après un repos de quelques heures, il faut s'apprêter à se précipiter avec bien plus de péril sur les pentes rapides du Piémont. Bonaparte donna l'exemple ; il opéra la descente à la ramasse sur un glacier presque perpendiculaire. Son guide était un jeune paysan alerte et courageux. Le premier consul lui assura une existence.

De jeunes soldats qui s'étaient égarés dans la neige furent découverts par les chiens des religieux. Ils reçurent des bons pères les soins les plus hospitaliers. Le premier consul laissa au couvent une somme d'argent considérable, et le titre d'un fonds de rente pour l'entretien de l'établissement.

Le même jour, l'infanterie escalada le mont Albaredo; la cavalerie et l'artillerie passèrent par la ville de Bard, sous les batteries du fort. On entoura de paille les roues des caissons et les pieds des chevaux ; on attendit la nuit ; et l'ordre fut donné de passer au galop. Mais ces précautions ne suffirent pas pour dérober aux Autrichiens le passage de l'armée française, et les canons de fort ne cessèrent de tirer à mitraille. Toutefois l'armée, protégée par les maisons de la ville, passa sans éprouver de grandes pertes. Le premier consul tourna le fort de Bard, il gravit un sentier qui dominait le fort et la ville ; et là, défendu seulement par quelques buissons, il braqua sa lunette d'approche sur les batteries ennemies. Il blâma les dispositions prises par l'officier qui devait commander le siège, et en ordonna de nouvelles, en disant : « Dans peu, cette place sera entre mes « mains. » Alors, débarrassé du tourment que lui avait causé l'idée de ce fort tirant presqu'à bout portant sur son armée, tourment qui l'avait privé de sommeil depuis deux jours, il s'étendit au pied d'un arbre et s'endormit.

Pendant ce temps, l'armée achevait d'effectuer son passage. Rafraîchi par quelques instans de repos, le premier consul redescendit la montagne et continua sa marche. Le général Lannes, qui commandait l'avant-garde, s'emparait de toutes les places qui barraient le chemin. Il n'y avait que quelques heures qu'il avait forcé le passage d'Yvrée lorsque le premier consul y entra.

Ainsi s'opéra ce miraculeux passage du mont Saint-Bernard, dont le récit paraîtra fabuleux aux générations futures.

Bonaparte ordonne alors l'assaut du fort de Bard, qui au bout de dix jours tombe en sa puissance, et la route de communication du Saint-Bernard est déblayée.

Le premier consul entre dans Milan. La population l'accueille avec acclamations, il promet de rétablir le culte, et fait prêter aux habitans serment de fidélité à la république Cisalpine; il ne donne pas un moment de relâche à la fortune, il fait répandre l'armée entre le Pô et l'Adda, franchit cette rivière, et s'empare de Bergame, de Crêma, de Crémone et repousse Laudon jusqu'à Brescia.

Le commandant en chef autrichien Mélas apprend par ses généraux vaincus que depuis l'attaque de Bard soixante mille Français sont entrés en Lombardie. Il n'avait compris ni deviné les opérations de Bonaparte.

La marche de l'armée ne s'était pas ralentie ; le général Murat avait passé le Pô et s'était emparé de Plaisance. Cinq mille prisonniers autrichiens, trois mille morts furent les trophées de cette première victoire.

L'une des deux armées ennemies étant battues, il fallut courir à l'autre et défaire Mélas. Le général Lannes, marchant toujours en avant avec sa brave avant-garde, avait livré une sanglante bataille à Montebello, dont plus tard il devait illustrer le nom en le portant. L'arrivée du général Desaix, venant d'Égypte, comblait de joie le général en chef ; ce brave général fut mis à la tête d'une division. Le 14 on livra la bataille de Marengo ; elle dura douze heures ; on resta dans l'alternative du succès jusqu'au soir lorsqu'une charge du général Desaix assura la victoire. Desaix atteint d'une balle tomba mort sur-le-champ, du moins ce ne fut qu'après avoir vaincu.

Les Français, exaspérés par la perte qu'ils viennent de faire, poursuivent les Autrichiens avec furie jusqu'à dix heures du soir et ne s'arrêtent qu'à la Bromida. L'ennemi demande alors à traiter. C'est là que les généraux Berthier et Mélas conclurent la célèbre convention d'Alexandrie qui rendit à la France tout ce qu'elle avait perdu depuis quinze mois ; mais ce traité n'était qu'une convention militaire, et Bonaparte dépêcha à Vienne un général autrichien, qui était au nombre des prisonniers, et le chargea de porter à sa cour des paroles de paix.

Malgré la victoire qu'il venait de remporter, le premier consul était triste et morne : « Desaix n'est plus, » s'écriait-il ! mon brave Desaix ! j'ai perdu mon meil-

» leur ami, personne comme moi ne savait tout ce qu'il
» y avait de vertus dans son cœur et de génie dans sa
» tête!... il avait toujours souhaité de mourir ainsi,
» mais ce vœu devait-il être exaucé si tôt! »

On éleva un tombeau à Desaix sur le mont Saint-Bernard pour attester les regrets de la France et du premier consul.

CHAPITRE III.

Espérances des royalistes. — Lettre de Louis XVIII à Bonaparte. — Réponse et offre de ce dernier.

La victoire de Marengo assurait à la France la conquête de l'Italie. Le premier consul donna le commandement en chef au général Masséna et repassa les monts pour se rendre à Paris où l'attendait un enthousiasme général; il revint à Milan où il fut reçu avec encore plus d'empressement que la première fois. Les Milanais le nommaient leur sauveur pour les avoir délivrés du joug des Autrichiens. Il y avait pourtant un parti qui détestait les changemens et le chef qui en était l'auteur. Dans ce parti figurait un musicien célèbre, le chanteur Marchesi; à son premier passage Bonaparte avait fait demander cet artiste pour l'entendre; il s'était beaucoup fait prier avant que de consentir à se déranger : enfin il s'y décide, mais il se présente au premier consul avec l'importance d'un homme qui serait blessé dans sa dignité. Le général l'accueillit avec bienveillance et le pria poliment de chanter un air. Alors le chanteur, prenant un air d'impertinence que relevait son sourire dédaigneux et son accent italien, avait dit : « Signor général, si c'est oun bon air qu'il vous faut, vous en trouverez oun excellent en faisant oun petit tour de zardin. » Le signor Marchesi fut mis immédiatement à la porte et alla passer la nuit en prison. A son retour, le premier consul, trouvant que la pénitence de l'artiste avait été bien suffisante, l'envoya chercher de nouveau et le pria encore de chanter un air : cette fois il s'empressa d'obéir avec douceur et modestie, et chanta d'une manière ravissante; après le concert, le premier consul lui prit la main qu'il serra affectueusement et le complimenta sincèrement.

Au même concert, le premier consul fut enchanté de la beauté d'une fameuse cantatrice, madame Grassini. Il ne la trouva point cruelle. Le lendemain elle déjeûna avec le vainqueur de l'Italie et le général Berthier, qui fut chargé de pourvoir aux frais de voyage de madame Grassini, laquelle dès-lors fut attachée aux concerts de la cour.

Depuis la bataille de Marengo, que l'on avait d'abord crue perdue à Paris, les royalistes et les républicains prirent le caractère de deux sectes proscrites, à jamais irréconciliables; mais ayant le même ennemi, dans le premier consul, elles conspirèrent conjointement pour sa destruction, et la vengeance faisait briller son poignard dans l'ombre. Les vieilles inimitiés se ranimaient; dans plusieurs réunions il fut question de remplacer Bonaparte par Carnot.

Au milieu des complots républicains le premier consul reçut les deux lettres suivantes de Louis XVIII.

Au général Bonaparte.

« Quelle que soit leur conduite apparente, des hom-
» mes tels que vous, monsieur, n'inspirent jamais d'in-
» quiétudes. Vous avez accepté une place éminente, et
» je vous en sais gré. Mieux que personne vous avez
» ce qu'il faut de force et de puissance pour faire le
» bonheur d'une grande nation. Sauvez la France de
» ses propres fureurs et vous aurez rempli le vœu de
» mon cœur. Rendez-lui son roi, et les générations
» futures béniront votre mémoire. Vous serez trop né-
» cessaire à l'État, pour que je songe à acquitter par
» des places importantes la dette de mon aïeul et la
» mienne. »

Le premier consul ressentit une vive agitation à la réception de cette lettre. Il s'était promis de ne jamais avoir affaire aux princes de la maison de Bourbon; il restait dans l'incertitude : fallait-il ou non répondre à ces ouvertures? il voulut réfléchir et ne se pressa pas. Joséphine et sa fille Hortense le suppliaient de répondre au roi et de lui donner de l'espoir; elles espéraient qu'il se déciderait à jouer un rôle bien plus grand que celui de Monk par qui les Stuarts expulsés aussi en Angleterre, à peu près comme les Bourbons en France, avaient jadis recouvré leur couronne. Leurs instances étaient si fortes et si réitérées qu'il les quittait

souvent avec impatience : « Ces diables de femmes sont
» folles, disait-il, ce sont les royalistes qui leur tour-
» nent la tête. Mais cela ne me fait rien : je ne leur en
» veux pas. » Joséphine craignait que son mari songeât
à se faire roi ; cette pensée réveillait en elle un pressentiment de malheur que son esprit trop faible ne pouvait parvenir à éloigner.

Pendant le séjour du premier consul en Égypte,
Joséphine inquiète et superstitieuse avait fait venir la
Villeneuve, pythonisse célèbre, pour la consulter.
Cette femme lui avait dit : « Vous êtes la femme d'un
grand général qui deviendra plus grand encore ; il tra-
versera les mers qui le tiennent éloigné, et vous, vous
occuperez un jour la première place de France. Mais
ce sera pour peu de temps. » Cette prédiction avait
frappé l'esprit de Joséphine et elle la racontait alors à
tout le monde avec inquiétude.

Cependant Bonaparte méditait la proposition de
Louis XVIII et ses conséquences ; il disait : « Les par-
» tisans des Bourbons se trompent beaucoup s'ils s'ima-
» ginent que je sois homme à jouer le rôle de Monk. »
La chose en resta là d'abord. Louis XVIII lui écrivit
une seconde lettre, que voici :

« Depuis long-temps, général, vous devez savoir
» que mon estime vous est acquise. Si vous doutiez
» que je fusse susceptible de reconnaissance, marquez
» votre place, fixez le sort de vos amis. Quant à mes
» principes, je suis Français : clément par caractère,
» je le serais encore par raison.

» Non! le vainqueur de Lodi, de Castiglione, et d'Ar-
» cole, le conquérant de l'Italie, ne peut pas préférer
» à la gloire une vaine célébrité. Cependant vous per-
» dez un temps précieux. Nous pouvons assurer le
» bonheur de la France; je dis nous parce que j'aurais
» besoin de Bonaparte pour cela, et qu'il ne le pourrait
» pas sans moi.

» Général, l'Europe vous observe; la gloire vous at-
» tend, et je suis impatient de rendre la paix à mon pays.

» Louis. »

Bonaparte laissa encore passer quelque temps avant
de répondre à cette seconde lettre; enfin il s'y décida,
et voici en quels termes :

Paris, le 20 fructidor an VIII.

« J'ai reçu, monsieur, votre lettre; je vous remer-
» cie des choses honnêtes que vous m'y dites. Vous ne
» devez plus souhaiter votre retour en France : il vous
» faudrait marcher sur cent mille cadavres..... Sacri-
» fiez votre intérêt au repos et au bonheur de la France;
» l'histoire vous en tiendra compte. Je ne suis pas
» insensible au malheur de votre famille; je contri-
» buerai avec plaisir à l'adoucir, et à la tranquillité de
» votre retraite.

» Bonaparte. »

Quelques jours après la réception de la lettre de
Louis XVIII, le premier consul se promenait dans une

de ses allées favorites de la Malmaison; Bourrienne l'accompagnait. Joséphine aimait beaucoup cet ami d'enfance de Bonaparte, et le prenait souvent pour confident des petits nuages qui obscurcissaient souvent le ménage. « Ma femme vous a-t-elle encore parlé des
» Bourbons? lui demanda le premier consul. — Non,
» général. — Mais lorsque vous vous entretenez avec
» elle, vous abondez un peu dans son sens. Dites-moi
» donc pourquoi les désirez-vous? vous n'avez aucun
» intérêt à leur retour ;..... vous n'êtes pas d'une assez
» haute naissance pour obtenir jamais de grandes pla-
» ces..... Avez-vous jamais vu des hommes s'élever
» auprès des trônes par leur mérite? tout dans ce pays-
» là est à la naissance, aux grandes alliances, à la for-
» tune et à l'intrigue. Voyez mieux les choses; envisa-
» gez l'avenir avec plus de réflexion. »

Son secrétaire lui répondit qu'un sentiment personnel n'était point son guide, et qu'il ne considérait que l'avenir de la France. « Je veux croire, dit Bourrienne,
» que vous garderez le pouvoir tant que vous vivrez ;
» mais vous n'avez point d'enfans, que fera-t-on après
» vous? Vous m'avez souvent dit que vos frères n'étaient
» pas..... » Bonaparte l'interrompit vivement. « Ah!
» quant à cela, vous avez raison; si je ne vis pas trente
» ans pour achever mon ouvrage, vous aurez après
» moi de longues guerres civiles, car mes frères ne
» conviennent pas à la France : vous savez ce qu'ils
» sont. Vous aurez alors une lutte violente entre les
» généraux les plus marquans, dont chacun se croira le
» droit de prendre ma place. — Eh bien! général,

» pourquoi ne remédiez-vous pas à ces maux que vous
» prévoyez? — Croyez-vous donc que cela ne m'oc-
» cupe pas? Mais pesez bien toutes les difficultés de ce
» qu'on me propose; comment garantir tant de droits
» acquis, tant de résultats matériels, contre les efforts
» d'une famille rentrant dans son pouvoir et revenant
» avec quatre vingt-mille émigrés et l'influence du fa-
» natisme? que deviendront ceux qui ont voté la mort
» du roi, les hommes qui se sont prononcés avec exal-
» tation dans la révolution? Les domaines nationaux,
» enlevés par l'état aux prêtres et aux nobles, vendus
» à une foule innombrable de particuliers, et toutes les
» transactions passées à ce sujet depuis douze ans?
» Êtes-vous homme à prévoir jusqu'où ira la réaction?
» — Général, je ne vous rappellerai pas que Louis XVIII
» vous garantit, par sa lettre, le contraire de tout ce
» que vous semblez craindre. — Je sais cela; mais tout
» ce que vous me dites ou rien, c'est la même chose.
» Croyez-moi, mon cher, les Bourbons s'imagineraient
» avoir reconquis leur héritage; ils en disposeraient à
» leur guise. Les engagemens les plus sacrés, les pro-
» messes les plus positives, disparaîtraient devant la
» force. Vous seriez bien sot de compter sur eux. Mon
» parti est pris, n'en parlons plus. Mais je sais com-
» bien les femmes vous tourmentent; vous devez les
» faire revenir de leur aveuglement, de leurs ridicules
» pressentimens. Qu'elles me laissent faire et qu'elles
» tricotent. »

Cependant Lucien, ennemi déclaré de madame Bonaparte, pressait son frère pour l'engager à divorcer;

Joseph partageait son opinion. La pauvre Joséphine payait bien cher l'éclat de sa fortune. Bonaparte, ébloui par l'amour que de toutes parts on lui montrait, irritait les chagrins de sa femme en lui disant que cela démontrait le désir qu'on avait de lui voir un fils. Dès cet instant, l'infortunée Joséphine ne perdit plus de vue l'attente du divorce et la crainte de voir le premier consul se faire nommer roi, ce qui, selon elle, devait le conduire nécessairement à se séparer d'elle.

Un jour que son époux l'avait traitée avec amitié, jugeant l'instant favorable, n'osant pas même aborder la grande question du divorce, elle lui dit en tremblant : « Je t'en supplie, Bonaparte, ne te fais pas roi. » Bonaparte lui répondit sans humeur, et même en riant :
« Tu es folle, ma pauvre Joséphine ; ce sont toutes tes
» vieilles douairières du faubourg Saint-Germain qui
» te font ces contes-là....., tu m'ennuies ; laisse-moi
» tranquille. » Joséphine versait en secret des torrens de larmes. Elle avait espéré que si Napoléon se faisait couronner, il adopterait Eugène pour successeur ; mais ces espérances s'évanouirent cruellement.

Pendant ce temps, le premier consul se proposait cette question : « Le prétendant à la couronne de
» France renoncerait-il à ses droits si je lui offrais
» une large indemnité, ou même une province en
» Italie. »

Sous le gouvernement consulaire, les royalistes n'étaient pas en état de conspiration, mais ils tendaient à circonvenir ceux qu'on supposait avoir le plus d'influence sur le premier consul, espérant lui faire vouloir le retour des Bourbons. C'était surtout autour de Joséphine que les batteries étaient dressées ; les femmes de sa société l'entretenaient des idées de gloire, des hautes distinctions sociales dont son mari serait entouré s'il relevait le trône abattu. On faisait des offres à Bonaparte ; on aurait retrempé l'épée de connétable de Duguesclin, et une statue érigée en son honneur aurait attesté à la postérité sa gloire sans souillure et la reconnaissance des Bourbons. Le premier consul dit un jour à Lafayette, à ce sujet : « Ils m'offrent une statue, mais » gare au piédestal : ils pourraient bien m'en faire une » prison. » On s'entretenait alors à Paris du retour possible des Bourbons. A cette époque, parut un roman de Mme de Genlis, intitulé : *Madame de La Vallière*. Bonaparte fut mécontent de l'effet qu'il produisit dans Paris. Les gravures, partout exposées aux regards, retraçant des scènes de la vie de Louis XIV, disparurent alors par ordre de la police.

Le faubourg Saint-Germain représentait aux yeux du premier consul l'opinion royaliste en masse, et malgré lui il s'en faisait un épouvantail. Les émigrés auxquels les biens n'avaient pas été rendus étaient mécontens. Les femmes de plusieurs généraux avaient été souvent humiliées par les mépris des dames nobles admises dans les salons du château des Tuileries. On affectait, dans ces hautes sociétés, de parler avec dédain des parvenus, de ces gens qui, selon l'expression de Talleyrand, ne savaient pas marcher sur le parquet. Toutes ces circonstances irritaient le premier consul, dont les frères ne négligeaient aucune occasion de l'indisposer contre les

Bourbons, en lui disant sans cesse que les nobles du faubourg Saint-Germain le méprisaient.

C'est dans cet état de choses que Bonaparte écrivit à Louis XVIII pour lui proposer de renoncer en sa faveur au trône de ses ancêtres, lui faisant les offres d'une principauté et d'un revenu considérable pour lui et sa famille.

Lorsque Louis XVIII reçut la lettre de Bonaparte, à Mittau, il en ressentit une vive indignation ; et, dans son premier mouvement, il fit une réponse qu'il détruisit ensuite et qu'il remplaça par la lettre suivante :

« Je ne confonds pas M. Bonaparte avec ceux qui
» l'ont précédé ; j'estime sa valeur, ses talens militai-
» res ; je lui sais gré de quelques actes d'administration,
» car le bien que l'on fera à mon peuple me sera tou-
» jours cher.

» Mais il se trompe s'il croit m'engager à renoncer
» à mes droits ; loin de là, il les établirait lui-même,
» s'ils pouvaient être litigieux, par la démarche qu'il
» fait en ce moment.

» J'ignore les vues de Dieu sur moi et mon peuple,
» mais je connais les obligations qu'il m'a imposées.
» Chrétien, j'en remplirai les devoirs jusqu'à mon der-
» nier soupir ; fils de saint Louis, je saurai comme lui
» me respecter jusque dans les fers ; successeur de
» François Ier, je veux toujours pouvoir dire avec lui :
« Tout est perdu, fors l'honneur. »

» Louis. »

Bonaparte reçut cette lettre avec une grande indifférence, et depuis n'en reparla jamais.

CHAPITRE IV.

Machine infernale.—Bataille de Hohenlinden.—Traité de paix de Lunéville.—Visite du roi d'Étrurie à Paris.

1800—1801.

Pendant ce temps, quatre conspirations tendant à poignarder le premier consul avaient successivement manqué leur effet. Mais un autre projet d'une plus grande atrocité était conçu : c'est celui de la machine infernale.

Le 3 nivose an ix (21 décembre 1800), le premier consul avait fait prévenir qu'il irait le soir à l'Opéra entendre *la Création*, d'Haydn, avec sa famille. Il dîna jour-là avec madame Bonaparte, sa fille, et les généraux Rapp, Lauriston, Lannes et Berthier. Après le dîner, qui ne dura que vingt minutes, le premier consul se leva et monta en voiture avec Lannes, Berthier et Lauriston, pour se rendre au théâtre. Le général Rapp resta pour conduire Joséphine et sa fille. La voiture du premier consul, à peine arrivée à la moitié de la rue Saint-Nicaise, se trouva barrée par une charrette sur laquelle un tonneau était fortement attaché ; cette charrette semblait être abandonnée ; le chef d'escorte la fit ranger le long du mur. Le cocher du premier consul, que ce retard avait impatienté, poussa ses chevaux vigoureusement, et ils partirent comme l'éclair. Il n'y avait pas deux secondes que la voiture était passée, lorsqu'une explosion épouvantable éclata; elle provenait du baril que portait la charrette. Quelques personnes de la suite du premier consul furent légèrement blessées; mais les passans et ceux qui résidaient dans la rue St-Nicaise furent horriblement maltraités; plusieurs maisons s'écroulèrent, les carreaux des Tuileries et des environs furent cassés; il périt plus de vingt personnes, et soixante furent blessées grièvement. Les glaces de la voiture du premier consul tombèrent en morceaux.

Par un heureux hasard, la voiture de Madame Bonaparte, qui devait suivre immédiatement celle du premier consul, avait éprouvé un léger retard provenant de ce que, au moment de partir, Joséphine avait demandé un châle; le général Rapp en critiqua la couleur en riant, et l'engagea à en choisir un autre. Il s'entama alors une discussion gracieuse, dans laquelle Mme Bonaparte dit au général Rapp qu'il s'entendait aussi bien à attaquer une toilette, qu'elle s'entendait, elle, à attaquer une redoute. Sans cette discussion amicale, c'en était fait de Madame Bonaparte, de sa fille, de Madame Murat qui l'accompagnait, et de toute sa suite. La voiture où étaient les dames, au lieu d'être à la file de celle du premier consul, déboucha de la place du Carrousel au moment où sauta la machine; les glaces en furent brisées.

Mme Bonaparte n'eut rien qu'une grande frayeur; sa

fille Hortense fut légèrement blessée au visage par un éclat de glace, et Madame Murat, dans un état de grossesse assez avancé, fut ramenée au château presqu'évanouie.

Le premier consul parut à l'Opéra avec le plus grand calme. La nouvelle de l'explosion avait déjà circulé de bouche en bouche; Bonaparte fut accueilli avec les démonstrations du plus vif enthousiasme. De retour aux Tuileries, il dit à ses généraux, en se frottant les mains : « Eh bien! Messieurs, nous l'avons échappé » belle! » Ceux-ci frémissaient d'indignation. Il entra ensuite dans le salon, où il reçut de nombreuses félicitations; mais apercevant Foucher, ministre de la police, il lui adressa de vifs reproches.

Le 4 nivôse, à midi, le premier consul passa une revue sur la place du Carrousel; une foule immense de personnes y étaient rassemblées pour le voir et lui témoigner leur affection pour sa personne et leur indignation contre les monstres qui l'attaquaient par des assassinats. Il dirigea son cheval vers les premières lignes de la garde consulaire. Il parcourut les rangs fort lentement, se montrant fort sensible à ces témoignages de l'affection populaire; les cris mille fois répétés de *vive Bonaparte! vive le premier consul!* ne cessèrent que lorsqu'il fut rentré dans ses appartemens.

De nombreuses arrestations furent faites, et l'on découvrit plus tard les auteurs de la fatale machine, dont l'un était un ouvrier d'artillerie employé dans les ateliers de Meudon; mais ils n'étaient que des agens obscurs mis en œuvre par d'autres conspirateurs qui restèrent inconnus. Ces deux coupables eurent la tête tranchée.

Après la bataille de Marengo, Bonaparte avait choisi, comme on sait, parmi les prisonniers autrichiens, le comte de Saint-Julien, pour l'envoyer à Vienne proposer un traité de paix; ce comte était revenu muni de pleins pouvoirs et d'une lettre de créance de son souverain. Mais il déclara que l'Autriche ne pouvait se séparer de la Grande-Bretagne pour ce traité. Le vainqueur de Marengo, qui aurait perdu dans la lenteur d'un double traité tout le fruit de son triomphe, menaça l'ambassadeur, qui se décida enfin à signer le 28 juillet des préliminaires basés sur le traité de Campo-Formio. Le général Duroc partit aussitôt pour Vienne avec le plénipotentiaire autrichien pour obtenir la ratification de l'empereur. Mais à son arrivée à Vienne, la cour d'Autriche refusa de donner son adhésion au traité, parce qu'elle avait fait un accord particulier avec l'Angleterre, dont elle ne devait plus se séparer désormais. A cette nouvelle, le premier consul ordonna à ses généraux en Allemagne et en Italie de rompre l'armistice qui avait été d'abord conclu.

Le général Moreau, à qui Bonaparte avait donné le commandement des armées d'Allemagne, commença les opérations le 25 novembre. La grande armée autrichienne, forte de cent-vingt mille hommes, était commandée par l'archiduc Jean, âgé de 18 ans, sous la tutelle du général Laner. Le conseil de l'archiduc forma le projet d'envelopper l'armée française, bien inférieure en force à la sienne; ce dessein fut bientôt pénétré par Moreau, dont les manœuvres d'une habile stratégie, firent échouer le plan de ses adversaires. Plusieurs jours furent employés à cette admirable combinaison ; la bataille fut enfin donnée près du village de Hohenlinden, le 3 décembre. Ney enfonça l'ennemi dans ce village même. Onze mille prisonniers et cent pièces de canons tombèrent au pouvoir des Français.

Après cette victoire, Moreau continue sa marche triomphante ; il reçoit du premier consul l'ordre d'aller dicter la paix à Vienne ; la déroute des Autrichiens est complète, et enfin les Français vont s'emparer de Lintz, la porte de Vienne.

Moreau, dont les avant-postes n'étaient plus qu'à deux journées de cette capitale, s'avançait vers elle lorsqu'il vit arriver un général muni des pleins pouvoirs de l'Autriche. La convention d'armistice fut signée le 23 décembre. En 25 jours Moreau avait conquis cent lieues de territoire. Pendant le temps de ces grandes opérations militaires, le général Brune, qui avait le commandement en chef de l'armée d'Italie, marchait aussi de succès en succès ; l'armée française allait passer l'Adige, lorsque arriva un parlementaire de la cour d'Autriche, qui proposa un armistice semblable à celui qu'on venait de signer avec Moreau : la paix fut enfin signée à Lunéville, le 19 février 1801. Ce traité fameux, en rappelant toutes les clauses du traité de Campo-Formio, renouvelait à la France la cession de la Belgique, et lui abandonnait toutes les possessions de la rive gauche du Rhin.

A la nouvelle de la paix, les hommes clairvoyans

entrevirent que l'autorité despotique des camps allait devenir la source d'une nouvelle royauté. Bonaparte, trois fois vainqueur de la maison d'Autriche, allait-il se contenter d'être le premier magistrat de sa patrie, pendant la paix, et son dictateur dans les périls? Les hommes de 89 n'avaient prévu ni tant de gloire ni tant de puissance. Cependant on n'osait soulever le voile de l'avenir, on attendait en silence qu'il déployât ses immenses replis. Mais le peuple, voyant la patrie délivrée de toutes les guerres qu'elle soutenait depuis si long-temps, au prix de tant de sacrifices, s'abandonna à la joie la plus immodérée. Les transports éclataient de toutes parts; on envahit les Tuileries, on forma des danses, on cria mille fois vive le premier consul! vive Bonaparte! Pendant ce temps, il était assis au milieu de ses deux collègues, entouré du corps diplomatique et d'une cour militaire étincelante d'or, vêtu d'un uniforme simple; mais le diamant appelé le *Régent*, brillait à la garde de son épée.

La Toscane avait été érigée par Bonaparte en royaume d'Etrurie, à la suite du traité de Lunéville. Le roi de cette nouvelle souveraineté, don Louis Ier, allié au sang des Bourbons d'Espagne, vint, en mai 1801, visiter le premier consul à Paris. C'était le premier roi qu'on revoyait dans cette capitale depuis la chute de Louis XVI. Ce prince voyageait sous le nom de Prince de Livourne, avec sa femme, l'infante d'Espagne, Marie-Louise, fille de Charles IV. Il fut accueilli et traité en roi aux Tuileries. Le prince était d'une faible santé et tombait, dit-on, du haut-mal.

Le roi d'Étrurie n'était point travailleur, et sur ce point, il prêtait aux railleries de Bonaparte, qui dit un jour à Cambacérès, en parlant de son protégé : « Voilà un beau prince qui ne prend pas grand souci » de ses très chers et aimés sujets. Il passe son temps à » caqueter avec de vieilles femmes à qui il dit beaucoup » de bien de moi, tandis qu'il gémit tout bas de devoir » son élévation au chef de cette maudite république » française. Cela ne s'occupe que de promenades, de » chasses, de bals et de spectacles. » — « Il prétend, lui dit Cambacérès, que vous avez voulu dégoûter les Français des rois, en leur en montrant un tel échantillon, comme les Spartiates dégoûtaient leurs enfans de l'ivrognerie, en leur faisant voir un esclave ivre. — « Non pas, non pas, mon cher, repartit le premier con- » sul, je n'ai point envie qu'on se dégoûte de la royauté; » mais le séjour de Sa Majesté le roi d'Etrurie contra- » riera un peu le bon nombre d'honnêtes gens qui » travaillent à faire revenir le goût des Bourbons. »

Lorsque don Louis dînait aux Tuileries, il était toujours embarrassé de répondre aux questions les plus simples que lui adressait le premier consul. La reine, sa femme, pendant ce temps, semblait être au supplice ; il s'établissait alors entre eux une correspondance muette à laquelle le roi semblait être habitué, car chaque fois qu'il était embarrassé, et il l'était toujours, il regardait sa femme; celle-ci minait et faisait des signes pour le mettre sur la voie, et lorsqu'il ne comprenait pas, malgré cela, elle finissait par lui souffler ce qu'il devait dire, ce qui achevait de le rendre tout-à-fait ridicule. On s'égayait généralement à ses dépens; mais on avait soin d'attendre que le premier consul ne fût pas là, parce qu'il n'aurait point pardonné qu'on manquât d'égards pour un hôte auquel il se plaisait à en témoigner beaucoup. Ce qui prêtait le plus aux plaisanteries dont ce prince était l'objet, c'était son extrême économie, à laquelle, sans injustice, on aurait pu donner un autre nom. En voici un exemple :

Pendant son séjour, le premier consul lui fit de magnifiques présens, tels que : des tapis de la Savonnerie, des porcelaines de Sèvres, des étoffes de Lyon; Sa Majesté acceptait tout. On lui apporta un jour un vase du plus grand prix : (il coûtait trois cent mille francs); il fallut employer douze ouvriers pour le placer dans l'appartement du roi. Ces braves gens étaient enchantés d'avoir été choisis pour recevoir la gratification royale qu'ils espéraient de la munificence du prince. Quand leur besogne fut faite ils attendirent respectueusement et en silence que la récompense arrivât. Un chambellan, fatigué de les voir là immobiles, porta leur réclamation aux pieds du roi d'Etrurie; il était encore dans l'admiration du présent qu'il venait de recevoir et de la magnificence du premier consul. Il fut on ne peut plus surpris de la requête du chambellan : « Comment ! dit le roi, mais il y » a erreur, puisque c'est un cadeau, je ne dois rien » donner. » Enfin, après bien des instances, le roi ordonna qu'on donnât un écu de six francs à chacun des ouvriers, qui le refusèrent.

La reine d'Etrurie était plus avisée que son auguste époux; elle ne brillait pas par infiniment de grâce. Elle se faisait habiller dès le matin pour toute la journée, et elle se promenait dans son jardin avec le diadème en tête et une robe à queue qui balayait la poussière des allées. Elle tenait souvent dans ses bras un de ses enfans encore dans les langes, et qui était sujet à tous les inconvéniens d'un maillot. D'après cela, la toilette de Sa Majesté était le soir dans un déplorable état; mais cette princesse était bonne, elle était aimée de ses gens; elle possédait au premier degré toutes les vertus domestiques, et le premier consul professait pour elle la plus haute estime. Pendant le séjour de Leurs Majestés, on leur donna mille fêtes charmantes. M. de Talleyrand surtout leur ménagea une surprise très agréable dans celle qu'il leur offrit. Une toile de fond s'élevant tout-à-coup laissa voir la principale place de Florence, le palais ducal, une fontaine d'eau jaillissante, et des Toscans se livrant aux jeux et aux danses de leur pays, et chantant des couplets en l'honneur de leurs souverains. M. de Talleyrand vint prier Leurs Majestés de vouloir bien se mêler à leurs sujets; et à peine eurent-elles mis le pied dans le jardin, qu'une nuée de bombes lumineuses éclatèrent de toutes parts; des colonnades, des palais, des flammes, des arcs de triomphe s'élevaient, s'effaçaient et se reconstruisaient sans relâche; enfin tout cela fut terminé par un bal magnifique qui fut ouvert par le roi d'Etrurie et Madame Leclerc, sœur de Bonaparte, Pauline, qui avait épousé le général de ce nom.

CHAPITRE V.

Alliance des puissances du Nord.—Incendie de la flotte danoise par les Anglais.—Mort de Paul Ier.—Perte de la conquête d'Egypte.—Mariage d'Hortense Beauharnais avec Louis Bonaparte.—Rétablissement du culte.—Retour de Menou.

1801 — 1802.

Après la paix de Lunéville, il ne restait plus d'ennemis à la France que l'Angleterre et la Porte-Ottomane, que la guerre d'Égypte avait attachée à l'Angleterre. Les Français possédaient et occupaient toute l'Italie en-deçà de l'Adige ; le royaume de Naples était aussi au pouvoir des Français. Tous les princes temporels de la péninsule avaient perdu leur puissance; le souverain pontife conservait seul la sienne, mais à la condition de fermer ses ports aux Anglais. L'Angleterre régnait sur les mers, mais tous les ports de l'Europe lui étaient interdits. Une confédération, conclue à la demande de Bonaparte en 1800, entre la Russie, la Prusse et le Danemarck, les chassait de toutes les côtes du Nord; l'empereur de Russie, Paul Ier, admirateur de Bonaparte, et son allié le plus sincère, était l'âme de cette proscription contre l'Angleterre. Déjà les flottes des puissances de la Baltique étaient prêtes à se réunir à celles de la France pour attaquer les Anglais, lorsque l'amiral Nelson, le vainqueur d'Aboukir, reçut l'ordre de son gouvernement d'aller surprendre la flotte Danoise, qui était à l'ancre dans la rade de Copenhague, quoique cependant il n'y eût point encore de guerre déclarée entre le Danemarck et l'Angleterre.

La flotte Danoise, attaquée au moment où elle était seule pour se défendre, fut entièrement détruite par les Anglais. Paul Ier, à peu près dans ce même temps, périt assassiné dans son palais, à la suite d'une conspiration à laquelle l'Angleterre est accusée de n'être pas restée étrangère. Son fils Alexandre lui ayant succédé, abjura la conduite de son père à l'égard de la France, et s'allia immédiatement avec les Anglais. Bientôt le Danemarck, la Prusse et la Suède furent amenés par lui à contracter la même alliance.

Cependant, le premier consul ne cessait de porter ses regards vers l'Égypte, et voulait envoyer des secours à l'armée qu'il y avait laissée : l'amiral Gantheaume, qui avait ramené Bonaparte en France, fut chargé de se remettre en mer pour aller débarquer cinq mille hommes en Afrique; mais les flottes anglaises l'empêchèrent de passer, et il fut obligé de rentrer dans nos ports de la Méditerranée. La fatalité devait amener la ruine complète de cette expédition. Le général Kléber, entre les mains de qui Bonaparte avait déposé le commandement en chef, en quittant l'Afrique, s'était vu placé dans la plus dangereuse position, par les révoltes du pays et les forces réunies du Grand-Seigneur et de l'Angleterre. Le fanatisme musulman se joignait à la haine nationale contre nous. Kléber, après avoir déployé le plus grand talent militaire pendant le temps qu'il eut ce commandement, périt enfin assassiné par le poignard d'un fanatique, Soleyman Haleby. Menou succéda à Kléber, par rang d'ancienneté ; dès cet instant, la perte de l'Égypte fut inévitable. A la nouvelle de cette mort, Bonaparte prévit la perte de sa conquête ; il ne restait plus à l'armée de général capable de la commander. Menou n'avait pas le génie nécessaire pour le remplacer ; il fut bientôt réduit à signer une capitulation avec l'Angleterre, par suite de laquelle il remit Alexandrie, et put s'embarquer avec les débris de son armée.

Dans les fêtes que le premier consul avait données à Leurs Majestés le roi et la reine d'Etrurie, Hortense Beauharnais avait été le plus bel ornement de la cour de Bonaparte. Elle avait une secrète inclination pour le général Duroc, aide-de-camp du premier consul, et gouverneur des Tuileries, qui était à peine âgé de 30 ans, bien fait de sa personne, prudent, réservé et aimé de Bonaparte qui lui avait souvent confié d'importantes missions diplomatiques. Il vivait depuis long-temps dans la familiarité des possesseurs de la Malmaison. Pendant les absences qu'il était obligé de faire, il entretenait une correspondance suivie avec Hortense ; mais Napoléon avait d'autres vues sur sa belle-fille, il avait résolu de la faire épouser à son frère Louis. Celui-ci, cependant, avait au fond du cœur une autre inclination dont il n'osa pas même parler à son frère. Hortense Beauharnais était très jolie, pleine de grâces et de talent, bienveillante et aimable comme sa mère. Il l'épousa. Bonaparte avait beaucoup d'affection pour sa belle-fille, mais cette inclination était toute paternelle, et la crainte respectueuse avec laquelle Hortense répondait à cette affection suffisait pour détruire les odieuses et révoltantes suppositions de séduction que la malveillance osa avancer de la part du premier consul relativement à sa belle-fille. Elle aimait, mais elle craignait le premier consul, et lorsqu'elle désirait en obtenir quelques faveurs, elle prenait un long détour pour arriver jusqu'à lui, c'est-à-dire qu'elle avait recours à une intercession intermédiaire. En aurait-elle agi de cette manière si les bruits semés par la calomnie avaient eu le moindre fondement.

La cérémonie du mariage de Louis et de Hortense eut lieu le 7 janvier 1802, dans la maison de la rue de la Victoire.

Les époux étaient fort tristes, Hortense pleura tout le temps de la cérémonie; ensuite elle se tint le plus éloignée possible des regards de son mari, qui de son côté était trop fier et trop ulcéré pour la poursuivre de ses empressemens. Tandis que la fille de Joséphine se retirait dans un coin avec les yeux rouges et humides, Louis se tenait pensif et taciturne à l'autre bout du salon. Plus tard, les malheurs de sa famille, de fâcheux débats domestiques, des procès firent d'une personne qui semblait devoir exciter l'envie, un triste exemple des misères humaines.

A cette époque, le premier consul réalisa une mesure qui fut un grand événement pour la France : ce fut le rétablissement du culte catholique qui était proscrit depuis 1792. Une convention faite avec le pape, sous le nom de concordat, relevait les églises, rappelait les prêtres, et donna au pays, sous le rapport de la religion, à peu près l'aspect qu'il avait avant la

révolution. Un jour que le premier consul se disposait à se rendre à Notre-Dame, il dit à Cambacérès, qui entrait alors dans son salon : « Eh bien! nous allons à la
» messe aujourd'hui; que pense-t-on de cela dans Paris ?
— « Beaucoup de gens, répondit Cambacérès, se
» proposent d'aller à la première représentation, et de
» siffler, s'ils ne la trouvent pas amusante. — Si quel-
» qu'un s'avise de siffler, je le fais mettre à la porte
» par les grenadiers de la garde consulaire. — Mais si
» les grenadiers se mettent à siffler comme les autres?
» —Pour cela, je ne le crains pas. Mes vieilles mous-
» taches iront ici, à Notre-Dame, tout comme au Caire
» ils allaient à la mosquée. Ils me regarderont faire,
» et en voyant leur général se tenir grave et décent, ils
» feront comme lui en se disant : c'est la consigne!—
» J'ai peur, dit Joseph Bonaparte, qui survint, que
» les officiers-généraux ne soient pas si accommodans.
» Je viens de quitter Augereau, qui jette feu et flamme
» contre ce qu'il appelle vos capucinades. Lui et quel-
» ques autres ne seront pas faciles à ramener au giron
» de notre sainte mère l'Église. — Bah! Augereau est
» comme cela! C'est un braillard qui fait bien du ta-
» page, et s'il a quelque petit cousin imbécille, il le
» mettra au séminaire pour que j'en fasse un aumônier.
» A propos, poursuivit le premier consul, en s'adressant
» à Cambacérès, quand votre frère ira-t-il prendre pos-
» session de son siége de Rouen? Savez-vous qu'il a là
» le plus bel archevêché de France? Il sera cardinal
» avant un an, c'est une affaire convenue.» C'est ainsi que prenant par leur intérêt ou celui de leur famille,

ceux dont il craignait le blâme, il savait en faire ses plus dévoués serviteurs.

Les plénipotentiaires qui avaient été chargés de discuter et signer le concordat étaient Joseph Bonaparte, Crétet et l'abbé Bernier. Celui-ci avait été chef de chouans dans la Vendée. Le premier consul, après s'être entretenu, des conférences qui avaient eu lieu lors du concordat, dit, en parlant de l'abbé Bernier : « Il faisait
» peur aux prélats Italiens par la véhémence de sa lo-
» gique. On aurait dit qu'il se croyait au temps où il
» conduisait les Vendéens à la charge contre les répu-
» blicains. Rien n'était plus singulier que le contraste
» de ses manières rudes et disputeuses avec les formes
» polies et le ton mielleux des prélats. Le cardinal Ca-
» prara est venu il y a deux jours, d'un air effaré, me
» demander s'il est vrai que l'abbé Bernier s'était fait,
» pendant la guerre de la Vendée, un autel pour célé-
» brer la messe, avec des cadavres républicains. Je lui
» ai répondu que je n'en savais rien, mais que cela
» était possible. — Général premier consul, s'est écrié
» le cardinal épouvanté; ce n'est pas *oun* chapeau rouge,
» mais *oun* bonnet rouge qu'il faut à cet homme. J'ai
» bien peur, continua le premier consul, que cela ne
» nuise à l'abbé Bernier, pour la barrette de car-
» dinal. »

Le premier consul se revêtit, pour la cérémonie qui se préparait, d'un habit écarlate sans revers, avec une large broderie de palmes en or sur toutes les coutures. Son sabre, qu'il avait rapporté d'Égypte, était supendu à son côté par un baudrier du plus beau travail; il garda son col noir, par aversion pour la cravate de dentelle. Du reste, il était mis comme les consuls, ses collègues. Un chapeau français, orné de plumes flottantes teintes des trois couleurs, complétait ce riche habillement.

Ce fut un singulier spectacle pour les Parisiens que la première célébration de l'office divin dans l'église Notre-Dame. Le bas peuple ne vit dans le *Te Deum*, qui fut chanté ce jour-là pour la paix, qu'un spectacle digne de sa curiosité. La classe moyenne, dont un grand nombre de personnes pieuses regrettaient la suppression des pratiques religieuses dans lesquelles elles avaient été élevées, renaissait à la joie et à l'espoir à la vue du retour de l'ancien culte. Les militaires laissaient circuler à voix basse quelques plaisanteries. Quant à ceux qui avaient contribué au renversement du culte, ils dissimulaient avec peine leur indignation et leur fureur. Le clergé évitait avec soin, dans les premiers instans de la renaissance de la religion, de se montrer intolérant : il demandait fort peu et ne damnait personne. Le représentant du Saint-Père, le cardinal-légat, cherchait à plaire à tout le monde et y réussissait, excepté à quelques vieux prêtres chagrins de son indulgence, qui blâmaient tout bas la grâce de ses manières mondaines, ou le laisser-aller de sa conduite.

Ce fut à cette même époque que fut rétabli l'ancien calendrier. Lorsque le nouveau avait été introduit, le le peuple, habitué à travailler six jours et à se reposer le septième, avait trouvé dur l'intervalle d'une décade à l'autre, ce qui d'abord avait fait croire qu'il ne prendrait pas. Quelqu'un dit à cette époque, en parlant de ceux qui voulaient l'introduire : « Ils ont beau faire, ils ont affaire à deux ennemis qui ne céderont pas : la barbe et la chemise blanche.

Peu de temps après le rétablissement du culte, vint un homme se présenter aux Tuileries, qui aurait autant aimé voir l'église Notre-Dame changée en mosquée que de la voir redevenir le siége de la religion chrétienne. Cet homme était le général en chef de l'armée d'Égypte, Menou, noble et baron sous l'ancien régime, républicain ardent sous la convention; il s'était fait musulman au Caire, en y prenant le nom d'Abdallah. Malgré cela et malgré le dernier échec qu'il venait d'éprouver de la part des Anglais, le général Abdallah Menou fut bien reçu du premier consul, qui avait pour lui de l'estime. Non seulement le général Menou avait une haute valeur militaire, mais il avait de plus cette force morale et cette constance que les circonstances les plus périlleuses ne sauraient abattre. Après la journée du 10 août, bien qu'il appartînt alors au parti républicain, il avait osé suivre Louis XVI à l'assemblée; il fut alors dénoncé comme royaliste. En 1795, lorsque le faubourg Saint-Germain se leva en masse pour se porter contre la convention, le général Menou arma et désarma les séditieux, mais il résista avec force aux ordres atroces des commissaires de la convention qui voulaient que le faubourg entier fut incendié, pour punir les habitans de leurs continuelles insurrections. Quelque temps après, lorsqu'il eut capitulé devant les sectionnaires, à l'époque du 13 vendémiaire, parce qu'il n'avait pas voulu employer la mitraille contre les Parisiens, il avait été traduit devant une commission militaire qui s'apprêtait à le condamner à mort, lorsque le général Bonaparte, qui l'avait remplacé dans le commandement de l'armée de l'intérieur, usa de tout son crédit et lui sauva la vie. Très peu de temps après cette visite du général Menou aux Tuileries, le premier consul le nomma gouverneur-général du Piémont : de ce gouvernement il passa à celui de Venise, où, malgré ses 60 ans, il mourut d'amour pour une actrice qu'il avait suivie de Venise à Reggio.

CHAPITRE VI.

Consulat à vie.—Visite dans les départemens. — Expédition de Saint-Domingue.—Comices de Lyon.—Traité d'Amiens.

1801—1802.

Les consuls n'avaient été primitivement nommés que pour cinq ans. Bonaparte désira bientôt que ce terme fût prolongé légalement, et le sénat rendit, le 7 juin 1802, un sénatus-consulte qui prorogea de dix années la magistrature consulaire dans la personne de Bonaparte. Peu de temps après, le 2 août suivant, elle fut déclarée à vie pour les trois consuls. Vers la même époque, Bonaparte institua l'ordre la légion d'honneur.

Immédiatement après qu'il eut été nommé consul à vie, il fit avec Joséphine un voyage en Normandie et dans les départemens les plus riches et les plus éclairés de France. Ce voyage avait pour but d'aplanir les difficultés qu'il craignait de rencontrer dans l'exécution de ses projets pour l'avenir. Partout il fut reçu comme un monarque, partout il agit comme s'il eût été revêtu de ce caractère. Il alla visiter le champ de bataille d'Ivry : « Honneur, dit-il en y entrant, à la mémoire du meil- » leur Français qui se soit assis sur le trône de France! » et il ordonna le rétablissement de la colonne qu'on avait érigée en souvenir de la victoire remportée par Henri IV. Il reçut les félicitations obligées du maire et des autorités, et visita avec Joséphine les monumens et curiosités. Un de ces administrateurs de province, que son éducation sous le rapport du langage rendait peu digne de son emploi, faisait à Madame Bonaparte les honneurs du chef-lieu avec beaucoup d'empressement. Madame Bonaparte voulant lui donner une marque de bienveillance, lui demanda, avec sa grâce ordinaire, s'il était marié, s'il avait des enfans. — « Oh! Madame, je le » crois bien, répondit l'officier public avec un sourire » et en s'inclinant profondément; j'ai cinq-z'enfans. — » Seize enfans?... s'écria Joséphine avec surprise. — Oui » Madame, cinq-z'enfans, » répéta l'administrateur, qui ne voyait rien là de bien extraordinaire. Enfin quelqu'un expliqua à Madame Bonaparte l'erreur où l'avait jetée la singulière liaison de l'interlocuteur.

Le premier consul visita Évreux, Rouen. Ce fut là qu'un des magistrats lui demanda avec beaucoup d'émotion et les larmes aux yeux, la permission de le nommer le grand juge de paix de l'Europe, ce qui lui fut accordé. Au Havre, le premier consul admit à sa table tous les soldats et marins qui avaient reçu un sabre ou une hache d'honneur, pour récompenser leur belle conduite. Il visita les produits de l'industrie, encouragea le commerce, et laissait partout aux pauvres des marques de son passage. Le soir, le premier consul se retira de bonne heure, se disant fatigué; mais dès la pointe du jour il était à cheval pour parcourir, avec une curiosité particulière, la plage, les côteaux d'Ingouville jusqu'à plus d'une lieue, les rives de la Seine, jusqu'à la hauteur du Hec, et il fit ensuite le tour extérieur de la citadelle. Il alla de là à Fécamp, où les habitans de la ville suivaient le clergé en chantant un *Te Deum* en plein air, pour l'anniversaire du 18 brumaire. Bonaparte a dit que ces chants sous la voûte du ciel lui avaient causé plus d'émotion que la plus belle musique entendue dans les églises ne lui en avait jamais fait ressentir. A Dieppe, il ordonna la construction d'une écluse dans l'arrière-port, et la continuation d'un canal de navigation qui devait s'étendre jusqu'à Paris. Il alla encore à Gisors, à Beauvais, et enfin, après quinze jours d'absence, il revint avec Joséphine à St-Cloud, où l'on s'était activement occupé à restaurer cette ancienne demeure royale.

Ce fut à la fin de 1801 que le premier consul résolut de faire rentrer sous l'empire de la France l'île de Saint-Domingue, où les nègres s'étaient révoltés depuis le commencement de la révolution, et ayant chassé les blancs leurs maîtres s'y étaient rendus indépendans du gouvernement français.

Lorsque le premier consul eut résolu cette guerre,

il fit venir son beau-frère, le général Leclerc en sa présence, et lui dit : « Tenez, vous me demandez toujours
» de l'argent, voici une belle occasion de vous enrichir,
» allez commander l'expédition de Saint-Domingue.»
On fut alors fâché de voir le choix du premier consul tomber sur le plus jeune et le plus faible de ses généraux, sous le rapport du talent militaire; on le blâmait généralement; on trouvait mauvais le projet qu'il avait de rétablir l'esclavage et de vouloir ramener à la condition des bêtes de somme une population qui avait reconquis ses droits et son rang dans la société.

Le mulâtre Toussaint-Louverture, de la condition de gardeur de bestiaux s'était élevé au rang de chef suprême, et tenait Saint-Domingue sous son joug de fer. On lui offrit de lui conférer le titre de vice-gouverneur s'il voulait contribuer à ramener la colonie à la métropole. Toussaint crut qu'on lui tendait un piége. Ambitieux, il crut qu'il pourrait triompher. Les états du Nouveau-Monde le reconnaissaient chef de nation, l'Angleterre n'avait pas dédaigné d'entrer en relations avec lui, il existait un traité d'assistance réciproque entre le gouverneur de la Jamaïque et lui : il se résolut à la guerre. Alors sortit des ports de la Méditerranée une flotte considérable. Les forces de terre, composées de trente-quatre mille hommes, obéissaient au général Leclerc. Pendant quinze jours, les flottes furent retenues par une tourmente continuelle. Ce retard donna le temps à l'ennemi de se mettre en défense. En apprenant que les Français étaient en vue de Sumatra, Toussaint courut au cap, afin d'y proclamer une guerre

outrance. Il montra de l'habileté ; mais l'armée française était si considérable qu'il ne put lui résister. Déjà
es Français s'occupaient d'un débarquement, lorsque
Toussaint envoya dire au général Leclerc que s'il
entait une descente, tous les blancs qui restaient
lans l'île allaient être égorgés. Sans tenir compte de
es menaces, le général Leclerc prit terre auprès de
.imbé. Peu d'instans après, on entendit de violentes
'tonations, le ciel s'obscurcit par la fumée, à travers la-
[uelle s'élançaient des flammes : la malheureuse ville
lu Cap était détruite. Le lendemain, le reste de l'armée
ébarqua sur le sol embrasé du Cap ; mais il fallut,
our nourrir l'armée de terre, tirer les provisions des
aisseaux. D'abord, tout parut céder aux Français ;
ais bientôt les noirs se mirent en insurrection ; l'exas-
'ration fut portée au comble, et une conspiration s'é-
endit sur toute la colonie. Depuis trois mois, la fièvre
aune décimait la population : l'armée française, acca-
ée de ce fléau, continuellement en butte aux dangers
es trahisons des noirs, ne pouvait lutter long-temps ;
a guerre recommençait entre les deux races. Dans une
e ces rencontres, Toussaint fut pris et envoyé à Paris ;
le mit provisoirement au Temple. Il fut enfermé en-
ite au château de Joux. Sa prison fut rigoureuse :
e traitement, ses regrets, le climat, déterminèrent sa
ort, qui eut lieu quelques mois après son arrivée en
rance. Pendant ce temps, le général Leclerc mourut
e la fièvre jaune. L'armée perdit en neuf mois : le gé-
éral en chef et douze officiers supérieurs, mille cinq
nts officiers, sept cent cinquante officiers de santé,

vingt-cinq mille soldats, huit mille de la marine du commerce, deux mille employés civils, et trois mille blancs, venus de France avec la flotte. Ainsi, sur cinquante mille individus de la race blanche, il survécut deux mille cinq cents valides et six mille malades dont les deux tiers moururent en revenant en France. Il n'y a point d'exemple dans l'histoire d'une aussi grande destruction, en raison du temps et du nombre. Quant au masssacre des colons par les noirs, il ne peut être calculé.

Le premier consul acheva de mettre en harmonie le gouvernement de la république cisalpine avec celui de la république française; et chef de la France il devint président de l'autre gouvernement. Ces deux pouvoirs réunis lui servirent de transition pour arriver à deux trônes, celui de France et celui d'Italie. Ne désirant pas s'éloigner long-temps de Paris, Bonaparte fit venir à Lyon les personnes désignées pour faire l'élection du président de la république italienne, et qui s'y rassemblèrent sous le nom de comices. Il partit pour Lyon le 8 janvier 1802; prêt à monter sur le trône de France, il voulait encore préparer les Italiens à le couronner un jour roi d'Italie. Il voyait dans le titre de président de la république cisalpine un grand pas de fait vers le royaume des Lombards.

Le titre de président lui fut accordé sans difficulté, le 26 janvier 1802. Le voyage à Lyon et les conférences ne furent que pour la forme.

Après les attentats dirigés contre la vie du premier consul, on prétendit qu'il prenait des précautions extraordinaires, surtout en voyageant. Cela est faux : il voyageait en simple particulier, et disait souvent: « Tout » homme qui voudra sacrifier sa vie est maître de la » mienne. »

Le 25 mars de la même année, l'Angleterre signa à Amiens une suspension d'armes de quatorze mois avec la France. Ce traité donnait la paix, mais on n'espérait pas qu'elle fût de longue durée. Enfin cette fière Angleterre, si hautaine, traitait avec Bonaparte comme chef de l'état, et il voyait dans cette conduite un espoir favorable à ses projets. Comme il se promenait un jour dans les jardins de la Malmaison, on lui remit un de ces rapports niais, tels que la police en fait si souvent. Celui-ci disait : qu'on s'inquiétait à Paris de ce que le premier consul avait adopté une livrée verte, qui était la couleur de la maison d'Artois. A cette lecture, il y eut un mouvement convulsif dans les traits du premier consul. « A quoi pensent donc ces animaux? ils sont » plaisans! Est-ce que je ne vaux pas M. d'Artois? » Ils en verront bien d'autres; ils n'y sont, ma foi » pas! »

Pendant ce temps, il accordait la permission de rentrer en France à tous les émigrés, à quelques exceptions près. De plus, il convoqua un grand conseil dans lequel il fit la proposition de leur restituer tous leurs biens. Mais l'esprit de la révolution était encore en majorité dans le conseil, et il ne fut pas assez fort pour vaincre tous les obstacles. Les royalistes ne furent pas satisfaits de la mesure étroite attachée au rappel des émigrés. Les amis des libertés publiques se plaignaient de ce que les corps de l'état étaient tenus dans la dépendance, et offraient tous les jours davantage au premier consul.

CHAPITRE VII.

Saint-Cloud devient résidence d'été du premier consul. — Banquets militaires aux Tuileries. — Bonaparte conduit la charrue. — Rupture avec l'Angleterre. — Premier voyage de Boulogne. — Combat sur mer. — Bonaparte renversé en voiture.

1803.

Les habitans de Saint-Cloud adressèrent une pétition au corps législatif, pour que le premier consul voulût bien faire de leur château sa résidence d'été; le premier consul accepta. Les dépenses pour les réparations et les ameublemens furent immenses, et ce résultat déplut au premier consul; il se plaignit qu'on lui avait fait des appartemens comme pour une fille entretenue, qu'il n'y avait que des colifichets, des papillottes, et rien de sérieux. Apprenant qu'il y avait à Saint-Cloud un grand nombre d'anciens serviteurs de la reine Marie-Antoinette, il leur fit proposer, soit leurs anciennes places, soit des pensions; la plupart reprirent leurs places.

Lorsque le premier consul faisait quelques distributions d'armes d'honneur, il y avait aux Tuileries un banquet auquel étaient reçus tous ceux qui avaient été admis à ces récompenses. Duroc était le maître des cérémonies; le premier consul lui recommandait d'entremêler les soldats, les colonels et les généraux. Il était expressément enjoint aux domestiques de soigner particulièrement les soldats. Bonaparte présidait ces repas et s'y montrait d'une amabilité parfaite; mais il faisait de vains efforts pour mettre ses convives à leur aise, avec la plupart il n'y pouvait réussir. Les vieux troupiers se tenaient raides, à deux pieds de la table, n'osant ni déployer leur serviette, ni attaquer leur pain, rouges jusqu'aux oreilles, et le cou tendu vers leur général, comme s'ils allaient recevoir le mot d'ordre. Le premier consul leur faisait raconter les hauts faits qui leur valaient la récompense nationale, et riait quelquefois aux éclats de leurs naïves narrations. Il les engageait à bien manger, à bien boire, il buvait lui-même à leur santé. Mais pour la plupart, les valets de pied leur enlevaient leurs assiettes sans qu'ils eussent rien touché, ce qui ne les empêchait pas d'être ivres de joie et d'enthousiasme. En quittant la table, le premier consul leur disait : « Au revoir, mes braves, baptisez-moi bien vite ces » nouveaux-nés là (montrant leurs sabres d'honneur).» Dieu sait s'ils s'y épargnaient.

Un jour que le premier consul était sorti de grand matin de la Malmaison, vêtu de sa redingote grise, et accompagné du général Duroc, pour se promener du côté de la machine de Marly, ils virent un laboureur qui traçait un sillon en s'approchant d'eux. « Brave homme, dit le premier consul en s'arrêtant, votre sillon n'est pas droit; vous ne savez donc pas votre métier? — Ce n'est toujours pas vous, mes beaux messieurs, qui me l'apprendrez; vous seriez encore assez embarrassés pour en faire autant. — Parbleu non! — Vous croyez? eh bien! essayez, reprit l'homme en cédant sa place au premier consul. Celui-ci prend le manche de la charrue, et poussant les chevaux, commence à tracer une ligne en zig-zag.—Allons, allons, dit le paysan en mettant sa main sur celle du général, pour reprendre sa charrue, vous ne faites rien de bon; chacun son métier : promenez-vous, c'est votre affaire. » Le premier consul voulut payer cette leçon de morale, et le général Duroc mit quelques louis dans la main du paysan, qui resta stupéfait de cette générosité. Il quitte aussitôt sa charrue pour aller raconter à tout le monde ce qui vient de lui arriver. Quelqu'un, d'après les détails que lui donna le laboureur sur le costume des inconnus, lui dit que c'était sans doute le premier consul et un de ses généraux qu'il avait rencontrés. L'homme demeura tout interdit; le lendemain, on le vit dans une grande agitation se parer de ses plus beaux habits pour se rendre à la Malmaison. Il voulait remercier le premier consul du cadeau qu'il lui avait fait, et il dit en partant à ses amis qu'il prenait son courage à deux mains. Le laboureur fut introduit; on lui ouvrit la porte du cabinet du premier consul; il fit beaucoup de civilités à celui qui l'avait introduit, pour le faire passer avant lui. L'honnête homme, en entrant, salua avec grand respect le dos du secrétaire du premier consul, qui écrivait sans tourner la tête. Le premier consul le regardait faire ses saluts; à la fin, il prit la parole : « Eh bien! mon brave ?..... (Le paysan se retourne précipitamment, reconnaît son erreur, et salue de nouveau) eh bien! poursuivit le premier consul, la moisson a été belle, cette année?

— Mais, sauf votre respect, citoyen mon général, pas trop mauvaise comme ça.

— Pour que la terre rapporte, il faut qu'on la remue, n'est-il pas vrai? Les beaux messieurs ne valent rien pour cette besogne-là.

— Sans vous offenser, mon général, les bourgeois ont la main trop douce pour manier une charrue; il faut une *poigne* solide pour remuer ces outils-là.

— C'est vrai, répondit en souriant le premier consul. Mais grand et fort comme vous êtes, vous avez dû manier autre chose qu'une charrue : un bon fusil de munition, par exemple, ou bien la poignée d'un bon sabre.

— Le laboureur se redressa avec fierté : « Général,
» dans le temps, j'ai fait comme les autres. J'étais ma-
» rié depuis cinq ou six ans, lorsque les Prussiens
» entrèrent à Landrecies. Vint la réquisition ; on me
» donna un fusil et une giberne à la maison commune,
» et marche! Ah! dame, nous n'étions pas équipés
» comme ces grands gaillards que je viens de voir en
» entrant dans la cour. » Il parlait de la garde consulaire.

— Pourquoi avez-vous quitté le service? reprit le premier consul, qui paraissait prendre beaucoup d'intérêt à cette conversation.

— Ma foi, mon général, chacun à son tour. Il y avait des coups de sabre pour tout le monde ; il m'en tomba un là (l'homme se baisse, écarte ses cheveux, et montre une cicatrice), et après quelques semaines d'ambulance, on me donna mon congé pour revenir à ma femme et à ma charrue.

— Avez-vous des enfans?

— J'en ai trois, mon général; deux garçons et une fille.

— Il faut faire un militaire de l'aîné de vos garçons; s'il se conduit bien, je me chargerai de lui. Adieu, mon brave; quand vous aurez besoin de moi, revenez me voir. Là dessus, le premier consul se leva, fit ajouter quelques louis à ceux que le laboureur avait déjà reçus, et le congédia, enchanté de la réception qu'il venait de recevoir.

Cette paix d'Amiens, dont l'Europe s'était tant réjouie, était cependant sur le point d'être rompue. L'Angleterre manquait à ses promesses et refusait d'exécuter le traité en ce qui concernait l'évacuation de Malte, dont elle s'était emparée à la suite de l'expédition d'Égypte. D'un autre côté, la France voulait rester en possession des états du roi de Naples tant que l'Angleterre persisterait à garder Malte.

Pendant les négociations, le premier consul armait publiquement, faisait compléter les cadres des troupes, et ordonnait une nouvelle levée de cent vingt mille hommes. La guerre fut officiellement déclarée au mois de juin 1803. L'Angleterre avait mis en mer tout ce qu'elle possédait de vaisseaux : Toulon, Gênes et Livourne étaient bloquées, dans la Méditerranée, par la flotte de Nelson.

Les immenses préparatifs qu'on faisait en Belgique reçurent un nouvel encouragement par la présence du premier consul, qui alla les inspecter lui-même. Il fit un voyage à Boulogne, visita la Picardie et la Flandre, pour mettre les côtes du Nord en état de défense. Madame Bonaparte accompagna son mari dans ce voyage, qui fut une marche triomphale : partout le premier consul trouvait des arcs-de-triomphe élevés sur son passage.

Le lendemain de son arrivée à Boulogne, le premier consul alla visiter le Pont-de-Brique, petit village situé à une demi-lieue de Boulogne ; un fermier lui lut le compliment suivant :

« Général, nous sommes ici vingt pères de famille
» qui vous offrons une vingtaine de gros gaillards qui
» sont et seront toujours à vos ordres ; emmenez-les,
» général, ils sont capables de vous donner un bon
» coup de main lorsque vous irez en Angleterre. Quant
» à nous, nous remplirons un autre devoir : nous tra-
» vaillerons à la terre pour que le pain ne manque pas
» aux braves qui doivent écraser les Anglais. »

Bonaparte remercia en souriant le franc campagnard, puis jetant les yeux sur une petite maison bâtie au bord de la grande route : « Voilà, dit-il au général Berthier,
» où je veux que mon quartier-général soit établi. »

Peu de temps avant l'arrivée du premier consul, l'amiral Brueys livra un combat naval à l'escadre anglaise, qui bloquait alors le port de Boulogne. Lorsque les forces furent en présence, le combat s'engagea. Nelson combattit avec une grande supériorité de forces. Pendant plus de sept heures, la mer était couverte de feu et de fumée ; plus de dix-huit cents coups de canon partaient à la fois. Le génie de Nelson ne pouvait rien contre nos marins et nos soldats. L'amiral Brueys était dans sa baraque, placée près du sémaphore des signaux : de là il combattait Nelson en buvant avec son état-major et quelques dames de Boulogne, qu'il avait invitées à dîner. Les convives chantaient les victoires du premier consul, tandis que l'amiral, sans quitter la table, faisait manœuvrer la flottille au moyen des signaux qu'il ordonnait.

Nelson, irrité de ne point vaincre, fit avancer toutes ses forces navales ; mais contrarié par le vent, il ne put tenir la promesse qu'il avait faite à Londres de brûler notre flottille ; loin de là, plusieurs de ses bâtimens furent endommagés ; il reconnut qu'il lui serait impossible d'approcher de la côte de Boulogne, qu'il nomma la côte de fer. L'amiral Brueys, voyant s'éloigner les Anglais, cria victoire et versa le champagne à ses convives.

Le premier consul était parti pour Abbeville dans l'intention d'y passer vingt-quatre heures. La ville était en émoi : on déplantait les arbres des bois voisins pour les ranger sur le passage du premier consul ; les arbustes de tous les jardins décoraient les rues ; de magnifiques tapis étaient étendus à terre pour être foulés aux pieds des chevaux ; les jeunes filles, couronnées de fleurs, portaient des corbeilles. Le premier consul marchait lentement au milieu de la joie et des félicitations publiques, lorsqu'un courrier, trempé de sueur, arrive précipitamment et lui remet un avertissement de la police; on lui faisait connaître qu'il devait être assassiné le lendemain à deux lieues de la ville.

Le premier consul mit son cheval au galop, traversa rapidement la ville, escorté de quelques lanciers, se rendit sur le terrain où il devait être assassiné, fit une halte de plus d'une demi-heure, mangea des biscuits d'Abbeville, et repartit. Les assassins furent trompés : ils ne s'étaient préparés que pour le lendemain. Après avoir parcouru ensemble les départemens, le premier consul ramena Joséphine à Saint-Cloud, où il devait passer quelques jours avant de retourner à Boulogne.

Un jour qu'il faisait une promenade en voiture avec sa femme et Cambacérès, il lui prit fantaisie de conduire à grandes guides les quatre chevaux attelés à la calèche. Il se plaça donc sur le siége, prit les rênes des mains de César, son cocher, qui monta derrière la voiture ; on était dans ce moment dans l'allée du Fer-à-Cheval, qui conduit à Ville-d'Avray. Le cocher improvisé était inexpérimenté ; les chevaux étaient jeunes et ardens, ne sentant plus la main ferme qui savait les maintenir, ils prirent le galop : César, voyant cette malheureuse direction, se mit à crier, d'une voix de stentor : à gauche ! Cambacérès, plus pâle qu'à l'ordinaire, ne s'occupait pas de madame Bonaparte qui était vivement alarmée. Cambacérès criait : arrêtez ! arrêtez ! vous allez nous briser ! Bonaparte n'étant plus maître des chevaux, la voiture accrocha une borne et versa lourdement : le premier consul fut jeté à dix pas et s'évanouit ; Joséphine et Cambacérès n'eurent que de légères contusions. Il revint à lui dès qu'on le toucha. Le soir, il parla en riant de sa mésaventure, et dit : « Il

» faut rendre à César ce qui appartient à César ; qu'il
» garde son fouet, et que chacun fasse son métier. »

CHAPITRE VIII.

Retour à Boulogne.—Duel entre des soldats.—Bonaparte joue aux jeux innocens.—Flatteries du clergé.—Combat sur mer.—But des préparatifs contre l'Angleterre.—Second mariage de Pauline Bonaparte.

1803.

Le premier consul reçut à cette époque, en audience publique, Haled-Effendi, ambassadeur de la Porte-Ottomane. L'arrivée de l'ambassadeur turc fit sensation aux Tuileries parmi les femmes, car il apportait des cachemires au premier consul : on pensait qu'ils seraient distribués, et chaque dame se flattait d'être privilégiée. Le costume de l'ambassadeur était très brillant, mais il ne l'était pas plus que celui de Roüstan, mameluck de Bonaparte, qui, comme on l'a dit, l'avait ramené du Caire. L'ambassadeur turc fut galant avec les dames ; il leur fit même quelques cadeaux. Il n'était pas très musulman, car il ne paraissait pas du tout effrayé de voir le visage de nos jolies Parisiennes à découvert. Cependant, un jour qu'il entrait dans le château de Saint-Cloud, l'heure de sa prière sonnant, il s'agenouilla dans la cour et la récita publiquement. Par discrétion, les dames se tenaient cachées derrière les croisées. Le soir, on le conduisit au Théâtre-Français ; on y donnait *Zaïre*, mais il n'y comprit pas un mot.

Le premier consul retourna à Boulogne pour visiter la flottille et passer la revue des troupes qui s'y étaient rassemblées. Dans les différentes revues que passait le premier consul, il cherchait toujours à exciter l'enthousiasme des soldats, il cherchait toutes les occasions de flatter leur amour-propre. Un jour il loua particulièrement les 36ᵉ et 57ᵉ régimens de ligne et le 10ᵉ d'infanterie légère. Cette flatteuse distinction n'excita dans le moment aucune jalousie, chaque régiment avait eu sa part d'éloges ce jour-là, et ils se retirèrent paisiblement dans leur cantonnement. Mais le soir, les soldats des 36ᵉ et 57ᵉ, fiers d'avoir été favorisés, se rendirent dans une guinguette fréquentée d'habitude par les grenadiers de la garde à cheval. On commença par boire tranquillement en parlant de campagnes, de villes prises, du premier consul, enfin de la revue du matin. Des jeunes gens de Boulogne, qui s'étaient mêlés aux buveurs, s'avisèrent de chanter des couplets qu'ils venaient de faire en l'honneur des trois régimens, sans y mêler un mot flatteur pour le reste de l'armée, pas même pour les grenadiers de la garde. Ces derniers dirent qu'ils trouvaient les couplets détestables. La querelle s'engagea ; des rendez-vous furent donnés pour le lendemain à quatre heures du matin au petit village de Marquise, à deux lieues de Boulogne.

Plus de deux cents grenadiers de la garde s'y rendirent de part et d'autre ; là, sans explications et sans bruit, ils mirent tous le sabre à la main et s'écharpèrent avec le plus grand sang-froid : un seul grenadier de la garde tua de sa main huit soldats du 10°. Ils se seraient sans doute tués tous, si le général Saint-Hilaire, prévenu trop tard, n'avait envoyé un régiment pour les séparer.

Le premier consul se rendit au camp le lendemain matin, fit comparaître devant lui les provocateurs de cette scène terrible, et leur dit d'une voix sévère : « Je sais pourquoi vous vous êtes battus : plusieurs braves ont succombé dans la lutte indigne d'eux et de vous ; vous serez punis. J'ai ordonné qu'on imprimât les couplets cause de tant de malheurs : je veux qu'en apprenant votre punition, les Boulonnais sachent que vous avez démérité de vos frères d'armes. »

Cependant les officiers étaient fatigués de vivre dans l'inactivité ; chacun se plaignait tout bas d'être retenu dans le port, lorsque l'Angleterre était à neuf ou dix lieues de distance. Les plaisirs étaient rares à Boulogne ; les Boulonaises, jolies mais timides, n'osaient pas former de réunion chez elles à cause de leurs maris, gens fort jaloux comme sont tous les Picards. Mais plusieurs belles Parisiennes qui vinrent alors à Boulogne s'empressèrent de charmer les ennuis d'un si long repos. Entre toutes ces dames, une d'elles, remplie de grâces et de talens, belle, jeune, faisait tourner toutes les têtes ; tous les officiers furent bientôt à ses pieds. La belle, dit-on, n'en distinguait que deux : Joseph Bonaparte, qui bientôt passa pour être favorisé ; l'autre était le général Soult. Cette dame provoquait adroitement la jalousie de ses deux soupirans, qui s'empressaient à l'envi de lui offrir des vers, des bouquets de roses, et même mieux que cela. Cette dame donnait des soirées auxquelles Joseph ne manquait jamais d'assister.

Le premier consul, informé des amours de son frère, résolut d'aller s'égayer au salon de la dame. Pour ne pas être reconnu, il prit un habit bourgeois, mit une perruque et des lunettes. Le général Bertrand, qui l'accompagnait, se déguisa aussi de son mieux. On se rend chez la dame. Le premier consul demande l'ordonnateur de la soirée, lui prescrit le secret, et se fait annoncer lui et son compagnon sous le titre de commissaires des guerres.

On jouait à la bouillotte; l'or couvrait les tables. Le jeu et le punch absorbaient tellement les joueurs, que pas un d'eux ne remarqua ceux qui venaient d'entrer. La maîtresse de la maison n'avait jamais vu le premier consul ni le général Bertrand. Le premier consul épia les regards échangés entre son frère et la jolie dame, et, convaincu de leur intelligence, il se disposait à se retirer, lorsque la maîtresse de la maison le retint gracieusement, lui disant qu'on allait jouer aux petits jeux, et qu'il ne s'en irait qu'après avoir donné des gages. Le premier consul consulta des yeux le général, et trouva plaisant de rester pour jouer aux jeux innocens.

Effectivement les joueurs désertèrent les bouillottes et vinrent se ranger en cercle autour de la maîtresse de la maison. On commença par danser la boulangère; puis vinrent les petits jeux, et le premier consul fut obligé de donner un gage. Il fut d'abord embarrassé, n'ayant sur lui qu'un papier sur lequel il avait crayonné les noms de quelques colonels; il confia pourtant ce papier à la dame, en la priant de ne pas l'ouvrir. Enfin vint le moment où on imposa au conquérant la pénitence de faire le portier, tandis que la maîtresse de la maison, avec Joseph Bonaparte, ferait le voyage à Cythère dans une pièce dont il devait garder la porte. Le premier consul s'acquitta de bonne grace du rôle qu'on lui fit jouer; mais à peine eut-il fini, qu'ayant fait signe au général Bertrand, ils sortirent; et quelques minutes après la dame reçut ce billet :

« Je vous remercie, madame, de l'aimable accuei
» que vous m'avez fait. Si vous venez un jour dans ma
» baraque, je ferai encore le portier, si bon vous semble;
» mais cette fois je ne laisserai point à d'autres le soin
» de vous accompagner dans le voyage à Cythère.
» *Signé,* BONAPARTE. »

La jolie dame lut tout bas le billet, mais elle ne laissa pas ignorer à la société qu'on venait de recevoir la visite du premier consul.

Un jour Bonaparte avait dit : « Vous verrez le parti que je saurai tirer des prêtres. » Quand il avait vu la guerre déclarée, afin d'en agir avec l'Église ainsi que l'avaient fait autrefois les rois très chrétiens, il avait fait recommander le succès de ses armes aux prières des fidèles par l'intermédiaire du clergé; il écrivit en conséquence une lettre, dont les formes furent toutes royales, aux cardinaux, aux archevêques et aux évêques de France. Les anciens frères d'armes du premier consul tournèrent cette lettre en raillerie, et dirent que Bona-

parte n'avait point eu besoin de se recommander au prône pour conquérir deux fois l'Italie. Mais il les laissait dire, et suivait la route qu'il s'était habilement tracée. Pour voir réaliser ses espérances, il fallait qu'il plût à la cour de Rome ; il fallait amener les esprits à voir en lui le fils aîné de l'Église. Le clergé ne trahit point l'espoir du premier consul : il pria le ciel de bénir les justes entreprises de l'*homme de sa droite*, etc., etc... Un jour le curé d'une paroisse d'Abbeville dit à Bonaparte, avec un ton emphatique et solennel : « La religion comme
» la France vous doit tout ce qu'elle est ; nous vous de-
» vons tout ce que nous sommes ; je vous dois tout ce
» que je suis. »

A cette époque, il y eut dans la rade de Boulogne un combat terrible. Une flottille composée de vingt ou trente bâtimens arrivait chargée de munitions pour notre flotte. Des bâtimens se détachèrent de la croisière anglaise, afin de couper le passage à cette flottille. Cinq cents bouches à feu se mirent à tirer sur l'ennemi. Dès le premier coup de canon, le premier consul s'embarqua dans un canot et se porta au milieu des bâtimens à travers une grêle d'obus, de bombes et de boulets. Deux soldats sans armes, placés sur les falaises, regardaient alors les manœuvres ; ils étaient tous deux Picards. « Tiens, dit l'un, vois-tu l' p'io Caporal, là-bas ? — Mais non, je ne l' vois point. — Tu ne l' vois point dans son canot ? — Ah ! si..... Mais il n'y pens' point, bien sûr ! s'il y arrivait queuq' tape, il ferait pleurer toute l'armée. Pourquoi qu'i s'expose comme ça ? — Dame, c'est sa place. — Mais non. — Mais si. — Mais non... Voyons, qu'est-ce que tu ferais d'main, toi, si l' pio Caporal était..... — Eh! puisqu' j' te dis qu' c'est sa place! » N'ayant pas trouvé d'argumens pour répondre, ils en vinrent aux coups de poing ; on eut beaucoup de peine à les séparer.

Le premier consul passa derrière le fort, et il débarqua au petit port de Vimereux. Arrivé là, il monta sur la falaise pour encourager les canonniers ; il leur parlait à tous, leur frappait sur l'épaule, les engageait à bien pointer. Les artilleurs, enflammés par les paroles du premier consul, redoublaient de vitesse et d'ardeur ; l'un d'eux s'écria, désignant la belle frégate qui était au nombre des bâtimens ennemis : « Tenez, mon général, » à la frégate ! le beaupré va descendre. » Il avait dit juste, le mât de beaupré tomba en deux parties coupé par le boulet. « Donnez vingt francs à ce brave, » dit le premier consul en s'adressant à ceux qui l'avaient suivi. Il fut alors voir faire rougir les boulets, et criait aux forgerons : « Ce n'est pas assez rouge, mes enfans ; il » faut les envoyer plus rouges que cela... Allons ! al- » lons ! » L'un d'eux qui l'avait connu lieutenant d'artillerie disait à ses camarades : « Il s'entend joliment » à ces petites choses-là... tout comme aux grandes, » allez ! »

Le combat avait commencé à une heure ; à dix heures du soir la flottille amie entra dans le port. Un signal de l'amiral anglais fit virer de bord la frégate, et le feu cessa.

Bonaparte avait voulu donner le change sur ses véritables desseins : il avait voulu que l'on crût au projet

d'une descente en Angleterre pour fixer les regards de l'Europe de ce côté-là; mais en réalité il n'en avait pas l'intention. Un jour quelqu'un qui lui était très familier entrait dans son salon, « Eh bien! lui demanda-
» t-il, que disent les badauds de mes projets de des-
» cente?—Mais, général, les opinions sont partagées.
» —Mais, vous, quelle est la vôtre?—Moi, général, je
» n'y crois pas. —Eh bien! vous avez raison. Ceux qui
» y croient sont des niais; ils ne voient pas les choses
» sous leur véritable point de vue. Je puis sans doute
» débarquer avec cent mille hommes: on me livrera
» une grande bataille, je la gagnerai; mais je dois comp-
» ter sur trente mille hommes tués, blessés ou faits pri-
» sonniers. Si je marche sur Londres, une seconde ba-
» taille m'y attend; je la suppose encore heureuse : que
» faire à Londres avec une armée diminuée des trois
» quarts, sans espoir de renforts? Ce serait une folie.
» Sans une supériorité acquise de notre marine, il ne
» faut jamais songer à un pareil projet. La grande réu-
» nion de troupes que vous voyez dans le Nord a un
» autre but : il faut que mon gouvernement soit le pre-
» mier du monde, ou qu'il succombe. »

Le premier consul quitta Boulogne pour revenir à Paris assister au deuxième mariage d'une de ses sœurs, Pauline Bonaparte, veuve du général Leclerc, mort de la fièvre jaune à Saint-Domingue. Le prince Camille Borghèse, descendant d'une noble famille de Rome, y était déjà arrivé pour l'épouser.

CHAPITRE IX.

Conspiration de Georges Cadoudal, Pichegru et Moreau. — Mort du duc d'Enghien. — Mort de Pichegru.

1804.

Après le 18 fructidor, Pichegru avait été déporté. Moreau, qui pouvait alors garder la neutralité, s'était offert de lui-même à Bonaparte, pour coopérer au succès de la république; trois ans auparavant il n'avait pas osé dénoncer Pichegru au gouvernement, comme traître, et ne s'était décidé à remplir ce devoir que lorsqu'il avait craint pour lui-même. Cependant, malgré cette dernière circonstance, les deux généraux s'étaient rapprochés, et avaient renoué des relations d'amitié, quoique l'un habitât l'Angleterre et l'autre la France.

Échappé de son exil, Pichegru était allé chercher un asile à Londres. Il y fut reçu comme une victime de la révolution, et même le parti royaliste en espéra le succès de ses désirs. Mais Pichegru était un traître; il pensa bien qu'un tel souvenir ne pouvait être éteint dans l'armée : en conséquence, il désigna aux princes français et au cabinet de Londres, Moreau, pour le placer à la tête de la révolution. Moreau était le vainqueur de Hohenlinden, et d'ailleurs, c'était lui qu'on désignait comme chef de l'opposition qui s'élevait contre Bonaparte. Un rapprochement entre Moreau et Pichegru fut habilement ménagé. Au nom des princes français et de l'Angleterre on arrêta un plan de conspiration. Les conjurés, divisés en trois bandes, devaient se rendre à Paris à diverses époques ; la première bande était commandée par Georges Cadoudal, l'un des chefs les plus fougueux de la chouanerie, dans la Vendée ; la seconde, par Coster Saint-Victor ; et la troisième, par Pichegru et Lajolais. Ces bandes furent arrêtées successivement à mesure qu'elles débarquèrent. On apprit que Georges Cadoudal, Pichegru et Moreau avaient eu des entretiens précédemment, et qu'ils avaient résolus de changer la forme du gouvernement.

Les prisons renfermaient déjà presque tous les complices, au nombre de 45 ; il ne restait plus que Moreau, Pichegru et Georges, qui se tenaient cachés : Moreau fut arrêté le 17 février. L'ordre général de la garnison portait : « Cinquante brigands... ont pénétré dans la ca-
» pitale ; Georges Cadoudal et le général Pichegru sont
» à leur tête. Leur arrivée a été provoquée par le géné-
» ral Moreau. Leur projet, après avoir assassiné le pre-
» mier consul, était de livrer la France aux horreurs
» de la guerre civile, et aux terribles convulsions de la
» contre-révolution. »

Le 28 février, une loi spéciale prononça la peine capitale contre tous ceux qui recèleraient des conjurés. Aussitôt après la proclamation de cette loi, Pichegru fut livré par celui chez lequel il s'était réfugié ; enfin, le 9 mars, Georges fut arrêté en cabriolet, par deux agens, dont il tua l'un et blessa l'autre de deux coups de pistolets. Conduit à la police, il convint qu'il était venu à Paris pour attaquer le premier consul, mais qu'il attendait pour cela qu'un prince français fût arrivé dans la capitale. Pichegru se renferma dans un système de dénégation complète. Moreau voulut d'abord suivre le même système, et y renonça bientôt. Il écrivit une lettre embarrassée au premier consul, dans laquelle il avouait que la proposition de tremper dans la conspiration lui avait été faite, mais il ajoutait que ces ouvertures lui avaient toujours paru si absurdes, qu'il les avait laissées sans réponse. Cette lettre fut jointe aux pièces du procès, qui commença alors et qui occupa tout Paris. Dès le point du jour on encombrait les avenues du palais de Justice.

Le premier consul, frappé de la hardiesse des expressions qui avaient été employées à l'audience par M. Bonnet, défenseur de l'accusé, chargea le colonel Sébastiani d'aller s'informer confidentiellement, auprès de l'un des juges, M. de la Guillaumye, de l'issue que pourraient avoir les débats. Ce magistrat lui dit que Moreau était coupable, mais que les preuves légales manquaient, que l'opinion publique combattait leur autorité, et qu'il ne prévoyait pas que Moreau pût être condamné à une autre peine qu'à une détention limitée. — « La Guillaumye a raison, dit le premier consul, les » Parisiens sont toujours pour les accusés. » Un général, présent à cet entretien, observa qu'on aurait pu traduire Moreau devant une commission militaire : « Je » ne l'ai pas fait, répondit Bonaparte, pour sauver vo- » tre tête et la mienne. »

Pendant que le procès occupait l'intérieur, des machinations ourdies à l'extérieur fomentaient les conspirations contre la vie du premier consul. Un jour que Bonaparte était à la Malmaison, un rapport de la gendarmerie lui apprit que le duc d'Enghien, dernier rejeton de la branche des princes de Condé, qui avait émigré avec tous les autres Bourbons au commencement de la révolution, et qui résidait à Ettenheim, dans le grand duché de Bade, y avait réuni beaucoup d'émigrés. Aussitôt, Bonaparte fait coïncider cette circonstance avec la déclaration de Georges Cadoudal : « qu'il attendait l'arrivée d'un prince français pour attaquer le premier consul. » Des rapports de police l'obsédaient depuis plusieurs jours de la nouvelle que le duc d'Enghien devait pénétrer en France du côté de l'Est, au moment de l'explosion de la conspiration, et le duc de Berri, fils du comte d'Artois, du côté de l'Ouest; se rappelant aussi les papiers trouvés dans les fourgons du général autrichien Kinglin, en 1797, et les deux lettres de Moreau au directoire, qui faisaient aussi mention du duc d'Enghien, Bonaparte prit à l'instant la résolution de faire un exemple terrible qui renvoyât la terreur à ses ennemis jusque dans Londres. En conséquence, il donna l'ordre d'enlever le duc d'Enghien, sur le territoire étranger, où il croyait pouvoir conspirer en sûreté. Le duc d'Enghien fut pris dans son lit, à cinq heures du matin; quatorze personne furent arrêtées en même temps. Le prince arriva au château de Vincennes, à neuf heures du soir. Une commission militaire s'y transporta pour le juger, comme prévenu d'avoir porté les armes contre la république, d'être à la solde de l'Angleterre, de faire partie des complots tramés par cette puissance, etc... Interrogé à minuit, par le capitaine rapporteur, le prince déclara qu'il n'avait jamais vu Pichegru, qu'il avait toujours commandé l'avant-garde dans l'armée de son grand père le prince de Condé, et qu'il n'avait pour vivre que le traitement que lui faisait l'Angleterre, c'est-à-dire cent cinquante guinées par mois. Avant de signer le procès-verbal de son interrogatoire, le prince demanda une audience du premier consul. Deux heures après, il comparut devant la commission militaire, qui l'avertit que ses jugemens étaient sans appel. « Je ne me dissimule pas le danger que je cours, dit le prince; je désire seulement avoir une entrevue avec le premier consul. »

Vers les quatre heures du matin, une mystérieuse escorte descendit dans les fossés du château de Vincennes, conduisant le malheureux prince Bourbon; au bout de quelques secondes une explosion se fit entendre: le prince tombait percé de plusieurs balles. En quelques heures il avait été interrogé, jugé, condamné à mort et exécuté.

Bonaparte, le lendemain à son lever, avait le teint fatigué et l'air sombre. Il paraissait à tel point préoccupé qu'il semblait hors d'état d'entendre ni de répondre. Tout-à-coup la porte s'ouvre brusquement, et Joséphine parait en désordre, et le visage couvert de larmes; elle se précipite dans la chambre, en s'écriant : « le duc d'En- » ghien est mort!... Ah! mon Dieu, qu'as-tu fait? » puis elle se laissa tomber sur ses genoux. Bonaparte pâlit et dit avec une émotion extraordinaire : « Les malheu- » reux! ils ont été trop vite!...» Alors il releva Joséphine et la reconduisit chez elle.

Lorsque tous les esprits étaient occupés du procès de Moreau et de Pichegru, on apprit tout-à-coup que le duc d'Enghien avait été fusillé à Vincennes. Une morne stupeur se répandit dans Paris; ce qui rendit cette émotion si sombre, c'était la promptitude et le mystère qui avaient accompagné cette exécution. « Quel est ce duc d'Enghien, se demandait-on ? on ne le connaissait pas, tant la date de l'émigration des princes était déjà ancienne; mais on savait que c'était un prince de la malheureuse famille des Bourbons. « Pourquoi, disait-on, s'il trempait dans la conspiration de Moreau et Pichegru, est-il mort avant que les autres soient seulement entendus? S'il était coupable, pourquoi ne l'avoir pas démontré en plein jour? O Bonaparte! s'il est mort innocent, tu peux dire comme Macbeth, lorsqu'il eut assassiné son roi Duncan : « Un fleuve ne réussirait pas à laver les mains teintes de sang. »

Quelque temps après, Moreau fut condamné seulement à deux ans de prison, peine qui fut commuée ensuite en un exil aux États-Unis d'Amérique. Quant à Pichegru, sa fin fut plus tragique. Il était d'un caractère violent, on l'avait arrêté à l'aide de la plus odieuse trahison qui venait de la part d'un ami chez lequel il s'était réfugié, et qui l'avait dénoncé à la police; celle-ci, informée du domicile de Pichegru, avait pris toutes sortes de précautions pour le saisir, n'ignorant pas qu'il était d'une force prodigieuse et qu'il ne se laisserait pas arrêter sans avoir fait une vigoureuse résistance. On s'introduisit dans sa chambre à l'aide de fausses clefs que celui qui le vendait avait faites lui-même. On le trouva endormi; une lumière brûlait sur sa table de nuit, on renversa la table pour éteindre la lumière, et l'on se jeta sur le général qui se débattit à tel point qu'il fallut le lier. Alors le vainqueur de la Hollande fut conduit au Temple; il n'en devait plus sortir vivant.

Quarante jours s'étaient écoulés depuis son arrestation, lorsque le 6 avril au matin, on le trouva mort dans la chambre qu'il occupait; il s'était pendu aux barreaux de sa prison, avec sa cravate. Georges Cadoudal, n'ayant pas voulu demander sa grace, périt avec douze de ses co-accusés. Vingt des co-accusés de Cadoudal avaient été condamnés à mort; huit furent graciés d'après les instances et les larmes de Joséphine, qui s'unirent à celles des malheureuses familles des condamnés.

LIVRE TROISIÈME.

CHAPITRE PREMIER.

Avènement de l'empereur au trône. — Distribution de croix à l'église de l'hôtel des Invalides. — Napoléon reconnu empereur par l'Autriche, et par tous les états catholiques. — Le pape vient sacrer l'empereur. — Cérémonie du sacre.

Depuis son avènement au consulat, Bonaparte n'avait fait que des pas successifs vers le trône. En 1804, le pouvoir qu'il s'était fait attribuer par les corps de l'état était devenu en réalité le pouvoir souverain lui-même; il ne lui manquait que le nom de roi, avec l'assurance de l'hérédité de cette souveraineté dans sa famille. Il désira, de la part des Français, cette dernière marque de leur admiration en faveur de son génie et de sa fortune. Le sénat et le corps législatif s'empressèrent de prévenir ses vœux; le 18 mai 1804, un sénatus-consulte lui déféra le titre d'Empereur des Français. Le sénat se rendit à Saint-Cloud; Cambacérès fut chargé de présenter à l'empereur ce sénatus-consulte. Napoléon répondit au discours de l'orateur : « Tout ce qui peut
» contribuer au bien de la patrie est essentiellement
» lié à mon bonheur; j'accepte le titre que vous croyez
» utile à la gloire de la nation. Je soumets à la sanction
» du peuple la loi de l'hérédité; j'espère que la France

» ne se repentira jamais des honneurs dont elle envi-
» ronne ma famille. Dans tous les cas, mon esprit ne
» sera plus avec ma postérité, le jour où elle cessera
» de mériter l'estime et la confiance de la grande na-
» tion. » Le même acte reconnaissait les frères de l'empereur, Joseph et Louis, comme successeurs au trône impérial. Lucien et Jérôme étaient exclus de la ligne d'hérédité : Lucien, parce que son caractère indépendant le mettait presque toujours en opposition avec son frère, et Jérôme parce qu'il avait contracté un mariage en Amérique, malgré le premier consul.

Napoléon nomma le prince Joseph grand électeur, le prince Louis connétable, Cambacérès archi-chancelier, Lebrun archi-trésorier. Le même jour, il conféra le grade de maréchal de l'empire à dix-huit généraux: Alexandre Berthier, Murat, Moncey, Jourdan, Masséna, Augereau, Bernadotte, Soult, Brune, Lannes, Mortier, Ney, Davoust, Bessières, Kellermann, Lefebvre, Pérignon et Serrurier.

Peu de jours avant son élévation au trône, Bonaparte, pour s'attirer la bienveillance des prêtres en resserrant ses liens d'amitié avec le pape, avait fait présent à ce dernier d'un brick superbe, le *Saint-Pierre*; aussi le clergé vint le saluer, à son avènement, de tous les titres les plus flatteurs.

Dès que Louis XVIII eut appris l'événement qui portait Napoléon au trône, il fit la protestation suivante, qu'il adressa à tous les souverains de l'Europe :

« En prenant le titre d'empereur, en voulant le ren-
» dre héréditaire dans sa famille Bonaparte vient de

» mettre le sceau à son usurpation. Le nouvel acte
» d'une révolution où tout, dans l'origine, a été nul,
» ne peut sans doute infirmer mes droits; mais comp-
» table de ma conduite à tous les souverains, dont les
» droits ne sont pas moins lésés que les miens, et dont
» les trônes sont tous ébranlés par les principes dange-
» reux que le sénat de Paris a osé mettre en avant;
» comptable à la France, à ma famille, à mon propre
» honneur, je croirais trahir la cause commune en
» gardant le silence en cette occasion. Je déclare donc
» (après avoir au besoin renouvelé mes protestations
» contre tous les actes illégaux qui, depuis l'ouverture
» des états-généraux de France, ont amené la crise
» effrayante dans laquelle se trouvent la France et l'Eu-
» rope), je déclare, en présence de tous les souverains,
» que loin de reconnaître le titre impérial que Bona-
» parte vient de se faire déférer par un corps qui n'a
» pas même d'existence légale (le sénat), je proteste
» contre ce titre et contre tous les actes subséquens
» auxquels il pourrait donner lieu. »

Un des premiers soins de Napoléon fut de rétablir toutes les formules d'étiquette qui avaient existé autrefois à la cour depuis Louis XIV. Le jour de sa nomination à l'empire, Sa Majesté alla tenir son premier grand lever aux Tuileries. Peu de temps après fut célébrée une fête à la suite de laquelle il devait y avoir une grande distribution de croix de la Légion-d'Honneur. C'était la première fois que LL. MM. l'empereur Napoléon et l'impératrice Joséphine se montraient au peuple depuis leur avènement au trône. Le cortége traversa la grande allée des Tuileries pour se rendre à l'hôtel des Invalides, dont l'église, changée en Temple de Mars, pendant la révolution, venait d'être rendue au culte catholique, et devait servir pour la magnifique cérémonie de ce jour. Lorsque le cortége traversa les Tuileries, l'ivresse du peuple fut réelle; pas un murmure ne se fit entendre. L'empereur et l'impératrice furent reçus à la porte de l'hôtel des Invalides par le gouverneur et par M. de Ségur, grand-maître des cérémonies. Après la messe, on procéda à l'appel des grands officiers de la Légion-d'Honneur. L'empereur s'assit, se couvrit, et prononça d'une voix forte la formule du serment, à la fin duquel tous les légionnaires s'écrièrent : Je le jure! et aussitôt des cris mille fois répétés de *vive l'empereur!* se firent entendre. Les chevaliers du nouvel ordre passèrent l'un après l'autre devant Leurs Majestés, lorsqu'un homme du peuple, vêtu d'une veste ronde, vint se placer sur les marches du trône. L'empereur parut un peu étonné, et fit interroger cet homme, qui montra son brevet. Aussitôt l'empereur le fit approcher avec empressement, et lui donna la décoration avec une vive accolade.

Napoléon partit ensuite pour Aix-la-Chapelle. Dans cette antique résidence du premier empereur des Français, il s'appliqua comme un ancien héritage les souvenirs de Charlemagne. Mais une démarche politique d'une haute importance pour Napoléon signala ce séjour d'Aix-la-Chapelle : l'empereur d'Allemagne, qui venait de prendre le titre d'empereur héréditaire d'Autriche, s'était décidé également à reconnaître l'avènement de

Napoléon. Lors de la notification de cet avènement aux cours étrangères, l'Autriche avait consulté la Russie sans en obtenir de réponse. Plus voisine de la France, elle sentit que son silence équivaudrait à une rupture ; et comme elle ne se trouvait pas encore en état de la déclarer, elle envoya son ambassadeur à Aix-la-Chapelle remettre ses nouvelles lettres de créance à Napoléon.

Fondateur d'une nouvelle dynastie, comme Pépin, Napoléon voulut aussi, comme lui, que le souverain pontife passât les monts pour venir lui conférer l'onction royale. Le saint-siége, déjà préparé à la reconnaissance de l'empire par le concordat consulaire, ne balança pas un seul moment.

Bientôt tous les gouvernemens catholiques saluèrent Napoléon du titre impérial. L'empereur attachait une immense importance à la cérémonie du sacre ; elle devait sanctionner son élévation aux yeux des peuples de toute la chrétienté, et s'opposait au reproche d'usurpation.

Le pape Pie VII se mit donc en route pour la France. Arrivé à Paris, on lui rendit tous les honneurs qu'on rendait à l'empereur ; il logea aux Tuileries, au pavillon de Flore. Par suite d'une attention délicate, la chambre où coucha Sa Sainteté était distribuée et meublée absolument de la même manière que celle qu'elle occupait à Rome, au palais de Monte-Cavallo, sa résidence habituelle. Le saint père témoigna une vive reconnaissance de cette attention, qu'il nomma délicatement *toute filiale*. Le pape fut l'objet du respect public et d'un empressement général.

Pie VII avait une figure noble, un air de bonté angélique, la voix douce et sonore; il parlait peu, lentement, mais avec grâce; il était d'une simplicité extrême dans ses manières; il était indulgent et sans rigueur pour les autres, dînait seul, et ne buvait que de l'eau. Lorsque le pape n'était pas retenu dans ses appartemens par la délicatesse de sa santé, il visitait les églises, les musées, et les établissemens d'utilité publique. Souvent se trouvaient rangés sur son passage une double haie d'hommes et de femmes qui venaient se présenter à sa bénédiction; la plupart des femmes avaient leurs enfans, qu'elles élevaient à l'instant où le saint père en approchait. Il se promenait doucement au milieu de cette foule agenouillée, suivi des cardinaux et des seigneurs de sa maison; il fixait ses yeux pleins de douceur sur les groupes d'enfans, la plupart malades, avec un intérêt angélique. Il posait sa main sur la tête de ces enfans, en levant doucement les yeux au ciel pour implorer son intercession, puis disant quelques mots consolans à la mère, il lui donnait son anneau à baiser. Il était vêtu d'une soutane blanche sans aucun ornement.

Il alla visiter l'imprimerie impériale. Le directeur de l'imprimerie fit imprimer en sa présence un volume dont il lui fut fait hommage : c'était le *Pater* en cent cinquante langues différentes. Un jeune homme du peuple avait gardé son chapeau sur sa tête en sa présence; quelques personnes, indignées d'une grossièreté aussi déplacée, allaient le lui enlever, lorsque le pape s'apercevant de leur intention, fit un signe pour les arrêter, et s'approchant du jeune homme, il lui dit avec

bonté : « Découvrez-vous, jeune homme, pour que je
» vous donne ma bénédiction ; la bénédiction d'un
» vieillard n'a jamais porté malheur à personne. »

La cérémonie du sacre de LL. MM. l'empereur et
l'impératrice eut lieu le 2 décembre. Voici quel était le
costume de l'empereur : il avait des bas de soie blancs
brodés en or, avec la couronne impériale au dessus des
coins ; des brodequins de velours blanc, lacés et brodés
en or sur les coutures, avec des boutons et des boucles
en diamans aux jarretières ; la veste, aussi de velours
blanc, brodée en or, avec des boutons en diamans ;
l'habit, de velours cramoisi, avec paremens en velours
blanc, brodé sur les coutures, fermé par devant jusqu'en bas, étincelant d'or ; le demi-manteau, aussi
cramoisi, doublé de satin blanc, couvrait l'épaule gauche, rattaché à droite sur la poitrine avec une double
agrafe en diamans ; la collerette était en dentelle magnifique ; la toque en velours noir, surmontée de deux
aigrettes blanches ; la ganse en diamans, et pour bou-
ton, le régent. L'empereur partit ainsi vêtu des Tuileries, et ce ne fut qu'à l'église Notre-Dame qu'il mit sur
ses épaules le grand manteau du sacre ; il était de velours
cramoisi, parsemé d'abeilles d'or, doublé de satin blanc
et d'hermine, et attaché par des torsades en or. Le
sceptre était d'argent, enlacé d'un serpent d'or, et surmonté d'un globe sur lequel on voyait Charlemagne
assis. La main de justice, la couronne et l'épée, étaient
d'un travail exquis. La couronne que portait l'impératrice était à huit branches, qui se réunissaient sous un
globe d'or surmonté d'une croix ; les branches étaient

garnies de diamans, quatre en forme de feuilles de palmier, et quatre en feuilles de myrthe ; autour de la courbure régnait un cordon incrusté de huit émeraudes énormes ; le bandeau qui reposait sur le front, étincelait d'améthystes ; le diadème était composé de quatre rangées de perles de la plus belle eau, entrelacées de feuillage en diamans. Sur le front étaient plusieurs gros diamans, dont un seul pesait cent quarante-neuf grains; la ceinture était un ruban d'or enrichi de trente-neuf pierres roses.

A neuf heures du matin, le pape sortit des Tuileries pour se rendre à Notre-Dame, dans une voiture attelée de huit chevaux gris-pommelé. Sur l'impériale était une tiare avec tous les attributs de la papauté en bronze doré. Le premier camérier de Sa Sainteté, monté sur une mule, précédait la voiture, portant une croix de vermeil.

Leurs Majestés ne partirent des Tuileries qu'une heure après. Elles étaient dans une voiture éclatante d'or et de peintures précieuses, et conduite par huit chevaux de couleur isabelle, richement caparaçonnés ; sur l'impériale, on voyait une couronne soutenue par quatre aigles aux ailes déployées ; les panneaux de la voiture étaient en glaces.

Dix mille hommes de cavalerie défilèrent entre deux haies d'infanterie occupant en longueur un espace d'une demi-lieue. Un grand nombre d'équipages de la plus grande richesse, conduits par des attelages d'une rare beauté, et de couleur uniforme, passèrent à travers une foule de musiciens jouant les marches du sacre, au bruit

des cloches et du canon, devant une population de quatre à cinq cent mille spectateurs.

Le temps, qui avait été nébuleux toute la matinée, s'éclaircit tout-à-coup au moment où l'empereur entrait à l'archevêché, et le soleil laissa briller l'éclat de ses rayons. Cette circonstance fut remarquée par le peuple et augmenta son enthousiasme.

Le pape sacra Napoléon et Joséphine en présence des princes de la maison impériale, des membres du sacré collége, des prélats français, de tous les ordres de l'état, du corps diplomatique, et d'une députation de la république italienne. Mais à peine le pontife eut-il béni la couronne, à l'instant où il s'avançait pour la poser sur la tête de Napoléon, ce dernier la saisit et la posa lui-même sur sa tête ; il prit ensuite celle qui était destinée à l'impératrice, s'en couvrit quelques instans, et la plaça sur la tête de son épouse, qui, à genoux devant lui, versait des larmes d'émotion. En se relevant elle fixa sur l'empereur un regard de tendresse et de reconnaissance ; l'empereur le lui rendit, mais sans rien perdre de la dignité que lui imposait une si auguste cérémonie.

Le lendemain du couronnement, il y eut la distribution des aigles, qui devenaient le symbole de la nouvelle dynastie, et devaient surmonter tous les étendards. Au milieu de cette belle solennité militaire, l'empereur dit aux troupes réunies au Champ-de-Mars : « Soldats, voici vos
» drapeaux ; ces aigles vous serviront toujours de point
» de ralliement : elle seront partout où votre empereur

» les jugera nécessaires pour la défense de son trône et
» de son peuple. »

CHAPITRE II.

Napoléon roi d'Italie.—Visite à Brienne.— La vieille Marguerite.
—Revue sur le champ de bataille de Marengo.—Sacre à Milan.
Eugène vice-roi d'Italie.—Élisa princesse de Lucques.—Prodigalité de Joséphine.

Le premier consul de la république française, devenu l'empereur Napoléon, ne pouvait plus se contenter en Italie du titre de président. Aussi de nouveaux députés de la république cisalpine passèrent les monts et vinrent se réunir à Paris en consulte, pour déférer à Sa Majesté le titre de roi d'Italie. L'empereur des Français accepta la couronne de fer des anciens rois de la Lombardie, et partit aussitôt pour Milan avec l'impératrice. Napoléon la laissa à Fontainebleau, désirant se rendre d'abord à Brienne, qu'il n'avait pas revu depuis qu'il était sorti de l'école militaire de cette ville, et où il arriva à dix heures du soir. La comtesse de Brienne et d'autres dames l'attendaient au bas du perron du château. Il entra dans le salon, et fit l'accueil le plus gracieux à toutes les personnes qui lui furent présentées ; de là, il passa dans les jardins, où il s'entretint familièrement avec Mesdames de Brienne et Loménie, se rappelant avec une grande fidélité de mémoire les moindres particularites du séjour qu'il avait fait dans ces lieux au temps de son enfance. A dîner, Sa Majesté admit à sa table ses hôtes et quelques personnes de leur société ; après le dîner, il fit une partie de whist avec Mesdames de Brienne, de Vaudeuvre et de Nolivres. Il coucha au château, et il se leva le lendemain de bonne heure pour aller visiter le champ de la Rothière, une de ses anciennes promenades favorites. L'empereur parcourut avec le plus grand plaisir ces lieux où s'était passée sa première jeunesse. Il marchait en avant de son escorte, se plaisant à nommer le premier les divers endroits qu'il parcourait. Un paysan, le voyant ainsi écarté de sa suite, lui cria familièrement : « Eh ! citoyen, l'empereur » va-t-il bientôt passer ? — Oui, répondit l'empereur, » prenez patience. »

Il y avait une vieille femme appelée la mère Marguerite, qui occupait une chaumière au milieu des bois, à laquelle les élèves de l'école militaire avaient autrefois coutume d'aller fréquemment rendre visite. Napoléon n'avait pas oublié son nom, et il apprit avec joie que la mère Marguerite existait encore. L'empereur mit son cheval au galop, s'arrêta devant la chaumière, et entra chez la bonne paysanne. La vue de Marguerite était affaiblie par l'âge, et d'ailleurs l'empereur était tellement changé, qu'avec de bons yeux elle aurait eu peine à le reconnaître. « Bonjour, la mère Marguerite, dit » Sa Majesté en saluant la vieille ; vous n'êtes donc pas » curieuse de voir l'empereur ? — Si fait, mon bon » monsieur, j'en serais bien curieuse ; et si bien que « voilà un petit panier d'œufs frais que je vas porter à

» Madame ; et puis je resterai au château pour tâcher
» de l'apercevoir. Ça n'est pas l'embarras, je ne le ver-
» rai pas si bien aujourd'hui qu'autrefois, quand il
» venait avec ses camarades boire du lait chez la mère
» Marguerite. Il n'était pas empereur dans ce temps-là,
» mais c'est égal : il faisait marcher les autres, dame !
» il fallait voir ; le lait, les œufs, le pain bis, les terri-
» nes cassées, il avait soin de me faire tout payer, et
» il commençait lui-même par payer son écot. — Com-
» ment ! mère Marguerite ! reprit en souriant l'empe-
» reur, vous n'avez pas oublié Bonaparte ? — Oublié !
» mon bon monsieur ; vous croyez qu'on oublie un
» jeune homme comme ça, qui était sage, sérieux, et
» même quelquefois triste, mais toujours bon pour les
» pauvres gens. Je ne suis qu'une paysanne, mais
» j'aurais prédit que ce jeune homme-là ferait son che-
» min. — Il ne l'a pas trop mal fait, n'est-ce pas ? —
» Ah dame ! non. ».

Jusqu'alors l'empereur avait eu soin de tourner le dos au jour, mais peu à peu il se plaça de façon que le jour éclairait en plein sa figure ; alors se frottant les mains et tâchant de se rappeler ses manières d'écolier, lorsqu'il venait chez la paysanne : « Allons, dit-il, la
» mère Marguerite ! du lait, des œufs frais, nous mou-
» rons de faim. » Aussitôt la bonne vieille fixe sur lui des yeux où ses sentimens se peignaient par degré ; un rayon de joie éclaircit sa figure, elle le reconnaît ; deux larmes coulent sur ses joues flétries, et elle tremble. « Nous sommes de vieilles connaissances, lui dit alors
» l'empereur avec bonté. » La vieille tomba à genoux.

« Allons, lui dit l'empereur en la relevant affectueuse-
» ment, j'ai une faim d'écolier; n'avez-vous rien à me
» donner? » La bonne femme hors d'elle-même, palpitante de joie, servit du lait et des œufs. Après son repas, Sa Majesté donna une bourse remplie d'or à la vieille, en lui disant : « Vous savez, mère Marguerite,
» que j'aime qu'on paye son écot. Adieu! je ne vous
» oublierai pas. » Tandis qu'il remontait à cheval, la bonne vieille, sur le seuil de sa porte, lui promettait en pleurant de joie de prier le bon Dieu pour lui.

Pendant ce temps, les personnes de sa suite, qui l'avaient perdu de vue, après avoir fait d'inutiles recherches, tirèrent plusieurs coups de pistolets. Enfin Napoléon reparut en riant de leur inquiétude.

L'empereur visita l'emplacement où avait été autrefois l'école militaire, alors tombée en ruines; il indiqua l'endroit où avaient été les réfectoires, les dortoirs, les salles d'études, et avant de quitter Brienne, il laissa de fortes sommes pour les besoins de la commune, ceux des pauvres et des hôpitaux.

L'empereur quitta Troyes pour se diriger sur Lyon avec l'impératrice; la population se montra reconnaissante de ce qu'il avait fait pour relever cette ville de ses ruines; elle devait à l'empereur la renaissance et la protection du commerce. Il coucha à l'archevêché, chez le frère de sa mère, le cardinal Fesch. Il poursuivit sa route, et cette fois il repassa le Mont-Cenis avec beaucoup moins de peine que la première fois. Leurs Majestés firent le trajet moitié à pied, moitié dans des chaises à porteurs magnifiques préparées à Turin. Elles se reposèrent à l'hospice des bons pères du Mont-Saint-Bernard.

Le pape rejoignit Leurs Majestés à Stupinigi; le saint père, en quittant Paris, avait reçu de l'empereur des présens magnifiques : c'était un autel d'or, avec les chandeliers et les vases sacrés du même métal, une tiare superbe, des tapis magnifiques, une statue de l'empereur en porcelaine, etc..... De Stupinigi, l'empereur se rendit à Alexandrie. Le lendemain de son arrivée, il se leva de grand matin, alla visiter les fortifications de la ville, et parcourut toutes les positions du champ de bataille de Marengo. Il fatigua cinq chevaux, et ne rentra que le soir. Quelques jours après, il voulut que l'impératrice vît cette plaine fameuse, et commanda qu'une armée de trente mille hommes y fût rassemblée.

Le matin du jour fixé pour la revue de ses troupes, l'empereur sortit de son appartement vêtu d'un habit bleu à longue taille et à basques pendantes, très usé et même troué en plusieurs endroits. Il avait un vieux chapeau bordé d'un large galon d'or effilé et noirci par le temps, et au côté un sabre de cavalerie comme en portaient les généraux de la république : c'était le costume qu'il avait porté le jour même de la bataille de Marengo. Après avoir parcouru les lignes, l'empereur vint s'asseoir auprès de l'impératrice, et fit aux troupes une distribution de croix de la Légion-d'Honneur ; ensuite il posa la première pierre d'un monument qu'il avait ordonné de faire élever dans la plaine à la mémoire des braves morts dans la bataille. Sa Majesté fit une courte allocution à l'armée, mais lorsqu'il prononça d'une voix émue le nom de Desaix, mort glorieusement ici pour sa patrie, un frémissement de douleur se fit entendre dans les rangs des soldats. Les yeux fixés sur cette armée, sur ces drapeaux, sur le costume de l'empereur, on aurait pu se croire encore au 14 juin de l'année 1800.

Napoléon partit d'Alexandrie pour Pavie, et enfin le 8 mai il fit à Milan une entrée magnifique. Le 26 eut lieu le second couronnement; Napoléon fut sacré par l'archevêque cardinal Caprara. Ainsi qu'à Paris, Napoléon se couronna lui-même, et en prenant la couronne sur l'autel : « Dieu me la donne, dit-il à haute voix; gare » à qui la touche! »

Alors l'ordre de la couronne de fer fut créé, avec ces mots pour devise : « Le 8 juin, Napoléon nomma le » prince Eugène vice-roi d'Italie. » Il ne pouvait donner à ses sujets une plus grande marque de son affection qu'en choisissant pour le représenter son fils d'adoption et l'élève de sa gloire militaire.

Le 10 juin, l'empereur partit de Milan pour continuer la revue de ses trophées d'Italie; à Castiglione, il fit, comme à Marengo, une distribution solennelle de croix d'honneur. Le sénat de Lucques demandait à la France un souverain; peu de temps après, cette petite république fut érigée en principauté, et devint l'apanage de la princesse Élisa, depuis grande-duchesse de Toscane. Le 11, l'empereur était à Fontainebleau.

Napoléon éprouvait un tourment toujours croissant de n'avoir point d'enfant; il pensait que sa position ne serait jamais assurée tant qu'il en serait privé. Selon lui., tout l'accomplissement de ses vues était commencé et non achevé ; il ne jugeait aucun de ses frères capable de le remplacer. Les folles dépenses de Joséphine l'aigrissaient contre elle ; cent fois, à la suite de violens reproches, elle lui promettait une réforme, et jamais elle n'arrivait.

Joséphine, séduite par les raretés de toute espèce qu'on mettait chaque jour sous ses yeux, les achetait d'autant plus volontiers qu'on ne lui demandait point alors d'argent ; ensuite lorsque venait le moment de solder ses comptes, elle n'en avait plus, parce que bonne et généreuse, elle le donnait à des malheureux, elle faisait des pensions à de pauvres émigrés ; enfin jamais on ne lui demandait en vain, et on lui demandait sans cesse. Elle se proposait toujours, à la suite de chacun de ses dons, d'être à l'avenir plus économe ; sa générosité était-elle de nouveau sollicitée ? elle se disait alors que, dans sa position, elle devait donner le plus possible. Joséphine perdait chaque jour de sa gaîté ; chaque jour, l'empereur semblait lui retirer une part de l'affection qu'il avait eue pour elle, et elle portait avec elle un invincible pressentiment de ce qui devait lui arriver un jour.

Si l'empereur voyait avec humeur la prodigalité de l'impératrice, combien lui déplaisait encore plus l'âpreté de sa famille ! Plus il comblait ses parens de richesses, plus ils en paraissaient insatiables, à l'exception de son frère Louis, qui avait les penchans et les goûts fort modérés. Quant aux autres membres de sa famille, un jour qu'ils l'importunaient plus qu'à l'ordinaire, il leur dit :

« En vérité, on croirait, à vous entendre, que j'ai
» mangé l'héritage du feu roi notre père ! »

CHAPITRE III.

Napoléon au camp de Boulogne.— Célébration de la première
fête de l'empereur.— Espions anglais.— Scène avec l'amiral
Brueys. — Tempête.

Cependant l'empereur n'oubliait pas les projets du premier consul ni l'invasion qu'il avait préparée contre l'Angleterre dans les ports de France. Les camps établis sur les côtes avaient pour chefs nos premiers généraux. Le port de Boulogne contenait déjà neuf cents bâtimens; les autres en étaient également remplis.

Dès le 8 juillet 1804, avant le sacre, Napoléon était parti de Saint-Cloud pour aller visiter ces camps. L'empereur travaillait presque sans cesse ; il ne sortait de son cabinet que pour faire ses inspections, ses revues, ses visites, et de longues courses à cheval, pendant lesquelles il ne se faisait suivre que par son mameluck Roustan, chargé d'un flacon d'eau-de-vie. Les camps étaient sur une falaise très élevée, et qui dominait la mer de façon qu'on pouvait voir les côtes d'Angleterre lorsque le ciel était pur. Au camp de droite, on établit des baraques pour l'empereur, pour l'amiral Brueys, pour le maréchal Soult, et pour Decrès, alors ministre de la marine.

La baraque de l'empereur était construite en planches peintes en gris blanc. Sa figure était un carré long, ayant à chaque extrémité deux pavillons de forme semi-circulaire ; un pourtour fermé par un grillage en bois régnait autour. Quatre réverbères placés à quelques pieds de distance l'un de l'autre éclairaient l'extérieur.

L'empereur couchait dans le pavillon qui regardait la mer, composé de trois pièces et d'un couloir. La plus grande pièce servait de chambre du conseil. Les murailles étaient décorées en gris argent; le plafond, peint avec des nuages dorés, sur un fond bleu de ciel, avait au milieu un aigle tenant la foudre, guidé vers l'Angleterre par l'étoile tutélaire de l'empereur. Au milieu de cette salle, était une grande table ovale couverte d'un tapis de drap vert; devant cette table était le fauteuil de Sa Majesté, sur cette table était une écritoire : c'était là tout le mobilier de la chambre du conseil, où l'empereur seul était assis. Les généraux se tenaient debout devant lui, et dans les conseils, qui duraient quelquefois trois ou quatre heures, ils n'avaient d'autre point d'appui que la poignée de leurs sabres. Dans la chambre où couchait l'empereur, était un lit en fer avec un rideau vert et deux plians ; une petite croisée donnait sur la mer, et devant cette croisée était un télescope. A côté de cette baraque, se trouvait le sémaphore des signaux, sorte de télégraphe maritime qui faisait manœuvrer la flotte. Un peu plus loin était la tour d'ordre, batterie serrible composée de six mortiers, six obusiers, et douze pièces de vingt-quatre. Ces six mortiers, du plus gros calibre qu'on eût jamais fait, avaient seize pouces d'épaisseur, portaient quarante-cinq livres de poudre dans la chambre, et chassaient des bombes de sept cents livres à quinze cents toises en l'air, et à une lieue et demie en mer. Chaque bombe lancée coûtait à l'état trois cents francs. On se servait, pour mettre le feu à ces épouvantables machines, de lances qui avaient douze pieds de long, et le canonnier se fendait autant que possible, baissant la tête entre les jambes et ne se relevant qu'après que le coup était parti. Ce fut l'empereur qui lança la première bombe.

Un jour que l'empereur se rendait à la baraque du prince Joseph, il vit dans un canal qu'il faisait creuser un jeune soldat embourbé avec sa brouette, qui, tout couvert de sueur, pestait et jurait à son aise, lorsqu'en levant les yeux il aperçut devant lui l'empereur. Alors il se mit à le regarder avec des gestes si pitoyables et en chantant avec une expression de détresse si grande : « Venez, venez à mon secours, » que Sa Majesté ne put s'empêcher de sourire. Il fit signe au soldat d'approcher, ce que le pauvre diable eut grand'peine à faire. « Quel est ton régiment? — Sire, le premier de la garde impériale. — Depuis quand es-tu soldat? — Depuis que vous êtes empereur, sire. — Diable! il n'y a pas long-temps ;..... il n'y a pas assez long-temps pour que je te fasse officier, n'est-il pas vrai? Mais conduis-toi bien, et je te ferai nommer sergent-major. Après cela, si tu veux la croix et les épaulettes, il faut les mériter sur le champ de bataille..... Es-tu content? — Oui, sire. — Major-général, continua l'empereur en s'adressant au général Berthier, prenez le nom de ce jeune homme ; vous lui ferez donner trois cents francs pour faire nettoyer son pantalon et réparer sa brouette. » Et l'empereur passa au milieu des acclamations des soldats.

En creusant le sol pour le campement du premier consul, on avait trouvé une hache d'armes romaine et des médailles de Guillaume-le-Conquérant ; et en creusant à la tour d'ordre pour établir la baraque de l'empereur, on découvrit les traces d'un camp romain. Le 15 août, jour auquel avait été fixée la fête de l'empereur, la saint Napoléon, ce dernier voulut donner à cette fête une grande solennité. Dès le matin, quatre-vingt mille hommes des camps de Boulogne et de Montréal furent réunis. Au-dessous de la tour de César, la nature a tracé un vaste amphithéâtre au centre duquel était élevé un trône. Les colonnes de l'armée furent placées autour comme autant de rayons qui figuraient ceux de l'étoile de la Légion-d'Honneur. Napoléon, entouré de ses frères et de ses maréchaux, prononça le serment de l'ordre : il fut répété avec transport par les récipiendaires, disposés en pelotons à la tête de chaque colonne ; après le serment, les décorations furent distribuées aux légionnaires. Un vivat général de l'armée s'éleva dans les airs. Pendant ce temps, le capitaine de vaisseau Daugier pénétrait dans le port de Boulogne avec une division du Hâvre, forte de quarante-sept voiles, au bruit des acclamations de la terre ; on fit de nombreuses distributions aux troupes ; les chants et les danses se prolongèrent fort avant dans la nuit. Un magnifique feu d'artifice s'éleva du plateau du camp de gauche pour faire participer la flotte aux réjouissances du jour; de plus, quinze mille hommes en bataille exécutèrent un feu de file avec des cartouches à étoiles, en l'honneur de la légion. Cet éclatant spectacle attira les regards de la croisière ennemie, et même de la population de Douvres, placée de l'autre côté de la mer.

Les magasins à poudre étaient derrière un pont appelé le pont de service; la nuit venue, on n'entrait plus par ce pont sans donner le mot d'ordre à la seconde sentinelle; car la première laissait toujours passer, mais ne laissait jamais repasser, si on ignorait où si l'on venait à oublier le mot. Alors on avait ordre de passer sa baïonnette au travers du corps de l'imprudent qui s'était engagé dans ce dangereux chemin. Ces précautions rigoureuses étaient prises pour préserver les magasins à poudre, qu'une étincelle pouvait faire sauter avec la ville, la flotte et les deux camps.

Malgré toutes ces précautions, il s'introduisait sans cesse des espions de la flotte anglaise; ils poussaient l'imprudence non seulement jusqu'à aller au spectacle, mais jusqu'à coller sur les murs du théâtre leur opinion sur les pièces et les acteurs. Lorsqu'ils étaient pris, on ne leur faisait point de grâce. On arrêta un jour huit Anglais, très bien mis, sur lesquels on trouva des appareils souffrés destinés à incendier la flotte française : on les fusilla au bout d'une heure.

Il y avait à Boulogne un maître d'école, agent secret des lords Keith et Melvil; il fut surpris un matin sur le haut d'une falaise, faisant, avec ses bras, des signes télégraphiques. On l'arrêta ; il voulut tourner la chose en plaisanterie, mais en fouillant dans ses papiers on trouva la preuve de sa trahison dans sa correspondance avec les Anglais. Il fut fusillé le lendemain.

Un soir, entre onze heures et minuit, un brûlot gréé à la française, ayant tout-à-fait l'air d'une chaloupe canonnière, s'avança vers la ligne d'embossage et passa. Par une impardonnable négligence, la chaîne du port n'était point tendue ce jour-là. Ce brûlot fut suivi d'un second, qui sauta en heurtant une chaloupe qu'il entraîna avec lui. L'explosion donna l'alarme à toute la flotte : à l'instant des lumières brillèrent partout, et l'on vit avec une anxiété inexprimable le premier brûlot s'avancer entre la jetée. Trois ou quatre morceaux de bois attachés avec des câbles l'arrêtèrent heureusement dans sa marche ; il sauta avec un tel fracas que toutes les vitres de la ville furent cassées.

Un jour que l'empereur se promenait à cheval dans les environs de sa baraque, une jolie fille de quinze à seize ans, vêtue de blanc et toute en larmes, se jeta à genoux sur son passage. L'empereur descendit précipitamment de cheval, la releva, et lui demanda ce qu'il pouvait faire pour elle. La pauvre fille venait lui demander la grâce de son père, garde-magasin des vivres condamné aux galères pour des fautes très graves. Cependant Napoléon ne put résister à ses larmes et pardonna.

Un matin, en montant à cheval, l'empereur annonça qu'il passerait en revue l'armée navale, et donna l'ordre de faire quitter aux bâtimens la ligne d'embossage, leur position, ayant l'intention, disait-il, de passer la revue en pleine mer. Il partit avec Roustan pour sa promenade habituelle, et témoigna le désir que tout fût prêt pour son retour. On alla transmettre les volontés de l'empereur à l'amiral Brueys, qui répondit avec un imperturbable sang-froid qu'il en était bien fâché, mais que la revue n'aurait pas lieu ce jour-là. Au retour de sa promenade, on dit à l'empereur ce que l'amiral avait répondu. Il se fit répéter deux fois cette réponse, puis frappant du pied avec violence, il envoya chercher l'amiral, qui sur-le-champ se rendit auprès de lui.

L'empereur, impatient de ce qu'il n'arrivait pas assez vite, sortit pour aller au devant de lui; l'état-major suivait Sa Majesté, et se rangea silencieusement autour d'elle en apercevant l'amiral.

« Monsieur l'amiral, dit l'empereur d'une voix altérée, pourquoi n'avez-vous point fait exécuter mes ordres?

— Sire, répondit avec une fermeté respectueuse l'amiral Brueys, une horrible tempête se prépare...Votre Majesté peut le voir comme moi; veut-elle donc exposer inutilement la vie de tant de braves gens? » En effet, la pesanteur de l'atmosphère et le tonnerre, qui grondait au loin, ne justifiaient que trop les craintes de l'amiral. « Monsieur, répondit l'empereur, de plus en plus irrité, j'ai donné des ordres; encore une fois, pourquoi ne les avez-vous point exécutés? Les conséquences me regardent seul. Obéissez!—Sire, je n'obéirai pas. — Monsieur, vous êtes un insolent! » Et l'empereur, qui tenait sa cravache à la main, s'avança sur l'amiral en faisant un geste menaçant. L'amiral Brueys recula d'un pas, et mettant la main sur la garde de son épée : « Sire ! dit-il en palissant, prenez garde ! » Tous les assistans étaient glacés d'effroi. L'empereur resta quelques instans immobile et la main levée ; l'amiral, de son côté, gardait sa menaçante attitude. Enfin l'empereur jeta sa cravache, et l'amiral lâcha le pommeau de son épée, attendant, la tête découverte et en silence, le résultat de cette horrible scène.

« Monsieur le contre-amiral Magon, dit l'empereur, vous ferez exécuter à l'instant le mouvement que j'ai ordonné. Quant à vous, Monsieur, dit-il en s'adressant à l'amiral Brueys, vous quitterez Boulogne dans les vingt-quatre heures, et vous vous retirerez en Hollande. Allez. » L'empereur s'éloigna alors, et quelques officiers serrèrent en cachette la main que leur tendit l'amiral.

Mais ce que l'amiral avait prévu arriva ; la tempête la plus affreuse dispersa les bâtimens de manière à faire désespérer de leur salut. L'empereur, la tête baissée, morne, et les bras croisés, se promenait sur la plage, quand tout-à-coup des cris affreux se firent entendre. Plus de vingt chaloupes canonnières chargées de soldats et de matelots venaient d'être jetées à la côte, et les malheureux luttaient contre les vagues et réclamaient des secours que personne n'osait leur porter. Le cœur profondément déchiré par ce spectacle, l'empereur se jeta dans une barque de sauvetage, malgré tous les efforts que l'on fit pour le retenir : « Laissez-moi ! laissez-moi ! disait-il, il faut qu'on les tire de là ; » en un moment sa barque fut pleine d'eau, les vagues passaient et repassaient par-dessus; une lame encore plus forte faillit jeter Sa Majesté par-dessus le bord. Electrisés par tant de courage, officiers, soldats, marins et bourgeois se précipitèrent à la mer ou montèrent dans des chaloupes, mais ce dévouement n'arracha que bien peu de victimes à la mort. La mer rejeta sur le rivage plus de deux cents cadavres.

Le lendemain, il n'était personne qui ne courût au rivage cherchant avec désespoir, parmi les corps que les vagues amoncelaient, un ami, un parent. L'empereur paraissait atterré d'un événement qui lui avait été prédit, et que son obstination l'avait empêché de prévenir. Mais la manière maladroite dont l'amiral Brueys lui avait offert l'aspect de ces dangers, ce qu'il avait fait moins comme un sujet soumis et respectueux qui montre sans orgueil la simple vérité, que comme un maître indépendant qui brave le pouvoir avec arrogance, avait tellement irrité l'empereur, que dans le premier moment il ne crut point devoir céder. Pouvait-il présumer que le sort lui donnerait une leçon si terrible?

CHAPITRE IV.

Signal du départ et contre-ordre.—Nouvelle guerre déclarée avec l'Autriche.—Levée du camp de Boulogne.—Disgrace du général Vandamme.—Etat de la politique étrangère.—Reddition d'Ulm.—Entrée à Vienne.—Bataille d'Austerlitz.—Traité de Presbourg.—Nouvelle de la victoire arrivée à Joséphine.

1800.

Cependant les soldats et les matelots brûlaient de s'embarquer pour l'Angleterre ; le moment tant désiré n'arrivait pas. Deux vieux marins s'entretenaient un soir sur le rivage; le vent soufflait : « L'empereur fera bien de partir demain matin, disait l'un, il n'aura jamais un meilleur temps. — Bah ! disait l'autre, il n'y pense seulement pas; on ne veut pas partir de sitôt, il y a plus de quinze jours que la flotte n'a pas bougé. — Pourtant toutes les provisions sont à bord; avec un seul coup de sifflet, tout cela peut démarrer. »

A cinq heures du matin, des signaux de départ partirent du sémaphore. En un instant, les marins furent debout; le port retentit de cris de joie : on allait partir; la générale battait dans les quatre camps. Toute l'armée prit les armes, et descendit précipitamment dans la ville. « Nous allons donc partir, disaient ces braves; nous allons donc dire deux mots à ces Anglais. » Un roulement de tambour fit cesser les éclats bruyans. L'embarquement s'opéra en silence. En sept heures de temps, deux cent mille soldats furent à bord de la flotte. A midi, cette belle armée, prête à s'élancer sur les mers, debout et la tête découverte, allait se détacher du sol français aux cris de *vive l'empereur !* Les habitans de la ville, rassemblés sur les falaises, faisaient des signes d'adieux tout en essuyant leurs larmes, lorsqu'un message arriva de la part de l'empereur, qui fit débarquer et rentrer les troupes au camp. Une dépêche télégraphique reçue à l'instant même par Napoléon, l'obligeait à donner une autre direction à ses armées.

Les soldats retournèrent tristement dans leurs quartiers, non sans laisser échapper quelques murmures. Lorsque tout fut rentré dans l'ordre, l'empereur se rendit au camp, et prononça cette proclamation aux soldats :

« Braves soldats du camp de Boulogne ! vous n'irez
» point en Angleterre. L'or des Anglais a séduit l'em-
» pereur d'Autriche, qui vient de déclarer la guerre à
» la France. Son armée a rompu la ligne qu'elle devait
» garder ; la Bavière est envahie. Soldats ! de nouveaux
» lauriers vous attendent au-delà du Rhin ; courons
» vaincre des ennemis que nous avons déjà vaincus. »

Des transports unanimes accueillirent cette proclamation. Tous les fronts s'éclaircirent. Il importait peu à ces hommes intrépides d'être conduits en Autriche ou en Angleterre. Ils avaient soif de combattre ; on leur annonçait la guerre ; tous leurs vœux étaient comblés.

Aussitôt après cette proclamation, l'empereur donna l'ordre de préparer tout pour son départ. Le grand-maréchal du palais, Duroc, fut chargé de régler les comptes des dépenses faites par l'empereur qui, selon sa coutume, lui recommanda d'y mettre beaucoup d'économie.

Parmi beaucoup d'autres comptes à régler, le grand-maréchal reçut celui de l'architecte qui avait été chargé des ornemens intérieurs et extérieurs de la baraque de l'empereur ; le compte s'élevait à cinquante mille francs. Le grand-maréchal jeta les hauts cris et refusa de payer jusqu'à ce qu'il ait pris les ordres de Sa Majesté à ce sujet. L'architecte se retira en protestant qu'il lui était impossible de faire la moindre réduction.

Le lendemain, il reçut l'ordre de se rendre auprès de l'empereur ; l'architecte se présenta. Dans ce moment, l'empereur était occupé à combiner sur la carte le plan de la marche de son armée. « Monsieur, lui dit Napo-
» léon en le voyant entrer, vous avez dépensé beau-
» coup trop d'argent pour décorer cette misérable
» baraque ; oui certainement, beaucoup trop..... Cin-
» quante mille francs ! y songez-vous, monsieur ? mais
» c'est effrayant. Je ne vous ferai pas payer. » L'architecte, interdit par cette brusque déclaration, ne sut d'abord que répondre ; au bout de quelques instans, il dit : « Sire, les nuages d'or qui forment le plafond de
» cette chambre (cela se passait dans la chambre du
» conseil), et qui entourent l'étoile tutélaire de Votre
» Majesté, ont coûté vingt mille francs, à la vérité ;
» mais si j'avais consulté le cœur de vos sujets, l'aigle
» impériale qui va foudroyer de nouveau les ennemis
» de la France et de votre trône, eût étendu ses ailes
» au milieu des diamans les plus rares. — C'est fort
» bien, répondit en riant l'empereur, c'est fort bien,

» mais je ne vous ferai pas payer à présent, et puisque
» vous me dites que cette aigle, qui coûte si cher, doit
» foudroyer les Autrichiens, attendez qu'elle l'ait fait ;
» je paierai votre compte avec les rixdales de l'empereur
» d'Allemagne et les Frédérics d'or du roi de Prusse. »
Et l'empereur, reprenant son compas, se mit à faire
voyager l'armée sur la carte. En effet, le mémoire ne
fut soldé qu'après la bataille d'Austerlitz, et comme
l'avait dit l'empereur, en rixdales et en Frédérics.

L'empereur Alexandre avait offert à Napoléon, vers
la fin de 1803, de servir d'intermédiaire entre la France
et l'Angleterre, mais à condition qu'il évacuerait la
Hollande, l'Italie et la Suisse. Napoléon ne put écouter
de telles propositions ; il avait consenti à évacuer l'Helvétie, et dans l'espoir d'obtenir la paix, il avait proposé
un armistice et un congrès. Le cabinet de Londres était
allé plus loin encore que la Russie, il avait exigé l'évacuation du Hanovre avant d'admettre la médiation
russe. La Russie, persévérant dans son système, avait
rappelé son ambassadeur, se plaignant de l'inutilité des
démarches de son cabinet pour obtenir de la France
l'indemnité promise au roi de Sardaigne pour le Piémont ; enfin la violation du territoire de Bade et le
meurtre du duc d'Enghien avaient totalement détruit le
reste d'intelligence qui subsistait encore entre Paris et
Pétersbourg. La Russie avait de plus déterminé le divan
à refuser de reconnaître l'empereur Napoléon. Ce dernier se trouvait forcé de conquérir le trône où la France
venait de l'appeler, sur la plus redoutable partie de
l'Europe. Cependant Napoléon donna encore un gage

de ses intentions pacifiques en renouvelant, auprès du roi de la Grande-Bretagne, ses vœux pour là paix dans une lettre qu'il lui adressa le 2 janvier 1805. Mais Sa Majesté Britannique répondit qu'il lui était impossible de répondre à cette ouverture jusqu'à ce qu'elle ait eu le temps de communiquer avec les puissances du continent. Cette lettre décida du sort du monde européen. Toutes les guerres continentales qui devaient bientôt ensanglanter l'Europe, n'avaient donc d'autre but de la part de la France que d'obtenir la paix générale à force de triomphes. Mais cette paix devait être éternellement refusée sous le prétexte de l'illégitimité de l'empereur des Français.

L'armée rassemblée au camp de Boulogne reçut l'ordre de marcher sur le Rhin le lendemain à six heures précises du matin. Une heure avant, malgré la pluie qui tombait à verse, l'empereur s'était transporté seul à la tête du pont pour s'assurer de l'exécution de ses ordres. Les généraux, qui l'attendaient, vinrent l'entourer ; il leur dit : « Tout va bien, Messieurs, voilà
» un nouveau pas fait vers nos ennemis; mais où donc
» est Vandamme? pourquoi n'est-il pas ici? Serait-il
» mort? » Personne ne disait mot : « Répondez-moi
» donc, Messieurs, qu'est devenu Vandamme ? » Le général Chardon, général d'avant-garde très aimé de l'empereur, lui répondit: « Je crois, sire, que le général
» Vandamme dort encore ; nous avons bu ensemble,
» hier soir, une douzaine de bouteilles de vin du Rhin,
» et sans doute... — Il a bien fait de boire, Monsieur,
» mais il a tort de dormir, quand je l'attends. » Le gé-

néral Chardon se disposait à envoyer un aide-de-camp à son compagnon d'armes, mais l'empereur le retint en lui disant : « Laissons dormir Vandamme ; plus tard je » lui parlerai. »

En ce moment le général Vandamme parut. « Ah! » vous voilà, Monsieur ; il paraît que vous aviez oublié » l'ordre que j'ai donné hier? — Sire, c'est la première » fois que cela m'arrive, et..... — Et pour éviter la » récidive, vous irez combattre sous les drapeaux du » Wurtemberg ; j'espère que vous donnerez aux Alle- » mands des leçons de sobriété. » Le général Vandamme se retira avec chagrin et se rendit à sa destination, où il fit plus tard des prodiges de valeur. Après la campagne, lorsqu'il revint auprès de l'empereur, sa poitrine était toute couverte de décorations allemandes. Il était porteur d'une lettre du roi de Wurtemberg à l'empereur des Français ; après l'avoir lue, l'empereur dit à Vandamme : « Général, j'aime les braves ; mais je n'aime » pas ceux qui dorment quand je les attends ; » ensuite il serra la main du général et l'invita à déjeûner.

L'armée française pénétré bientôt en Allemagne. Les princes de Bade, de Wurtemberg et de Bavière s'empressent d'accéder à l'alliance que leur offre Napoléon. La Prusse promet de rester neutre ; restent les Autrichiens et les Russes réunis à vaincre. Le Danube est passé, et l'empereur s'avance devant Ulm.

A peu de distance de la ville, un combat terrible et opiniâtre s'engagea entre les Français et les Autrichiens ; il durait depuis deux heures, lorsqu'on entendit des cris de vive l'empereur ! Ce nom, qui portait toujours la terreur dans les rangs ennemis, électrisa à tel point les soldats qu'ils culbutèrent les Autrichiens. L'empereur était sur la première ligne, criant en avant! et faisant signe aux soldats d'avancer. A chaque instant, l'empereur et son cheval disparaissaient entièrement sous la fumée du canon. Durant cette charge furieuse, l'empereur se trouva près d'un grenadier gisant blessé, qui criait de toutes ses forces : en avant! en avant! L'empereur s'approche de lui, lui jette son manteau en disant : « Tâche de me le rapporter, je te don- » nerai en échange la croix que tu viens de gagner. » Le grenadier, qui se sentait mortellement blessé, dit à l'empereur que le linceul qu'il venait de recevoir valait bien la décoration, et il expira enveloppé dans le manteau impérial.

Napoléon monte sur le penchant de l'escarpement du Michels-Berg, et contemple à ses pieds la ville d'Ulm, dominée de toutes parts, à demi-portée de canon, par nos positions; et l'armée autrichienne, enfermée dans les murs de cette place et ne pouvant dorénavant la quitter qu'avec la permission du vainqueur. Les soldats demandent l'assaut ; mais l'empereur désire épargner le sang. Il veut user de son ascendant pour déterminer les Autrichiens à se rendre : il redoute un malheur pareil à celui de Jaffa. Il répugne à sacrifier à la fois une grande ville et une valeureuse armée trahies par la fortune. Il tente de persuader le général Mack et ensuite le prince de Lichtenstein de la nécessité de capituler. Le général Mack se décida enfin à remettre la place. Alors l'armée autrichienne mit bas les armes en défilant devant l'empereur, qui, à cheval et quelques pas en avant de son état-major, offrait un visage calme et grave, mais sa joie perçait malgré lui dans ses regards. Il soulevait à chaque instant son chapeau pour rendre le salut des officiers supérieurs de la division autrichienne. Cette victoire lui ouvrait les portes de Vienne.

Le lendemain du combat, l'empereur alla visiter les ambulances. Il remarqua un canonnier qui n'avait plus qu'une cuisse et qui criait avec énergie, vive l'empereur! Il s'approcha du soldat et lui dit : « Est-ce donc là
» tout ce que tu as à me dire? — Non, sire; je puis
» aussi vous apprendre que j'ai à moi seul démonté
» quatre pièces de canon aux Autrichiens, et c'est le
» plaisir de les voir enfoncés qui me fait oublier que
» je vais bientôt tourner l'œil pour toujours. » L'empereur, ému de tant de fermeté, donna sa croix au canonnier, prit le nom de ses parens et lui dit : « Si tu en
» reviens, à toi l'hôtel des Invalides. — Merci, sire;
» mais la saignée a été trop forte, ma pension ne vous
» coûtera pas bien cher : je vois bien qu'il faut des-
» cendre la garde; mais vive l'empereur, quand même!»
Ce brave mourut dans la même journée.

Napoléon ne s'arrêta qu'un moment à Munich, et poursuivit le cours de sa fortune. Déjà Soult, Lannes et Murat sont allés au-devant des Russes. Napoléon veut aller à Vienne et forcer l'Europe à respecter son titre impérial.

Le 11, on livra un combat terrible à Diernstein où le général Mortier, qui n'avait que cinq mille soldats, rencontra dans un défilé l'arrière-garde russe, forte de vingt-cinq mille hommes. L'action dura dix heures. Le maréchal tue à l'ennemi deux mille hommes, fait neuf cents prisonniers, prend dix drapeaux et six pièces de canon, passe à travers les colonnes russes, et rejoint l'armée avec sa troupe héroïque sur la rive droite du Danube.

Le 15, Vienne reçoit le vainqueur dans ses murs. De son côté, le maréchal Saint-Cyr obtient à Castel-Franco un brillant avantage à la suite duquel un corps de sept mille hommes, commandé par le prince de Rohen, est contraint de se rendre. Dans la Forêt-Noire, Augereau s'empare de Lindœn, de Bergen, de Peldkirch. Lannes et Murat chassent l'armée russe d'Hollabrunn. Alors un parlementaire autrichien demande qu'il soit permis aux troupes autrichiennes de se séparer des Russes; Murat l'accorde. Peu après, un aide-de-camp de l'empereur de Russie vient solliciter une capitulation pour l'armée russe; Murat y consent.

Le 27 novembre, l'empereur d'Autriche dépêche des plénipotentiaires pour négocier avec Napoléon, qui offre préalablement un armistice afin d'arrêter l'effusion du sang. Mais il reconnaît bientôt que toutes ces démarches de ses ennemis ne sont que des ruses de guerre dont le but est de laisser à une troisième armée russe le temps d'arriver. Napoléon n'a pas l'imprudence de rester à Vienne, où il pourrait être attaqué en même temps d'un côté par l'archiduc, qui revient d'Italie presque à marches forcées, et de l'autre par l'armée russe qui accourt de la Moravie. Le 1er décembre, les deux armées ennemies se trouvent en présence; l'attaque fut décidée pour le lendemain. Ce jour-là était l'anniversaire du couronnement de Napoléon. Il n'y avait pas de tente pour l'empereur; les soldats lui dressèrent avec des branches une espèce de baraque qui avait une ouverture dans le haut pour laisser passer la fumée. Napoléon n'avait pour lit que de la paille; mais il était si fatigué qu'il s'endormit profondément. Le général Savary, pour lui rendre compte d'une mission dont il l'avait chargé, fut obligé de toucher l'épaule de l'empereur pour le réveiller. Alors il se leva et monta à cheval pour visiter ses avant-postes. Mais la nuit était si profonde qu'on ne se voyait pas à deux pas; tout-à-coup le camp se trouva illuminé comme par enchantement : chaque soldat mit un brandon de paille tournée en corde à sa baïonnette. L'empereur parcourut toute la ligne, adressant la parole aux soldats qu'il reconnaissait : « Soyez demain, mes braves, » tels que vous avez toujours été, leur disait-il, et les » Russes sont à nous, nous les tenons! » L'air retentit des cris de vive l'empereur!

Les vivres manquaient à l'armée depuis quarante-huit heures; on n'avait distribué dans la journée qu'un pain de munition pour huit hommes. L'empereur, en passant de bivouac en bivouac, vit des soldats occupés à faire cuire des pommes de terre sous la cendre. Se trouvant devant le 4ᵉ régiment de ligne, dont son frère était colonel, l'empereur dit à un grenadier du 2ᵉ bataillon, en prenant et mangeant une des pommes de terre de l'escouade : « Es-tu content de ces pigeons-là? — Hum! ça » vaut toujours mieux que rien; mais ces pigeons-là, » c'est bien de la viande de carême. — Eh bien! mon

» vieux, reprit Napoléon en montrant au soldat les feux
» de l'ennemi, aide-moi à débusquer ces ....-là, et
» nous ferons le mardi-gras à Vienne. »

L'empereur revint se coucher sur la paille et dormit jusqu'à trois heures du matin. On allait combattre sous les plus heureux auspices : Trieste s'était rendue à Masséna, et, par la plus glorieuse et la plus savante combinaison, les armées françaises d'Allemagne et d'Italie avaient, le 29 novembre, uni leurs lauriers à Klagenfurth. Enfin le sort de la monarchie autrichienne allait être décidé dans les plaines de la Moravie.

L'empereur attend, pour donner ses derniers ordres, que l'horizon soit tout-à-fait éclairci. Chacun se rend à son poste. « Soldats, dit Napoléon, il faut finir cette cam-
» pagne par un coup de tonnerre. » Et le combat commence aux cris de vive l'empereur ! Napoléon avait remarqué que l'armée russe voulait tourner sa droite ; il fit ses dispositions en conséquence, et dit en voyant l'ennemi continuer son mouvement : « Dans quelques heures
» cette armée est à moi. » En effet, les Russes sont bientôt forcés d'abandonner les hauteurs qu'ils avaient prises et se trouvent coupés du corps de bataille ; l'aile droite des ennemis ne tarde pas à être enfoncée et prisonnière ou détruite. Cependant la réserve de l'armée russe tente de ressaisir l'avantage au centre ; déjà même la cavalerie de la garde impériale russe avait renversé deux bataillons des plus braves de l'armée française, emportés trop loin par leur ardeur. Napoléon l'apprend, et envoie à leur secours le général Rapp avec une portion de la cavalerie de sa garde. Les Russes sont forcés de céder ;

en un instant, canons, artillerie, étendards, tout tombe en notre pouvoir. Le général Rapp revient tout sanglant, son sabre brisé et son cheval couvert de blessures, annoncer son succès à l'empereur. C'est cet épisode que le peintre Gérard a choisi pour représenter dans son tableau la plus belle victoire peut-être de Napoléon. Les deux empereurs de Russie et d'Autriche, placés sur les hauteurs qui dominaient la plaine d'Austerlitz, où se donnait la bataille, virent de là le désastre de leurs armées; leurs restes, pressés de tous côtés, acculés à un lac et enfermés dans un cercle de feu, sont obligés de déposer les armes, ou se noient en voulant fuir sur la glace qui se rompt sous leurs pas. L'empereur Alexandre se hâta de reprendre la route de ses états; quant à l'empereur d'Autriche, ne pouvant plus sauver les siens, il vint trouver l'empereur Napoléon dans son bivouac, s'humilier devant lui et lui demander la paix. Les plénipotentiaires se réunirent à Presbourg; et c'est là que fut signé le traité par lequel l'empereur d'Autriche accorda tout ce que demanda l'empereur des Français. L'électeur de Bavière et le duc de Wurtemberg, qui étaient restés les fidèles alliés de la France, virent leurs états s'augmenter d'une partie des dépouilles de l'Autriche, et furent élevés au titre de roi; les états de Venise, la Dalmatie et l'Albanie furent ajoutés au nouveau royaume d'Italie; enfin l'empereur Napoléon fait épouser au prince Eugène son fils adoptif, reconnu vice-roi d'Italie, la belle princesse royale de Bavière Auguste-Amélie, et le déclare son successeur au trône de Milan, dans le cas où il mourrait sans postérité. Ce n'est pas tout, il annonce à l'Europe qu'il destine à son frère Joseph le royaume de Naples, où bientôt en effet ce frère fut couronné.

Dès que la bataille d'Austerlitz fut gagnée, l'empereur s'empressa d'envoyer en France un courrier pour l'annoncer à l'impératrice. Elle était au château de Saint-Cloud, lorsqu'on entendit tout-à-coup pousser de grands cris de joie et le bruit d'un cheval qui arrivait au galop. Le son des grelots et les coups de fouet précipités font courir l'impératrice à la fenêtre. Les mots *victoire, Austerlitz* frappent son oreille ; elle s'élance sur le perron. Le courrier lui apprend de vive voix la grande nouvelle et lui remet une lettre de l'empereur. Joséphine, après l'avoir lue, tire un superbe diamant qu'elle avait au doigt, et le donne au courrier. Le pauvre homme avait fait plus de cinquante lieues au galop ce jour-là, et il était tellement harassé que quatre personnes l'enlevèrent de son cheval et le portèrent dans son lit ; le cheval tomba mort dans la cour.

CHAPITRE V.

Retour de la campagne d'Austerlitz. — Nombreuses promotions de souverains. — Fautes de Napoléon. — Naissance d'un enfant naturel à Napoléon. — Conte improvisé par lui.

Il ne restait plus en arme contre la France que la Grande-Bretagne ; Napoléon fut, pendant le mois de décembre 1805, non l'arbitre, mais le maître du continent,

et le possesseur de toute la puissance autrichienne. Le maréchal Bernadote occupait la Bohême; Mortier était placé en Moravie; Davoust tenait Presbourg, pendant le traité; Ney gardait la Carinthie; le général Marmont la Stirie; Masséna la Carniole; Augereau la Souabe. Le prince Eugène allait prendre le commandement suprême de toutes les troupes stationnées dans les états de Venise. Le général Saint-Cyr marchait à grandes journées sur Naples avec le nouveau roi, le prince Joseph. Quelle voix aurait osé s'élever en faveur de la maison d'Autriche?

Alors on donna au nouveau pont du Jardin des Plantes, à Paris, le nom de Pont d'Austerlitz. Le même nom fut donné au village bâti auprès de la salpêtrière; et bientôt, du bronze pris à la dernière bataille, on forma la colonne de la place Vendôme, l'un des plus beaux monumens élevés par la main des hommes, et destiné à retracer à la postérité la plus reculée la gloire de Napoléon et des armées françaises. Cette colonne, haute de 133 pieds, représenta, dans une suite de bas-reliefs qui tournent en spirales, du pied jusqu'au sommet, les plus brillans faits d'armes de ces armées. Au retour de l'empereur de la glorieuse campagne d'Austerlitz, la commune de Saint-Cloud voulut se distinguer. Le maire fit élever un arc-de-triomphe, simple, mais noble et de bon goût, au bas de l'avenue qui conduit au palais; on le décora de l'inscription suivante :

A SON SOUVERAIN CHÉRI
LA PLUS HEUREUSE DES COMMUNES.

Le soir où l'on attendait l'empereur, le maire, nommé Barré, et ses adjoints, avec la harangue obligée toute prête, passèrent une partie de la nuit au pied du monument. Mais l'empereur n'arrivant point, le maire, qui était vieux et valétudinaire, se retira, mais non sans avoir placé en sentinelle un de ses administrés qui devait l'envoyer prévenir de la venue du premier courrier. On posa une échelle en travers de l'arc-de-triomphe, pour que personne n'y pût passer avant l'empereur; mais malheureusement l'argus municipal s'endormit : l'empereur arrive le matin et passe à côté de l'arc-de-triomphe, en riant beaucoup de l'obstacle qui l'empêchait de jouir de l'honneur que lui avaient préparé les autorités de Saint-Cloud.

Le jour même, il courut dans le palais un petit dessin représentant les autorités endormies auprès du monument. On n'avait eu garde d'oublier l'échelle qui barrait le passage; on lisait au-dessous : *l'arc barré*, par allusion au nom du maire; quant à l'inscription: on l'avait ainsi parodiée :

<blockquote>A son souverain chéri,
La plus dormeuse des communes.</blockquote>

Cependant les promotions souveraines se continuaient au palais des Tuileries. L'empereur adopta la princesse Stéphanie, nièce de l'impératrice, et la fiança avec le grand duc de Bade. La cession en toute souveraineté des duchés de Clèves et de Berg, fut faite au prince Murat. Le général Lauriston prit possession de la ville de Raguse. Le cardinal Fesch fut nommé co-adjuteur et successeur de l'électeur archi-chancelier d'Allemagne. Un traité déféra la couronne de Hollande au prince Louis. Le maréchal Bernadote et M. de Talleyrand reçurent les souverainetés, l'un la principauté de Ponte-Corvo, l'autre de celle de Bénévent.

L'empereur disait qu'on reconnaissait un honnête homme à sa conduite envers sa femme, ses enfans et ses domestiques; il disait encore que l'immoralité était le vice le plus dangereux pour un souverain, parce qu'il servait d'excuse à celle de ses sujets. Aussi, lorsqu'il lui arrivait de succomber à quelques unes des tentations de toute espèce dont on l'entourait, il ne redoutait rien tant qu'une publicité scandaleuse, et il faisait tous ses efforts pour que ses fautes restassent secrètes, surtout pour éviter du chagrin à Joséphine, qui était jalouse.

La princesse Murat avait une jeune lectrice grande, svelte, bien faite, brune, avec de beaux yeux noirs, vive et fort coquette; elle avait dix-sept à dix-huit ans. Quelques ennemis de Joséphine, qui désiraient éloigner d'elle l'empereur, remarquèrent avec plaisir la disposition de la lectrice à essayer le pouvoir de ses yeux sur l'empereur, et celle de l'empereur à y répondre. Des propositions furent faites par un tiers, et furent acceptées. La belle vint secrètement au château. Bientôt l'empereur fit louer pour elle un hôtel rue Chantereine, et là elle accoucha d'un beau garçon qui fut doté de 30,000 francs de rente dès sa naissance. On le confia aux soins de la nourrice du prince Achille Murat, qui venait de naître à la grande duchesse de Berg, sœur de Napoléon, et ensuite à un secrétaire de l'empereur, qui fut chargé de pourvoir aux soins de son éducation. La liaison de l'empereur avec cette jeune personne dura peu. Un jour elle arriva avec sa mère à Fontainebleau, où était alors la cour, et se fit annoncer. L'empereur, très mécontent, lui défendit de jamais se montrer devant lui sans sa permission, et de plus, de ne pas séjourner un moment de plus à Fontainebleau. Malgré cette rigueur pour la mère, l'empereur aimait tendrement l'enfant.

Napoléon, à cette époque, aimait à passer dans les appartemens de l'impératrice les instans qu'il pouvait dérober aux affaires. Il se jetait sur un sopha, et y restait quelquefois absorbé dans un silence que personne n'osait troubler. D'autres fois il était causeur animé et s'amusait à jeter dans l'ame des dames de la suite de l'impératrice des impressions de terreur qu'il cherchait à augmenter par les ressources du merveilleux. Un soir où il voulait essayer jusqu'où irait son pouvoir, il annonça qu'il allait raconter un conte effrayant; alors il marcha précipitamment de long en large, prenant les inflexions de voix différentes, pour indiquer le caractère de chaque personnage. La chaleur de son style, ses expressions terribles saisirent d'effroi son auditoire féminin. Voici à peu près le conte qu'il improvisa.

Giulio,

Conte improvisé par Napoléon.

« On vit à Rome un être mystérieux qui prétendait dévoiler les secrets de l'avenir, et qui s'enveloppait d'ombres si épaisses que son sexe même était un objet de doute et de discussion. Les uns rapportant d'effrayantes prédictions qu'ils avaient entendues sortir de sa bouche, lui supposaient les traits d'une femme; d'autres, qui semblaient encore glacés d'effroi, lui donnaient l'aspect d'un monstre hideux. Personne ne pouvait assigner l'époque de l'arrivée de cet être singulier, qui s'était établi dans un palais désert, au fond d'un faubourg de Rome; on lui donna le nom de la sibylle, et chacun brûlait de la consulter, mais on n'osait franchir le seuil de la porte; lorsqu'on voulait s'en approcher on se sentait saisi d'une sorte d'horreur qu'on attribuait au pressentiment d'un malheur, et l'on fuyait alors avec précipitation.

Camillo, jeune romain d'une noble famille, se résout à visiter l'antre de la sibylle, et décide avec peine son ami Giulio à l'accompagner. Giulio frémissait de connaître son avenir; enfin les deux amis se présentent à la porte du palais mystérieux, qui s'ouvre d'elle-même pour les laisser passer. Ils parcourent de longs appartemens déserts; enfin ils trouvent une galerie fermée par un rideau noir sur lequel ces mots sont écrits : « *Si vous voulez connaître votre sort, passez ce rideau, mais préparez-vous par la prière.* » Giulio tombe à genoux sans le vouloir, ensuite les deux jeunes gens tirent leurs épées, soulèvent le rideau, et pénètrent dans le sanctuaire : une femme vient à leur rencontre; elle est belle, mais effrayante, une puissance inconnue repousse tout examen : c'est l'immobilité de la mort combinée avec les mouvemens de la vie. Cet être inconcevable ressemble à ces productions de l'art, qui donne des traits et des mouvemens à des personnages privés de l'existence. Giulio tressaille, Camillo baisse les yeux. La sybille leur demande le sujet de leur visite, et sa voix ne semble pas sortir de ses lèvres. Camillo s'apprête à lui répondre, mais elle ne ne l'écoute pas, car son attention est entièrement fixée sur Giulio, vers lequel elle étend la main comme pour le saisir, et recule aussitôt comme épouvantée. Camillo réitère sa demande de lui révéler sa destinée; elle y consent et Giulio se retire. Après une courte conférence Camillo va rejoindre son ami qu'il trouve plongé dans une profonde rêverie. Va! lui dit-il, reprends courage ; la sybille ne m'a rien dit que d'heureux : j'épouserai ta sœur Julienne, seulement un léger incident doit retarder notre union. Giulio franchit à son tour le rideau fatal. Camillo reste dans la galerie : bientôt il entend un cri terrible, il reconnaît la voix de son ami, et s'élance à son secours. Giulio était à genoux devant la sybille, qui agitait une baguette sur sa tête en prononçant ces mots terribles : *Amour sans bornes! sacrilége! meurtre!* Camillo arrache son ami de cet horrible séjour et le ramène chez lui. Camillo retourne à l'antre de la Sybille ; mais tout avait disparu, il ne restait aucune trace de la magicienne qu'on ne revit jamais.

Quelques semaines après, Giulio semblait avoir retrouvé sa tranquillité. Camillo allait épouser sa sœur, lorsque son père fit une chute de cheval, et la célébration des noces fut retardée. « La prédiction de la sybille est accomplie! s'écria Camillo. » Giulio pâlit et se retira. Bientôt il fuit le toit paternel, s'embarque pour Messine, et se fait dominicain pour tâcher d'échapper à son odieuse destinée. Il prononça des vœux ; et le même soir, un des moines lui prit la main, et la serrant affectueusement il lui dit: «Frère, c'est pour toujours!» Il ne comprit qu'alors toute l'étendue de son sacrifice; il tomba dans une grande tristesse et ne parut supporter la vie qu'avec peine.

Le temps approchait où l'on allait célébrer une grande fête à laquelle le roi de Naples et toute sa cour devaient assister. Ambrosio, supérieur du couvent, nomma Giulio prédicateur, car il lui avait reconnu beaucoup d'éloquence. Sa réputation s'étendit bientôt au loin; on accourait de partout pour le voir et l'entendre, car il était jeune et beau. Le jour de la fête il traversa l'église, remplie de monde, pour se rendre à sa chaire; son capuchon tomba et laissa son visage à découvert; alors il entendit une voix s'écrier: « Grand Dieu, qu'il est beau! » Surpris, il se retourne et voit une femme dont les yeux sont fixés sur lui. Ce seul instant suffit pour bouleverser l'existence de ces deux êtres. Troublé, inquiet, Giulio ne peut plus trouver le repos : l'avenir le fait trembler, car sa destinée est irrévocable. Tous les matins il va célébrer la messe; à la même place il remarque la même femme, toujours voilée : c'est elle! et la violence des battemens de son cœur le met en faiblesse. Il tremble de s'examiner, et recule devant la vérité. Il prend la résolution de ne plus la revoir; encore ce jour seulement, mais si elle est encore à l'église il n'y paraîtra plus. Le lendemain il retourne à l'église; elle n'y est pas, et la plus poignante douleur presse son cœur en voyant sa place vide. Un livre de prière était à sa place ; en quittant la chaire il le prend, l'ouvre et voit écrit sur la première page le nom de Maria. Maintenant il pourra l'appeler par son nom et répéter mille fois ce nom chéri.

Maria était l'épouse d'un vieillard qu'elle aimait comme un père ; elle vit Giulio, et la paix de son cœur fut perdue. Elle sentit tout le danger de revoir celui qu'elle adorait, et trouva le courage de ne plus retourner à l'église. Cependant elle veut soulager son cœur au tribunal de la pénitence. Elle retourne à l'église des Dominicains, tombe à genoux dans le confessionnal, et raconte le plaisir qu'elle a éprouvé à voir Giulio, ses remords, sa résolution d'éviter sa vue ; mais elle ajoute que la force est près de lui manquer. « Malheureuse ! quoi, un sacrilége ! » s'écrie Giulio ; car c'était lui que le sort avait destiné à recevoir cet aveu. Il s'élance du confessionnal. Maria, toujours à genoux, saisit sa robe et le supplie de rétracter sa malédiction ; elle ose l'implorer au nom de son amour. « Maria ! Maria ! s'écrie Giulio avec désespoir, quittez ces lieux, je sens que ma fermeté va s'évanouir. » Maria l'enlace de ses deux bras : « Dis-moi, s'écria-t-elle, oh ! dis-moi que tu m'aimes, avant que je me sépare de toi ! » Giulio la presse sur son cœur, puis il la repousse, éperdu ; il jure de ne plus la revoir et lui fait prononcer le même serment. Elle comprend à peine ses paroles ; elle est aimée, elle sait qu'elle pourra le voir, elle promet tout ce qu'il demande.

Giulio n'a plus que l'alternative des douleurs ; tantôt il est déchiré par de saintes terreurs, tantôt il est dévoré d'amour : il vient de profaner par l'aveu de sa passion le lieu où fut prononcé son vœu de sainteté. Maria est aimée, elle le sait, et brave les coups du sort. Elle retourne à l'église, revoit Giulio avec délice, qui, laissant se perdre ses regards dans les siens, semble aussi avoir oublié son serment. Mais le devoir se réveillant à son tour, il résolut de la revoir pour lui dire un éternel adieu. Il lui fait dire qu'il l'attend au confessionnal à sept heures du soir; puis, frémissant du danger auquel il s'expose, il lui écrit une lettre remplie de reproches dans laquelle il lui dit qu'il ne l'a jamais aimée. Maria, à la lecture de cette lettre, sentit la mort se glisser dans son cœur; une fièvre dévorante la saisit et sa tête est en délire.

Giulio, après s'être imposé un effort si cruel, content du sacrifice, s'abandonne sans défense à sa passion. Giulio, toujours seul pendant le jour, errait la nuit au milieu des tombeaux, n'ayant le courage ni d'étouffer son amour, ni celui d'y céder.

Maria était tombée dans une langueur non moins alarmante; elle se sentait mourir. Alors le père Ambrosio fut mandé chez le seigneur Vivaldi pour porter les derniers secours à son épouse mourante. Mais le père Ambrosio, appelé ailleurs, imposa à Giulio le devoir de le remplacer. Après s'en être défendu, Giulio est forcé d'obéir, il ignorait que c'était Maria qu'il allait revoir. A son arrivée, chacun s'éloigne; il reste seul avec elle. Il s'approche du lit de mort, la reconnaît et tombe à genoux. Ils s'aimaient! Le devoir est oublié; ils sont plongés dans une muette extase. Ils se pressaient la main. « Pardon, dit enfin Giulio, je mourais du même coup qui t'a frappée. Je t'aime! parle-moi.—Je t'aime aussi! » reprit Maria avec un sourire céleste; elle venait de recevoir une seconde fois la vie.

Maria revint à la santé. Giulio semblait avoir oublié ses scrupules et ses remords; mais il n'en était pas délivré, et retomba dans une profonde mélancolie. Maria le presse de questions. Alors il lui raconte son aventure chez la sybille et sa fuite du toit paternel, et il s'écrie avec l'accent de la terreur : « *Amour sans bornes! sacrilége! meurtre!* » Cependant, lorsque ses mystiques terreurs se calmaient, vivant dans une douce intimité avec Maria, lisant sans cesse dans ses yeux son tendre amour, il était heureux car il n'était pas coupable encore. Un jour il l'aborde l'œil fixe, agité d'un frisson mortel; il tombe à genoux, et demeure les mains jointes. « Maria, dit-il enfin, il faut nous séparer; tu ne sais pas ce que tu as à craindre! » Maria ne le comprend plus; elle ne connaissait l'amour que par sa tendresse, elle n'en conçoit pas les fureurs. Giulio, impatient de son silence, se lève avec violence en disant : « Bientôt mon sort va se décider! » Le lendemain Maria reçut cette lettre :

« Je ne dois plus vous voir, je suis malheureux avec
» vous. Je sais que vous ne pouvez pas comprendre ce
» que je sens. Maria, il faut que tu te donnes à moi,
» mais il faut que ce soit de ta propre volonté; je n'ai
» pas le courage d'abuser de ta faiblesse. Tu l'as vu hier,
» je me suis arraché d'entre tes bras, car tu n'as pas dit:
» Je veux être à toi. Cependant, songes-y bien, nous

» nous perdons à jamais! Demain, si tu veux me revoir
» (et tu sais à quel prix? la perdition éternelle), demain,
» dis-je, tu m'enverras ton livre de prière si tu renonces
» à moi; si ton envoyé vient sans ton livre, tu es à moi
» pour toujours! »

Maria eut horreur du crime, et, résolue à sacrifier un amour coupable, elle envoya son livre. Giulio, furieux en le recevant, le fait reporter à sa maîtresse, et murmure sourdement: « Je la verrai! » Effectivement ils se revirent; et Maria, égarée par l'air sombre de Giulio, lui dit: « Je suis à toi!......... »

Alors Giulio fut dévoré de remords et devint sombre et farouche auprès de Maria; ses caresses ne pouvaient plus l'adoucir. Enfin il lui reproche de l'avoir séduit et perdu; bientôt il cessa de la voir. Maria, éperdue, cherche inutilement à joindre Giulio pour lui apprendre que bientôt elle sera mère; elle prépare tout pour fuir avec lui, et à minuit entre dans le jardin du couvent, dont elle est parvenue à se procurer la clef. « Que veux-tu? lui dit Giulio. — Fuyons! lui dit Maria, viens; le gage de notre amour demande que nous vivions. » Giulio se laisse conduire par elle; mais tout-à-coup il se dégage de ses bras avec horreur. « Non! s'écria-t-il, jamais! » Et il lui plonge un poignard dans le sein.

(En prononçant ces derniers mots, Bonaparte s'approcha de l'impératrice en faisant le geste de tirer un poignard. L'illusion fut si forte, que les dames de la suite se jetèrent entre lui et sa femme en poussant un cri de terreur. Bonaparte, en acteur consommé, poursuivit son récit sans se troubler et sans paraître remarquer l'effet qu'il avait produit.)

Elle tombe, et Giulio est couvert de son sang. Il demeura immobile, la contemplant d'un œil égaré. Le jour se levait, la cloche du couvent sonnait la prière. Giulio prit entre ses bras le corps de celle qui l'avait tant aimé et le jeta dans la mer. Alors il entra dans l'église la robe teinte de sang et le poignard à la main ; ses yeux ont la fixité du somnambulisme. On le saisit sans qu'il fît résistance. Dès lors Giulio disparut pour jamais. »

L'impératrice pressa l'empereur d'ajouter quelques détails sur Giulio. L'empereur lui répondit d'une voix lugubre :

« Les secrets des cloîtres sont impénétrables. »

CHAPITRE VI.

Entrée des Français à Naples. — Mort de Pitt. — Nouvelle coalition. — Bataille d'Iéna. — La reine de Prusse. — Entrée triomphante de Napoléon à Berlin.

Le 24 février, l'empereur apprit au spectacle l'entrée de son armée dans le royaume de Naples. Talma vint annoncer cette nouvelle après le premier acte d'*Athalie*. L'empereur allait rétablir le royaume de Naples pour un prince français, son frère Joseph ; mais il voulait le rétablir fondé sur les lois et l'intérêt des peuples. Cependant un grand événement attirait l'attention de l'Europe : le 23 janvier, le ministre Pitt avait cessé de vivre, et Fox lui succédait au ministère. C'était Pitt qui, au mépris de la foi jurée, avait rompu le traité d'Amiens, et qui venait de coaliser la Russie, la Suède et l'Autriche contre Napoléon. Fox, qui avait élevé la voix dans le parlement pour blâmer la rupture de ce traité, devait naturellement faire espérer à Napoléon, en entrant au ministère, des relations plus pacifiques. Mais la santé du ministre ayant subi une grande altération, ne lui avait plus permis de suivre directement les affaires du cabinet; et bientôt il mourut. Ce fatal événement encouragea les ennemis de la France.

Cependant le prince de Bénévent adressa à M. de Knobelsdorf une note par laquelle il lui demandait des explications sur les armemens de la Prusse. Le cabinet prussien donna des raisons évasives; bientôt après il offrit des conditions déshonorantes. Ainsi le roi de Prusse, entraîné par des conseillers aveugles et perfides, avait envoyé M. de Knobelsdorf à Paris, avec des lettres de créance, quand il devait trois semaines après déclarer la guerre. Un jour Napoléon dit à Berthier, qu'il avait créé prince de Neufchâtel : « On nous donne un rendez-vous » d'honneur ; jamais un Français n'y a manqué ! Mais » comme on dit qu'il y a une belle reine qui veut être » témoin des combats, soyons courtois, et marchons sans » nous coucher sur la Saxe. » En effet, la reine de Prusse était à l'armée, portant l'uniforme de son régiment de dragons, passait les revues et commandait les manœuvres.

L'empereur arrive le 28 septembre 1806 à Mayence,

passe le Rhin, et met son armée en mouvement. Elle est divisée en sept corps commandés par ses plus braves généraux.

L'empereur s'est porté sur Schleist. Le 9 octobre, à son arrivée, dix mille Prussiens sont chassés de ce poste par le prince de Ponte-Corvo ; le même jour, Soult s'empare de Hoff et des magasins ; le 20, Lannes défait les Prussiens à Saalfeld. Dans un des premiers combats, le jeune Louis de Prusse, frère du roi, combattait corps à corps avec un maréchal-des-logis du 9ᵉ de hussards nommé Guindé. Guindé lui dit : « Rendez-vous, colonel, ou vous êtes mort. » Le prince Louis ne lui répondit que par un coup de sabre, et Guindé lui plongea le sien dans la poitrine. Il tomba mort sur la place.

L'armée prussienne comptait deux cent trente mille hommes. L'empereur, arrivé sur le plateau de Weimar, après avoir fait ranger son armée en bataille, bivouaqua au milieu de sa garde. A deux heures du matin, il monta à cheval pour aller examiner les travaux d'un chemin qu'il faisait creuser dans le roc pour le transport de l'artillerie. Il était seul ; la nuit était très sombre, et la sentinelle du camp ne pouvait voir à dix pas autour d'elle. Entendant quelqu'un marcher dans l'ombre, elle cria *qui vive?* et se tint prête à faire feu. L'empereur, préoccupé, ne fit aucune réponse ; une balle sifflant à ses oreille le tira de sa distraction. S'apercevant alors du danger qu'il courait, il se jeta à plat ventre, et d'autres balles passèrent au-dessus de sa tête. La décharge de la première sentinelle fut bientôt répétée par toute la ligne. Alors l'empereur se releva, marcha vers le poste le plus

rapproché et s'y fit reconnaître. Le jeune grenadier qui avait tiré sur lui entra dans ce moment. L'empereur le fit approcher, et lui pinçant fortement la joue : « Com-
» ment, coquin, lui dit-il, tu m'as donc pris pour un
» Prussien ? Ce drôle-là ne jette pas sa poudre aux moi-
» neaux ; il ne tire qu'aux empereurs. » Le pauvre soldat dit depuis qu'il avait été tout troublé à la pensée qu'il aurait pu tuer Napoléon ; ce ne fut qu'au bout de quelques instans qu'il put dire : « Pardon, sire, mais
» c'était la consigne. Si vous ne répondez pas, ce n'est
» pas ma faute ; il fallait mettre dans la consigne que
» vous ne vouliez pas répondre. » L'empereur le rassura en souriant, et lui dit en s'éloignant : « Mon brave, je
» ne te fais pas de reproche ; c'était bien visé pour un
» coup tiré à tâtons. Mais tout-à-l'heure il fera jour ;
» tire plus juste, et j'aurai soin de toi. »

Quelques instans avant l'attaque, la reine de Prusse, montée sur un cheval fier et léger, parut au milieu des soldats, et l'élite de la jeunesse de Berlin suivait la royale amazone qui galopait devant les premières lignes de bataille. On voyait flotter tous les drapeaux qu'elle avait brodés de sa main pour encourager ses troupes, et ceux du grand Frédéric, tout noirs de poudre, qu'on inclina à son approche. Le ciel était si pur, et les deux armées si proches l'une de l'autre, que les Français pouvaient distinguer le costume de la reine. Elle portait un casque en acier poli, ombragé d'un superbe panache, une cuirasse toute brillante d'or, et une tunique d'étoffe d'argent pressait son corps délicat et tombait jusqu'à ses pieds chaussés de brodequins rouges éperonnés en or. Cette princesse était d'une grande beauté.

La nuit du 13, pendant que ses ennemis sommeillaient dans leur camp, dispersés sur un espace de trente-cinq lieues, Napoléon avait achevé toutes ses dispositions pour s'assurer la victoire. Tous ses ordres sont expédiés, tous ses maréchaux à leur poste. Alors il dit aux soldats : « L'armée prussienne est coupée comme celle
» de Mack l'était à Ulm, il y a aujourd'hui un an ; cette
» armée ne combat plus que pour se faire jour et rega-
» gner ses communications. Le corps qui se laisserait
» percer se déshonorerait. Ne redoutez pas cette célèbre
» cavalerie ; opposez-lui des carrés fermés et la baïon-
» nette. » Cette harangue porte au plus haut degré l'enthousiasme des soldats, qui hurlent le cri militaire : « *En avant! en avant!* » L'empereur, qui d'abord voulait attendre sa grosse cavalerie, donne cependant le signal tant désiré. L'armée se rue sur l'ennemi ; d'heureux succès sur plusieurs points présagent l'issue de la journée. Vers une heure, l'action devient générale. L'empereur, placé sur les hauteurs, plane sur les ennemis, comme sur son armée. Il voit que tout ploie et fuit devant ses généraux. Enfin bientôt il n'y a plus d'armée ennemie. On poursuit les vaincus avec une ardeur infatigable, tandis qu'ils se dispersent par une marche désordonnée. Tel fut le résultat de la célèbre bataille d'Iéna.

La reine de Prusse restait seule avec quelques jeunes gens de Berlin, lorsque deux hussards, qui s'étaient couverts de gloire pendant la bataille, tombèrent le sabre nu sur ce petit groupe. La reine mit son cheval au grand galop, et si cet animal n'eût pas été léger comme un cerf, la reine était faite prisonnière : plus d'une fois ils s'approchèrent d'assez près pour qu'elle entendît des discours faits pour blesser ses oreilles.

Les détails de cette singulière poursuite vinrent aux oreilles de l'empereur qui fit venir les deux hussards en sa présence, et leur témoigna son mécontentement des plaisanteries indécentes qu'ils s'étaient permises sur la reine, tandis, ajoutait-il, que son malheur devait encore ajouter au respect qu'on devait à son rang et à son sexe. Après cette réprimande, il fit donner à ces braves la croix, et à chacun 300 fr. de gratification.

Napoléon allait faire son entrée dans la capitale de la Prusse, à Berlin. Les régimens de la garde arrivaient de tous côtés; on leur donna l'ordre de se mettre en grande tenue, ce qui s'exécuta dans un petit bois en avant de la ville. L'empereur fit son entrée triomphale à dix heures du matin; il était entouré de son état-major. Tous les régimens défilèrent musique en tête; l'excellente tenue des troupes excita l'admiration des Prussiens.

Sur la place de l'Hôtel-de-Ville s'élève un buste du grand Frédéric. Le nom de ce monarque est si populaire dans toute la Prusse, que lorsqu'on le prononce dans un lieu public les assistans se lèvent et ôtent leurs chapeaux. L'empereur, arrivé devant le buste, décrivit un demi-cercle au galop, suivi de ses officiers, et baissant la pointe de son épée, il ôta en même temps son chapeau, et salua le premier l'image de Frédéric II. Chaque régiment, en défilant, lui présenta les armes.

Le gain de la bataille d'Iéna avait frappé les Prussiens de terreur. La cour avait fui avec tant de précipitation qu'elle avait laissé quantité d'objets dans les maisons royales. En arrivant à Postdam l'empereur trouva l'épée du grand Frédéric, son hausse-col, le grand cordon de ses ordres, et son réveil : « Je préfère, dit-il, ces trophées
» à tous les trésors du roi de Prusse ; je les enverrai à
» mes vieux soldats des campagnes de Hanovre ; ils les
» garderont comme un témoignage des victoires de la
» grande armée, et de la vengeance qu'elle a tirée des
» désastres de Rosbach. » En effet, ils furent envoyés à l'hôtel des Invalides, à Paris.

Le prince de Hatzfeld, gouverneur civil de Berlin, était connu pour avoir été l'un des plus ardens provocateurs de la guerre. Une lettre par laquelle il instruisait le roi de Prusse des mouvemens de l'armée française, avait été interceptée et remise à l'empereur. Le crime de trahison était prouvé ; une commission militaire allait juger le coupable. La princesse de Hatzfeld, son épouse, vint se jeter aux pieds de Napoléon, en protestant que son mari n'était pas coupable d'une telle perfidie : l'empereur lui présenta la lettre du prince ; la princesse la lut et tomba évanouie. Des secours lui furent aussitôt prodigués et elle revint à elle ; son état de grossesse très avancé et son malheur avaient vivement touché Napoléon. En rouvrant les yeux elle les fixa sur Napoléon d'une manière si attendrissante qu'il lui dit : « Madame, cette lettre est la seule preuve que j'aie contre votre mari ; jetez-la au feu. » Ainsi fut sauvé le prince de Hatzfeld.

Cependant le général Blücher était parvenu à réunir sa division à celles commandées par le duc de Brunswick-Oels, et par le duc de Weimar. Il tente de s'ouvrir un passage pour aller à Grandentz, où le roi est encore à la tête de quinze mille hommes ; mais Seult et Bernadotte repoussent les Prussiens dans Lubeck. Les Prussiens se défendent pied à pied dans les rues, sur les places, dans les maisons. Mais tout est escaladé, enfoncé, détruit, et cette journée donne aux Français la ville de Lubeck. La nouvelle de la capitulation de Magdebourg, apportée en toute hâte à Berlin, empêche l'empereur de signer la paix négociée entre le grand maréchal Duroc et le marquis de Lucchesini. Une heure plus tard, cette paix était conclue. L'empereur, alors, frappe la Prusse et ses alliés d'une contribution de cent soixante millions.

CHAPITRE VII.

Amours de l'empereur avec madame V... — Elle lui donne un fils. — L'électeur de Saxe élevé au titre de roi. — Bataille d'Eylau. — Bataille de Friedland. — Paix de Tilsitt. — Entrevue des deux empereurs Napoléon et Alexandre. — Mort du fils aîné de Louis, roi de Hollande. — Projet de divorce.

Napoléon passa le mois de janvier à Varsovie, et la noblesse polonaise s'empressa de lui donner des fêtes magnifiques. A l'un des bals brillans auquel l'empereur assistait, il remarqua une jeune polonaise, Mme V...., âgée de 22 ans, mariée nouvellement à un vieux noble, d'humeur sévère, qu'elle respectait plus qu'elle n'aimait. Elle était blonde, avait les yeux bleus et la peau d'une blancheur éblouissante; sa figure respirait la candeur et la simplicité. L'empereur se sentit entraîner vers elle; il s'en approcha et entama avec elle une conversation qu'elle soutint d'une manière très spirituelle, et qui laissa voir qu'elle avait reçu une brillante éducation. Une teinte légère de mélancolie, répandue sur toute sa personne, lui fit penser qu'elle était sacrifiée et malheureuse dans son intérieur. Cette pensée rendit l'empereur véritablement amoureux. Après l'avoir quittée, il tomba dans une agitation inaccoutumée : il se levait, marchait, s'asseyait et se relevait de nouveau. Paraissant cruellement tourmenté, il envoya quelqu'un faire de sa part une visite à Madame V...., et lui présenter son hommage et ses vœux. L'empereur avait su plaire, mais des propositions offensèrent et révoltèrent Madame V....; elle aimait, mais elle n'avait point encore songé qu'elle pût céder, et d'ailleurs n'aurait-ce pas été se déshonorer aux yeux même de celui qui l'avait charmée; elle repoussa donc toute espèce d'arrangemens. L'empereur, en apprenant le peu de succès de ses démarches, resta tout un jour triste et préoccupé. Il écrivait lettre sur lettre à Madame V...., qui ne lui répondit pas. Il fut affecté et piqué de cette résistance; il écrivit encore, et d'une manière si tendre et si touchante que Madame V..., consentit à le venir voir. Le soir, à

dix heures, l'empereur, en l'attendant, se promenait à
grands pas, il témoignait autant d'émotion que d'impatience, et regardait l'heure à chaque instant. Enfin,
Madame V.... arriva, mais pâle, muette, les yeux
baignés de larmes, et pouvant à peine se soutenir. Elle
tomba aux genoux de l'empereur, elle lui avoua qu'elle
l'aimait, mais en même temps que la pensée de se déshonorer était odieuse pour elle. L'empereur la fit reconduire chez elle aussi pure qu'elle en était sortie.
Cependant plus tard elle céda mais à l'amour seulement,
elle avait pour l'empereur la tendresse la plus vive et
la plus désintéressée. L'empereur sut apprécier le caractère plein de douceur et d'abnégation de cette femme
angélique. Lorsque l'empereur eut établi son quartier-
général à Finkenstein, il écrivit à Madame V...., qui
s'empressa d'accourir auprès de lui. Il lui avait fait
préparer un appartement qui communiquait avec le
sien. Elle s'y établit laissant son vieil époux qui, blessé
dans son honneur, ne voulut jamais la revoir. Madame
V.... demeura trois semaines avec l'empereur, et à son
départ retourna dans sa famille. Alors Madame V....
était grosse, plus tard, l'empereur la rappela encore près
de lui. Lorsqu'il fut contraint de revenir à Paris, il lui
fit acheter un joli hôtel dans la Chaussée-d'Antin. C'est
là qu'elle accoucha d'un fils qui ressemblait trait pour
trait à l'empereur, ce qui le flatta vivement. Madame
V.... éleva son fils chez elle et ne le quitta jamais.
Cette femme aimante mettait tout son bonheur dans sa
tendresse pour l'empereur, et lorsqu'elle ne pouvait le
voir, elle lisait, ou s'occupait des talens d'agrément

qu'elle possédait, sans jamais rechercher la société ni le plaisir de briller. On peut dire que c'était la Lavallière de l'empereur, qui, du reste, ne fut jamais ingrat envers elle, comme le fut Louis XIV envers la seule femme qui l'ait véritablement aimé.

L'empereur s'était rendu à Posen. Là il apprit que les hostilités avaient éclaté entre les Turcs et les Russes. Ceux-ci envoyèrent en Pologne une armée de cent soixante mille hommes. Napoléon, qui ne se laisse jamais surprendre, jugeant que les préparatifs de la Russie se faisaient contre lui, demande un nouveau sacrifice à la France, et le sénat vote une levée de quatre-vingt mille hommes. Les deux empereurs vont combattre à la tête de masses considérables.

Le 11 décembre, se conclut à Posen un traité de paix et d'alliance entre Napoléon et l'électeur de Saxe. Par ce traité, ce prince reçoit le titre de roi, et les riches provinces saxonnes doivent offrir de puissantes ressources aux armées de Napoléon, si les temps deviennent difficiles. Des mouvemens de guerre plutôt que de véritables opérations ont lieu entre les Français et les Russes, et l'avantage reste constamment aux Français.

Déjà Glogau avait capitulé, il ne restait plus au roi de Prusse d'autre capitale que Kœnigsberg. Non loin de là était le champ de bataille où la lutte prochaine entre la France et la Russie devait décider de l'existence de la couronne de Frédéric-Guillaume, qui fuyait depuis trois mois devant la victoire française. Le 8 février 1807, les deux armées se rencontrèrent à Eylau, et là se livra cette sanglante bataille, dans laquelle les deux armées ennemies éprouvèrent une perte égale; il resta plus de quinze mille morts sur le champ de bataille, autant de Français que de Russes, et un *Te Deum* fut chanté à Pétersbourg comme à Paris, en l'honneur de la victoire; mais les Français ne purent célébrer, parmi leurs triomphes, cette grande scène de carnage, trop de regrets se mêlaient aux traits de valeur de l'armée et des habiles lieutenans de Napoléon. Les Français entrent dans leurs cantonnemens; quant à l'empereur, il ne se repose jamais, et il attend à Finkenstein le moment de reprendre la conduite de grandes opérations militaires.

La rigueur de l'hiver, la difficulté des approvisionnemens, rendaient cette campagne pénible. Le partage de la gloire qu'il avait fallu faire avec les Russes, était une circonstance nouvelle dans la carrière militaire de Napoléon. Enfin arriva l'instant de livrer la bataille de Friedland.

L'empereur, par une feinte retraite, attira les Russes en-deçà de l'Elbe. Alors tous les régimens de ligne de l'armée française couvrirent la plaine. L'empereur, sur une hauteur, était assis près d'un moulin : vers quatre heures après midi, les deux armées se pressaient de toutes parts, tandis que le canon faisait trembler la terre. Alors l'empereur s'écria : « Si cela continue encore deux » heures, il ne restera debout dans la plaine que l'armée française. » La garde ne se mit en mouvement qu'à cinq heures, et à six la bataille était complétement gagnée.

Bientôt les deux empereurs, l'un victorieux, l'autre vaincu, après avoir signé la paix, se donnèrent la main sur le Niemen : la moitié de la ville de Tilsitt avait été déclarée neutre. L'empereur Alexandre y entra le lendemain; mais derrière Alexandre était le roi de Prusse et la belle reine Amazone, à qui Tilsitt appartenait encore la veille. Ils se réunirent aux deux empereurs, en déguisant le cruel déplaisir qui les agitait au milieu des plaisirs et des fêtes que se donnaient les deux autres monarques devenus amis. Napoléon ne négligeait aucune occasion de plaire à la reine, et elle usait d'une innocente coquetterie pour adoucir le vainqueur de son époux. L'empereur Napoléon lui demanda un jour une rose qu'elle tenait à la main. La reine hésita un moment, puis la lui offrit en lui disant avec un charmant sourire : « Au moins, contre Magdebourg. » Mais l'empereur Napoléon n'accueillit point cet échange.

La garde impériale française donna à dîner à la garde de l'empereur Alexandre. A la fin de ce banquet fraternel, chaque soldat français changea d'uniforme avec un Russe qui reçut le sien en échange; et passèrent ainsi sous les yeux des deux empereurs, qui s'amusèrent beaucoup de ce déguisement improvisé.

La paix était signée entre les trois souverains, les deux empereurs s'embrassèrent une dernière fois sur les bords du Niémen, et Napoléon prit la route de Kœnigsberg, puis de là revint à Paris.

Ce fut à cette époque que mourut le jeune Napoléon, fils aîné de Louis, devenu roi de Hollande. Premier né de la nouvelle dynastie, il avait attiré sur lui toute la sollicitude de Napoléon. La malignité donna des explications calomnieuses à cet attachement presque paternel; mais les gens sages et de bonne foi ne virent dans cette tendresse que l'espoir de transmettre une puissance immense à un héritier du sang impérial. La mort du jeune Napoléon vint déranger tous les plans du souverain, et donna une nouvelle force à ses projets de divorce. L'impératrice devina facilement le cruel résultat que devait avoir pour elle la mort de son petit-fils. Dès lors cette fatalité prit source dans son cerveau et empoisonna sa vie. Cependant, douce et presque résignée, elle cachait son chagrin à l'empereur, qui semblait toujours se plaire auprès d'elle; et pendant le séjour qu'ils firent alors à Fontainebleau, l'empereur se promenait souvent en calèche avec elle dans les rues de la ville, sans avoir ni suite ni garde.

Un jour, en passant devant l'hospice de Mont-Pieneux, l'impératrice aperçut à une fenêtre un ecclésiastique d'un grand âge qui saluait Leurs Majestés. L'impératrice lui rendit son salut et le fit remarquer à l'empereur, qui le salua à son tour. Il fit alors arrêter sa voiture et fit demander au vénérable prêtre s'il pouvait sortir un instant de sa chambre pour venir leur parler. Le vieillard, qui marchait encore, se hâta de descendre; l'empereur fit avancer sa voiture tout près de l'hospice, pour lui épargner quelques pas, et l'interrogea avec les plus touchantes marques de bienveillance : Le bon ecclésiastique leur apprit que la terreur, du temps de Robespierre. l'avait forcé de s'expatrier, et qu'il avait soixante-quinze ans lorsqu'il était rentré en France avec une modique retraite suffisante pour payer sa pension à l'hospice.

— « Monsieur l'abbé, dit Sa Majesté, après avoir
» écouté le vieux prêtre avec attention, votre pension
» sera doublée, et si cela ne suffit pas, j'espère que
» vous vous adresserez à l'impératrice ou à moi. » Le
bon ecclésiastique répondit les larmes aux yeux : «Sire,
» je suis trop vieux pour voir long-temps le règne de
» votre Majesté, et pour profiter de vos bontés. » —
« Vous, reprit l'empereur en souriant, mais vous êtes
» un jeune homme : voyez M. Du Belloy, il est votre
» aîné de beaucoup, et nous espérons bien le posséder
» encore long-temps. M. Du Belloy, cardinal et archevêque de Paris, avait alors quatre-vingt-dix-huit ans, et
disait la messe.

CHAPITRE VIII.

Prédictions faites autrefois à Joséphine.—Voyage de l'empereur
en Italie.— Projet de travaux d'architecture.— L'empereur au
bal masqué.— Singe femelle de l'impératrice.

La pensée du divorce tenait la triste Joséphine dans
une agitation continuelle; elle souffrait mille fois plus
que de la plus cruelle réalité. Il y avait une porte secrète dans son appartement qui communiquait au cabinet de l'empereur; c'était par là qu'il entrait lorsqu'il voulait causer avec elle, alors le moindre coup
frappé à cette porte lui semblait un coup de massue

frappé sur sa poitrine; des battemens de cœur si violens la prenaient ensuite, qu'elle pouvait à peine respirer; à chaque instant elle craignait de recevoir la confirmation de ce qu'elle redoutait plus que la mort. Un jour qu'elle était plongée dans une morne tristesse, au milieu de ses dames d'honneur, elle laissa échapper quelques mots relatifs à une prédiction qui lui avait été faite à la Martinique, sa patrie, avant qu'elle fût mariée à M. de Beauharnais. L'une de ses dames la supplia de leur raconter cette singulière prédiction, elle y consentit.

« Un jour, dit-elle, que je me promenais, je vis
» plusieurs esclaves réunies autour d'une vieille femme
» qui disait la bonne aventure, je m'arrêtai pour l'écou-
» ter. En m'apercevant, la sorcière fit un cri, se jeta
» sur ma main, et parut ressentir une extrême agitation.
» Vous voyez donc sur ma figure quelque chose de bien
» extraordinaire, lui dis-je? — Oui. — Sont-ce des
» malheurs ou du bonheur, qui doit m'arriver? — Des
» malheurs!... oh! oui..., du bonheur aussi. — Je
» souris et je pensai qu'elle ne se compromettait pas
» beaucoup. Je lui dis de parler, elle s'y refusait, j'in-
» sistai. Eh bien! dit-elle enfin : vous vous marierez
» bientôt; cette union ne sera point heureuse; vous
» deviendrez veuve, et alors... alors vous serez reine
» de France. Alors cette femme s'enfuit aussi vite qu'il
» lui fut possible. Je défendis qu'on plaisantât de cette
» prétendue sorcière, je répétai cent fois que je n'ajou-
» tais point foi à sa ridicule prédiction, et je ne m'en
» occupai plus que pour en rire avec ma famille.

» Effectivement j'oubliai totalement cette prédiction
» jusqu'à la mort de mon premier mari. Je fus alors mise
» en prison sous le régime de Robespierre : alors cette
» prédiction me revint à l'esprit et j'y pensais sans
» cesse; petit à petit, tout ce qui m'avait été prédit me
» parut moins absurde et je finis par le croire pos-
» sible.

». Un matin, le geôlier entra dans la chambre où je
» couchais avec la duchesse d'Aiguillon (comme moi
» détenue), il venait prendre mon lit de sangle. Com-
» ment, dit Madame d'Aiguillon avec inquiétude,
» Madame de Beauharnais en aura donc un meilleur?
» — Non, non, elle n'en aura pas besoin, répondit-il
» avec un sourire atroce; car on va venir la chercher
» pour la conduire à la Conciergerie, et de là à la guil-
» lotine.

» Madame d'Aiguillon se trouva mal ; je la conduisis
» près de la fenêtre, et la voyant revenir à elle je lui
» dis pour la ranimer : « Votre douleur n'a pas le sens
» commun; je ne mourrai pas, et je serai reine de
» France. — Que ne nommez-vous votre maison, me
» dit alors Madame d'Aiguillon. — Ah! c'est vrai, je
» n'y pensais pas. Eh! bien je vous nommerai dame
» d'honneur, je vous le promets; et ses pleurs recom-
» mencèrent à couler. Je vous assure que je ne jouais
» pas le courage dans cet instant; j'étais persuadée de
» la réalisation de mon oracle. En jetant les yeux dans
» la cour, j'aperçus une femme du peuple qui semblait
» s'efforcer de nous faire comprendre quelque chose,
» mais je ne concevais rien à ses gestes multipliés;

» elle prenait à chaque instant sa robe d'une main, et
» de l'autre elle élevait une pierre; puis elle fit plusieurs
» fois le signe de se couper le cou; ensuite elle se mit
» à danser et à applaudir : c'est une charade à deviner
» dis-je alors à Madame d'Aiguillon, Robe, pierre,
» guillotine. Nous éprouvâmes une émotion impossible
» à décrire, car nous pensions que cette femme nous
» apprenait la mort de Robespierre, ce qui était en
» effet; nous étions au 9 thermidor...

» On me rapporta mon lit de sangle, sur lequel je
» passai une fort bonne nuit, non sans avoir répété à
» mon amie : Vous le voyez, je ne suis pas guillotinée,
» et je serai reine de France.

» Voilà, dit Joséphine, l'exacte vérité sur cette cé-
» lèbre prophétie. La fin ne m'inquiète pas, je ne me
» mêle jamais de politique; je fais du bien quand je le
» puis, J'espère mourir dans mon lit. Il est vrai que
» Marie-Antoinette!... » Joséphine n'acheva pas. On
s'empressa de changer la conversation, mais l'impératrice ajouta : « Dès que je fus couronnée, je voulus te-
» nir ma promesse, et je demandai Madame d'Aiguillon,
» devenue Madame de Girardin, pour dame d'honneur;
» l'empereur ne voulut pas m'accorder cette faveur,
» parce qu'elle était divorcée.

Le 16 novembre, Napoléon partit pour visiter son royaume d'Italie. Un intérêt particulier, dont le prince Eugène seul était le dépositaire, l'appelait alors dans la péninsule, celui de son divorce avec la mère du vice-roi.

En arrivant à Fusina, l'empereur y trouva les autorités de Venise, qui l'attendaient. Napoléon s'embarqua sur une gondole, et accompagné d'un nombreux cortége flottant, s'avança vers Venise qu'on voyait au loin s'élever au milieu de la mer. Des barques, des gondoles, et même des navires, chargés d'une nombreuse population en habits de fête, arrivaient de tous côtés, passaient et repassaient, et se croisaient en tous sens avec une adresse et une rapidité extrêmes.

L'empereur, debout sur l'arrière de la gondole, répondait aux crix de *Viva Napoléone, imperatore e re!* par un salut plein de grace et de dignité. La ville était toute pavoisée, et chaque fenêtre encombrée de spectateurs.

L'empereur descendit devant le palais des procurateurs. Il y trouva le prince vice-roi et le grand maréchal. Napoléon ne resta que peu de temps à Venise; mais, avant de quitter cette ville, il y rendit un décret qui assurait aux habitans de grandes améliorations pour le commerce. Lorsqu'il quitta Venise, il fut reconduit par une masse de population enivrée d'enthousiasme et d'amour pour lui. Trévise, Odine, Mantoue, rivalisèrent d'empressement pour le recevoir. Le 1er janvier 1808, il était de retour aux Tuileries.

Alors il s'occupa d'embellissemens au château : il fit faire des travaux à la salle de spectacle, pour la rendre chaude et commode; il était continuellement en conférence avec M. Fontaine, son architecte. Il lui fit part de l'intention qu'il avait de réunir les Tuileries au Louvre; il fut arrêté entre eux que l'aile neuve, qui devait faire la réunion, serait bâtie dans l'espace de cinq années, et qu'un million serait accordé chaque année pour cette construction. L'empereur s'occupa aussi de la restauration du palais de Versailles.

Le tableau représentant le couronnement venait seulement d'être achevé. L'empereur et l'impératrice se rendirent à l'atelier du peintre. Ils admirèrent long-temps la célèbre composition qui réunissait tous les genres de mérite : « Que c'est beau ! » s'écriait à tout moment l'empereur et le peintre était tout glorieux d'entendre l'empereur nommer l'un après l'autre tous les personnages du tableau. L'impératrice prit la parole pour faire remarquer à l'empereur avec quel bonheur David avait rendu le moment intéressant où l'empereur est prêt à la couronner. «Oui, dit l'empereur, en regardant Joséphine avec un plaisir qu'il ne cherchait pas à dissimuler, « le moment » est bien choisi, l'action est parfaitement indiquée; « les deux figures sont très bien ; » et en parlant ainsi l'empereur regardait l'impératrice. La visite de Leurs Majesté fut longue; le jour, qui baissait, avertit enfin l'empereur qu'il était temps de se retirer ; il fut reconduit par David jusqu'à la porte de l'atelier. Là, s'arrêtant tout court, l'empereur ôta son chapeau, et par un salut plein de grâce, témoigna l'honneur qu'il rendait à un talent si distingué.

A la fin du mois de janvier, Mlle Tacher, nièce de l'impératrice, épousa le duc d'Aremberg. Quelques jours après, le prince de Hohenzollern épousa la nièce de M. le grand-duc de Berg, Mademoiselle Antoinette Murat. A cette occasion, l'empereur les éleva toutes deux au titre de princesse. L'empereur avait de l'aversion pour les bals masqués : c'était un de ses sujets de querelle avec l'impératrice. Une fois, cependant, il résolut d'aller au bal de l'opéra, pour surprendre l'impératrice : il attendit qu'elle fût partie. Alors il fit appeler une de ses femmes de chambre, et lui demanda quel était le costume que portait l'impératrice ; ensuite il prit un domino, monta en voiture avec le grand maréchal du palais et son valet de chambre, et se rendit à l'opéra. A la porte d'entrée, ils éprouvèrent de la difficulté pour pénétrer ; plus tard le valet de chambre fut obligé de se nommer à l'ouvreuse. « Pardon, lui dit l'ouvreuse, c'est que des jours comme aujourd'hui on craint qu'il se glisse des gens qui cherchent à s'introduire sans payer. Ces Messieurs sont avec vous ? — « Mais vous le voyez bien ! — Pardon. » L'empereur riait des observations de l'ouvreuse. Ils entrèrent. On s'était donné des noms supposés : l'empereur s'appelait Auguste, le duc de Frioul François, le valet de chambre Joseph. Napoléon chercha vainement l'impératrice, et il commençait à en être inquiet, lorsque tout-à-coup un domino s'attache à lui et l'intrigue avec une telle vivacité, qu'Auguste peut à peine se reconnaître. L'empereur était dans un très grand embarras. Le domino, qui s'en aperçoit, redouble de feu et de malice, et finit par se perdre dans la foule.

L'empereur, piqué au vif, n'en voulut pas davantage, et partit. Le lendemain, en voyant l'impératrice, il lui dit : « Tu n'étais pas au bal de l'opéra, hier ? — Si
» vraiment, j'y étais. — Allons donc ! — Je t'assure que
» j'y suis allée, et pour preuve, c'est que j'ai rencontré

» un domino qui avait le même pied et la même chaus-
» sure que toi et je lui ai parlé en conséquence.» L'empereur rit beaucoup d'avoir été pris pour dupe. L'impératrice avait changé de costume; mais il se promit tout bas de prendre sa revanche. Il fit porter dix costumes différens chez l'ambassadeur d'Italie, qui donnait un magnifique bal masqué; il prend un domino noir, en faisant quantité d'observations sur ce qu'un déguisement a d'absurde, et sur la mauvaise tournure que donne un domino. Mais quand il fut question de changer de chaussure, il s'y refusa absolument, et malgré tout ce que put lui dire son valet de chambre, il entra dans le bal, chaussé comme de coutume, et les mains derrière le dos selon son habitude. Il veut nouer une intrigue, et dès la première question qu'il fait, on lui répond en l'appelant Sire... Alors, désapointé, il se retourne brusquement, et va prendre un autre costume. « Vous aviez raison, dit-il à son valet de chambre, on
» m'a reconnu; Constant, donnez-moi des brodequins.»
On le déguise de nouveau en lui recommandant de tenir ses bras pendans; mais à peine entré, une dame lui voyant encore les mains croisées derrière le dos, lui dit : «Sire, vous êtes reconnu. » L'empereur laissa aussitôt tomber ses bras, mais il était trop tard; déjà tout le monde s'éloignait pour lui faire place. Il va reprendre un troisième costume. Cette fois il entre dans la salle comme dans une caserne, poussant et bousculant tout autour de lui; et l'on vient lui dire à l'oreille : « votre majesté est reconnue. » Nouveau désapointement; nouveau costume, nouveaux avis, et même ré-

sultat jusqu'à la fin. Enfin il quitta l'hôtel des ambassadeurs, persuadé que l'empereur ne pouvait se travestir.

Un voyageur de l'île de France présenta dans ce temps à l'impératrice un singe femelle de la famille des orangs-outans. Elle la fit placer dans la ménagerie. Cette macaque était fort douce et fort paisible. Son maître lui avait donné une excellente éducation. Elle était ordinairement assise sur une chaise. Lorsque quelqu'un s'approchait d'elle, elle prenait un maintien décent, et ramenait sur ses jambes et sur ses cuisses les pans d'une longue redingote dont elle était vêtue, elle se levait, saluait en tenant toujours sa redingote fermée devant elle; elle avait toutes les manières d'une jeune fille bien élevée. Elle mangeait à table avec un couteau et une fourchette et très proprement. Elle aimait passionément les navets; une dame du palais lui en ayant montré, le naturel reprit un moment le dessus. Elle se mit à cabrioler, à faire des culbutes, oubliant tout-à-fait les leçons de modestie qui lui avait données son professeur. L'impératrice riait aux éclats de voir la macaque aux prises avec cette dame, dans un tel désordre d'ajustement.

Lorsqu'elle était indisposée, on la couchait dans un lit, vêtue comme une femme, d'une chemise et d'une camisole. Elle avait soin de ramener la couverture jusqu'à son menton, lorsqu'il entrait dans sa chambre quelqu'un de sa connaissance, elle lui faisait signe de la tête et lui prenait la main qu'elle serrait affectueusement. Elle témoignait beaucoup de reconnaissance des soins qu'on prenait d'elle. L'impératrice l'aimait beaucoup.

CHAPITRE IX.

Le roi d'Espagne à Bayonne. — Son abdication en faveur de Napoléon.—Joseph roi d'Espagne. — Le centenaire.—Entrevue d'Erfurth.--Napoléon en Espagne.

Après avoir séjourné quelque temps au château de St-Cloud, l'empereur partit le 2 avril pour visiter les départemens du midi; mais ce n'était qu'un prétexte pour détourner les conjectures; il allait aux frontières des Pyrénées pour s'y rencontrer avec le roi d'Espagne. Il se rendit à Bayonne. A peine Napoléon venait-il d'arriver au château de Merac, que les sons d'une musique champêtre frappèrent son oreille. L'empereur s'approcha de la fenêtre. Aussitôt dix femmes et sept hommes se mirent à danser, avec une grâce parfaite, une danse de caractère appelée la pamperruque; des flûtes et des guitares composaient l'orchestre. Les danseuses avaient des castagnettes et des tambours de basque; de petites jupes de soie bleue, brodées en argent, des bas roses également brodés, une coiffure de rubans noués capricieusement, donnaient un air mutin à leurs jolies figures, et de larges bracelets de velours noir rehaussaient la blancheur et la délicatesse de leurs bras nus. Les hommes, tous bien faits, portaient des culottes blanches justes, et bordées d'or à la jarretière, une veste lâche, chamarrée d'or, de longues aiguillettes, et les cheveux retenus dans de brillantes résilles. L'empereur resta à la fenêtre jusqu'à ce que la pamperruque fut finie; ensuite il envoya remercier et complimenter les danseurs.

Trois jours après, le roi et la reine d'Espagne arrivèrent, et Napoléon les entoura d'honneurs et de respects. Il recommanda surtout qu'on soignât le dîner, parce que ce roi passait pour être gourmand, la cuisine française était fort de son goût, et à chaque mets qu'on lui servait, il disait à la reine : « Louise, mange de » cela, c'est bon. » Et l'empereur dissimulait un sourrire.

Charles IV, après l'insurrection de Madrid, avait été contraint d'abdiquer en faveur de son fils Ferdinand, qui s'était mis à la tête des rebelles pour détrôner son père. Le roi détrôné avait d'abord résolu de passer en Amérique, mais changeant tout à coup de résolution, il était venu se mettre sous la protection de Napoléon. Arrivé à Bayonne, Charles IV, rétractant sa première abdication, en fit une seconde, mais en faveur de l'empereur des Français, ne lui demandant pour toute grâce ou récompense que la vie sauve de son ministre favori, le prince de la Paix, que son fils Ferdinand retenait prisonnier.

Le roi d'Espagne, débarrassé d'un trône qu'il avait toujours regardé comme un fardeau, et retiré dans une ville de France, pouvait désormais se livrer à ses goûts paisibles ; il en avait deux bien prononcés : la musique et l'horlogerie, et trois des plus forts magasins de France n'auraient pu contenir ce qu'il possédait en ce dernier genre ; son goût pour la musique se bornait à jouer du violon, qu'il cherchait inutilement à bien savoir. Il avait un maître très célèbre, avec lequel il aimait beaucoup à jouer des duos, mais il ne s'inquiétait jamais de la mesure et partait d'avance. Un jour que son maître lui en faisait respectueusement l'observation, le roi lui répondit froidement : « Il me semble, Monsieur, que je » ne suis pas fait pour vous attendre. »

Napoléon voulait faire échanger la couronne de Naples, que portait son frère Joseph, contre celle d'Espagne. Ce prince arriva alors à Bayonne. Les membres de la junte espagnole vinrent saluer le nouveau roi, qui partit ensuite pour Madrid.

L'empereur quitta Bayonne. En passant à Tarbes, on lui présenta un brave homme, nommé Printemps, âgé de 114 ans; il avait servi sous Louis XIV, Louis XV et Louis XVI Lorsqu'il fut en présence de l'empereur, il repoussa doucement deux de ses petits-fils, qui le soutenaient, en disant qu'il marcherait bien tout seul. Napoléon, avec émotion, fit la moitié du chemin, et se pencha avec bonté vers le centenaire, qui à genoux, sa tête blanche découverte, et les yeux pleins de larmes, lui dit d'une voix tremblante : « Ah! sire, j'avais bien peur de mourir avant de vous avoir vu. » L'empereur l'aida à se relever, le fit asseoir, et s'assit auprès de lui. « Je suis content de vous voir, bon père Printemps, bien content; vous avez entendu parler de moi dernièrement? » L'empereur avait fait à ce brave homme une pension reversible sur la tête de sa femme. Printemps mit la main sur son cœur, et dit : « Oui, j'ai entendu parler de vous ! » L'empereur prit plaisir à lui faire raconter ses campagnes, et le congédia avec cinquante pièces d'or dont il lui fit cadeau. L'empereur fut de retour aux Tuileries pour le jour de sa fête. C'est alors qu'on plaça sa statue sur la colonne de la place Vendôme.

Les deux empereurs Alexandre et Napoléon, en se séparant, à Tilsitt, avaient promis de se revoir avant la fin de l'année suivante. Cette entrevue était devenue plus nécessaire depuis les événemens d'Espagne, et depuis le débarquement d'une armée anglaise qui venait d'avoir lieu dans la Péninsule. Il était important que Napoléon et Alexandre s'entendissent sur la situation de l'Allemagne. Napoléon savait que l'Autriche et l'Angleterre s'étaient déjà rapprochées, et que l'Angleterre, aussitôt qu'elle avait appris les événemens de Bayonne, avait offert ses secours à l'archiduc Charles, pour favoriser ses prétentions au trône d'Espagne, en sa qualité d'héritier des droits de Charles IV. Napoléon demanda des explications au cabinet autrichien, qui avait fourni cent mille fusils à l'insurrection espagnole, tandis qu'on avait insulté des officiers français. Suivant son usage, le cabinet de Vienne se confondit en fausses protestations d'amitié, et colora de différens prétextes ses armemens, qu'il ne pouvait nier.

Il avait été décidé que l'empereur Alexandre et Napoléon se réuniraient à Erfurth, et la plupart des souverains formant la confédération du Rhin avaient été invités à assister à cette entrevue. L'empereur donna des ordres pour que des meubles magnifiques fussent apportés du garde-meubles de Paris pour orner les résidences des souverains qu'il convoquait. Il fit restaurer la salle de spectacle et fit venir les comédiens du Théâtre-Français. On donna continuellement de nombreuses et magnifiques fêtes. Un jour que les deux souverains amis assistaient à une représentation d'*OEdipe*, au moment où Philoctète, en parlant d'Hercule, dit :

L'amitié d'un grand homme est un bienfait des Dieux.

« Je l'éprouve tous les jours, » dit Alexandre en serrant fortement la main de Napoléon. Ces mots, entendus de tous les assistans, retentirent bientôt dans toute l'Europe. Mais Napoléon attachait à cette entrevue d'Erfurth un autre intérêt que celui de recevoir des hommages, celui d'une paix générale. Pénétré de ce désir, de concert avec Alexandre, qui se trouvait avoir les mêmes intérêts que lui, ils écrivirent au roi d'Angleterre. Mais le parti de l'Autriche était décidé ; elle continua ses organisations militaires. N'ayant point été appelée à Erfurth, elle ne reconnut pas le roi Joseph.

Le 14 octobre 1808, Alexandre et Napoléon se séparèrent, et ils prirent chacun la route de leurs états. Cinq jours après, Napoléon était à St-Cloud. Il n'y séjourna que dix jours ; il était sombre. L'impératrice, à son grand chagrin, ne devait point l'accompagner dans le prochain voyage qu'il allait faire en Espagne ; le caractère espagnol l'effrayait et lui faisait craindre pour les jours de l'empereur. Ses adieux furent pénibles. L'impératrice voulait absolument le suivre ; elle le suppliait à genoux et en larmes de lui permettre de l'accompagner. Il eut beaucoup de peine à la persuader qu'elle ne le pouvait. Au moment de partir, Napoléon passa dans son cabinet de toilette, et se faisant déboutonner son habit et son gilet, on lui passa autour du col un ruban de taffetas noir, après lequel était suspendu un petit sachet de la grosseur d'une noisette. Quel était l'objet de ce préparatif? c'était une dose de poison dont l'empereur jugea à propos de se munir à cette époque. La guerre qu'on allait faire en Espagne s'annonçait sous de tristes auspices.

Lorsque Napoléon arriva à Vittoria, il y trouva son frère et quelques grands d'Espagne qui n'avaient pas encore abandonné sa cause. L'arrivée de Napoléon au milieu de l'armée française électrisa les troupes, et le roi Joseph reprit quelque courage. On se mit en route pour aller s'établir à Burgos, qui fut emportée de vive force par les Français. L'empereur logea au palais de 'archevêché, et les grenadiers français bivouaquèrent sur la grande place. Pendant quelques heures, la ville avait été pillée. Des chaudières immenses, qui avaient été prises dans les couvents, étaient suspendues, pleines de viande, de volaille et de lapins, et chauffées par un feu fait avec des meubles, des guitares, des mandolines; les grenadiers, gravement assis sur des fauteuils de velours à bois dorés, la pipe à la bouche, veillaient leur cuisine en se communiquant leurs avis sur la campagne qui venait de s'ouvrir.

On partit pour Madrid. L'empereur voulait enlever le col de Somo-Sierra, position jugée jusqu'alors imprenable. Cette position, située entre deux montagnes à pic, gardée par douze mille insurgés et douze pièces de canon, défendait la capitale. On arriva dans un village appelé Basaguellas, situé à trois lieues de ce formidable défilé. A huit heures, la position fut attaquée et enlevée. Le lendemain, on arriva devant Madrid.

L'empereur recommanda la plus grande modération dans les attaques de la ville, ne voulant pas, disait-il, rendre à son frère une ville brûlée. Au bout de trois jours, la ville fut prise. Les Espagnols avaient beaucoup de respect pour tout ce qui est la propriété d'un roi, légitime ou non ; ce qui fait que le roi Joseph retrouva dans le palais qu'il avait été contraint de déserter, toutes les choses dans le même ordre où il les avait laissées, jusqu'au portrait de sa femme et celui de Napoléon ; pas un livre n'avait été déplacé.

Cependant la lutte continuait en Espagne. Le 27 janvier 1809, le Ferrol se rend au maréchal Soult, duc de Dalmatie, Vigo a capitulé ; enfin la grande ville de l'Aragon, la véritable citadelle de l'insurrection espagnole, Saragosse est emportée par le maréchal Lannes, duc de Montebello. Defendue par la rage et par le désespoir, Saragosse supporta vingt-huit jours de tranchée ouverte, après huit mois d'attaque. Tous les habitans, hommes, femmes, enfans, prêtres, moines, tous y combattaient ; tous périrent, et les Français prirent avec douleur possession de cette ville, dans laquelle il ne restait plus que les potences élevées pendant le siège pour y attacher ceux qui parlaient de se rendre. L'empereur se rendit à Valladolid. Il y régnait encore une fermentation assez forte. Quelques jours après son arrivée, un officier de cavalerie fut assassiné par des moines. L'empereur, irrité, fit fouiller leur couvent, et l'on trouva dans un puits le cadavre de l'officier, au milieu d'un amas considérable d'ossemens; le couvent fut supprimé. L'empereur voulait d'abord étendre cette mesure de rigueur sur tous les couvens, ensuite il se contenta d'indiquer une audience où tous les moines de Valladolid devaient comparaître devant lui. Ils vinrent par députation, et se précipitèrent aux pieds de l'empereur, qui les accabla de reproches ; il les traita d'assassins, de brigands, et leur dit qu'ils méritaient d'être tous pendus. Ces moines écoutaient en silence et avec humilité le terrible langage du vainqueur irrité. Napoléon leur fit signe de quitter leur posture suppliante. Ils se relevèrent, et plusieurs d'entre eux prirent les pans de son habit et les baisèrent ; les autres se répandirent autour de lui avec un empressement qui pouvait donner de l'inquiétude ; rien ne leur aurait été plus facile que de commettre un assassinat.

CHAPITRE X.

L'empereur de retour à Paris.—Invasion de la Bavière par les Autrichiens.— Prise de Ratisbonne.— Napoléon blessé.— Capitulation de Vienne.— Jeunes filles chez l'empereur.— Souper de l'empereur.— Affaires de Rome.— Bataille d'Essling.— Mort de Lannes.— Bataille de Wagram.— Le jeune conscrit.

L'empereur, de retour à Paris, y passa le reste de l'hiver à visiter les constructions du Louvre et de la rue de Rivoli, toujours avec M. Fontaine et avec ses autres architectes. Il voulait faire du Louvre le plus beau palais du monde; il voulait aussi faire réparer le château de Chambord, qu'il projetait de donner au prince de Neufchâtel. A la fin de février, l'empereur alla s'établir à l'Élysée; c'est là que fut rendu le décret impérial qui donnait à la princesse Élisa le grand-duché de Toscane, avec le titre de grande-duchesse. L'empereur allait au spectacle et donnait des bals et des concerts.

Mais le 13 avril 1809, à quatre heures du matin, il reçut la nouvelle d'une invasion de la Bavière par les Autrichiens, et partit pour Strasbourg avec l'impératrice, qu'il laissa dans cette ville, et passa le Rhin à la tête de son armée. Le 23, Napoléon est devant Ratisbonne, où le général autrichien a renfermé six régimens. Huit mille hommes de cavalerie, qui couvrent les approches de la ville, sont bientôt sabrés et forcés de repasser le Danube; l'infanterie arrive, l'artillerie bat en brèche, les échelles sont dressées, un bataillon monte à l'escalade, ouvre une poterne, et l'armée se précipite dans la place.

L'empereur reçut devant cette ville, au pied droit, une balle morte qui lui fit une forte contusion. On coupa et relaça sa botte; il remonta sur-le-champ à cheval. Avant de livrer une bataille, l'empereur recommandait toujours que dans le cas où il serait blessé, on le dérobât à la connaissance des troupes. « Si je suis tué, disait-il,
» qu'on tâche de gagner la bataille sans moi; il sera
» temps de le dire après. »

Napoléon, le 10, à neuf heures du matin, se voit aux

portes de Vienne. L'archiduc Maximilien veut défendre la ville; à neuf heures du soir, une batterie de vingt obusiers, construite à cent toises de la place, lance en moins de quatre heures dix-huit cents obus dans la cité, qui bientôt paraît tout en flammes. L'archiduchesse Marie-Louise était restée malade dans le palais; son frère Maximilien va se trouver forcé de l'abandonner. L'empereur apprend la pénible situation de la princesse et change la direction des batteries. L'archiduc, déçu dans ses espérances, donne le signal de la retraite et repasse les ponts. Le 12, de grand matin, une députation de quinze personnes, membres des états, se présente à Schœnbrunn et apporte la capitulation de la ville.

Tous les matins, à six heures, les troupes se rendaient pour la parade dans la cour d'honneur du château de Schœnbrunn, que l'empereur habitait. L'empereur venait alors se placer parmi ses généraux.

A l'une de ces revues, un jeune homme s'avance tout-à-coup vers Napoléon et lui adresse la parole en allemand. Napoléon, après l'avoir accueilli avec bonté, le renvoya au général Rapp, qui parlait sa langue; mais le jeune homme parut s'obstiner à s'approcher de l'empereur. Alors le général Rapp, en le repoussant, sentit une arme cachée. On l'entraîna, et l'on trouva sur ce jeune fanatique un couteau et un portrait. Conduit devant Napoléon, il déclara qu'il était venu pour l'assassiner, comme oppresseur de l'Allemagne. Napoléon voulait croire qu'il était malade ou fou. « Ni l'un, ni l'autre! » s'écria Stabs (c'était son nom). Napoléon, frappé de son assurance, lui promit sa grace s'il demandait pardon de son crime. « Vous tuer n'est point un crime, c'est un devoir. — Quel est ce portrait trouvé sur vous? — Celui de celle que je devais épouser. — Mais en me frappant, pouviez-vous espérer d'échapper? — Non! et je suis étonné d'exister encore.—Celle que vous aimez sera bien affligée. — Oui! elle sera affligée de ce que je vous ai manqué. Elle vous hait autant que moi-même. — Si je vous faisais grace. — J'en profiterais pour ne vous point manquer une seconde fois. » Stabs persista dans ses sentimens jusqu'au dernier instant. Il fut conduit au supplice en criant vive la liberté! vive l'Allemagne! Jusqu'au dernier instant, Napoléon fut prêt à pardonner, et peu s'en fallut que Stabs ne conservât la vie.

En passant la revue, Napoléon examinait pour ainsi dire chaque soldat un à un. Il interrogeait les yeux de chacun pour juger s'il était triste ou heureux; il visitait lui-même le sac des soldats, examinait leur livret, prenait souvent un fusil des mains d'un jeune homme frêle, pâle et souffrant, et lui disait : « C'est trop lourd pour toi. » C'était là que l'empereur faisait ordinairement ses promotions. Il demandait à un colonel quel était le plus brave officier de son régiment ; et la réponse était toujours franche. L'empereur s'adressait alors à tous les officiers réunis, leur faisait la même question, et la réponse était presque toujours semblable. « Alors, di-» sait l'empereur, je te fais baron. » Napoléon fit une pension de 1,200 fr. à un soldat qui faisait sa première campagne, et qui avait traversé un escadron ennemi emportant sur ses épaules son général blessé, et le défendant comme il eût défendu son père.

Un jour, se promenant le matin aux environs de Schœnbrunn, l'empereur rencontra une jeune personne qui lui parut charmante. Il chargea quelqu'un de voir de sa part cette jeune personne, et de lui donner un rendez-vous au château pour le lendemain soir. La jeune fille, enthousiasmée par l'éclat d'un nom si illustre, consentit avec empressement à se rendre au château. A l'heure indiquée, on vint la prendre, et on l'introduisit dans la chambre de l'empereur; elle ne parlait pas français, mais elle savait parfaitement l'italien; en conséquence, il fut aisé à l'empereur de causer avec elle. Il apprit avec surprise que cette charmante demoiselle appartenait à une famille très distinguée de Vienne, et qu'en venant le voir elle n'avait été inspirée que par le désir de lui témoigner son admiration. L'empereur, désabusé, respecta l'innocence de la jeune fille, la fit reconduire chez ses parens, et lui fit remettre de sa part une dot considérable.

Roustan, le mameluck de l'empereur, ne le quittait jamais, et quelque part que son maître passât la nuit, il couchait en travers de la porte. Il se trouvait donc à Schœnbrunn. Un soir qu'il avait couru toute la journée à franc étrier pour le service de son maître, voyant avec des yeux d'envie une petite bonnette d'osier couverte en toile cirée et fermant à clef, dans laquelle se trouvait le souper de l'empereur, et dont il n'usait presque jamais, Roustan dit : « Moi bien faim. » L'empereur était couché. Le premier valet-de-chambre permit à Roustan d'attaquer les provisions. Le mameluck bien content, mange une aile de poulet, ensuite une cuisse, et se disposait à y retourner, lorsqu'on entend la sonnette de l'empereur : c'est son souper qu'il demande. Quel cruel embarras! il est impossible à pareille heure de s'en procurer un autre. Le valet-de-chambre prend son parti ; il retourne le poulet sur le plat, et entre fièrement chez l'empereur. Pensant que c'est lui qui doit découper, il détache l'aile qui reste et la présente à l'empereur ; l'empereur refuse en demandant le poulet pour choisir son morceau lui-même. Cette fois, aucun moyen de se sauver ; il fallut que le poulet démembré passât sous les yeux de Sa Majesté. « Tiens, dit l'empereur, depuis quand les poulets n'ont-ils qu'une cuisse et qu'une aile? C'est bien! il paraît qu'il faut que je mange les restes des autres. Eh qui donc mange ainsi la moitié de mon souper ? » Roustan, tout confus, répondit : « Moi avoir faim, sire ; moi ai mangé la cuisse et l'aile..... — Comment, drôle! c'est toi? Ah! que je t'y reprenne! » et l'empereur lui tira l'oreille en riant de tout son cœur.

Cependant Napoléon ayant appris que le saint Père était devenu, en Italie, un des chefs les plus dangereux de la coalition, et l'instrument le plus puissant dont se servait l'Angleterre pour exciter et alimenter les divisions et les complots, avait proposé un traité en vertu duquel Pie VII continuait de résider à Rome, avec un revenu de 2,000,000 ; mais il devait consentir à la réunion de ses états à l'empire français, proposition à la suite de laquelle le pape avait lancé une excommunication contre Napoléon.

La guerre avait recommencé en Allemagne. Un jour le maréchal Lannes, duc de Montebello, entra chez l'empereur qui était entouré de plusieurs personnes. Lannes avait conservé le droit de dire franchement sa pensée. Voyant le duc de *** qui affectait toujours de se mettre entre l'empereur et ceux qui lui parlaient, il le prit par le revers de son uniforme, et lui faisant faire la pirouette il lui dit : « Ote-toi donc de là ! l'empereur
» n'a pas besoin que tu le gardes ici. Au champ de ba-
» taille c'est tout différent, tu es toujours si éloigné
» de nous qu'on ne te voit jamais ; mais ici on ne peut
» rien dire à l'empereur sans rencontrer ta figure. » Le duc était furieux ; mais l'empereur se contenta de dire :
« Doucement, Lannes ! »

Le 22 mai 1809, dix jours après l'entrée triomphante de l'empereur dans la capitale de l'Autriche, se livra la bataille d'Essling. Le duc de Montebello, prêt à monter à cheval pour se rendre à l'île de Lobau, vit le docteur Lannefranque, et lui dit en souriant tristement : « Au
» revoir, docteur ! vous ne tarderez probablement
» pas à venir nous retrouver ; il y aura de la beso-
» gne aujourd'hui pour vous....... et pour ces mes-
» sieurs, ajouta-t-il en montrant plusieurs chirurgiens
» et pharmaciens qui se trouvaient avec le docteur.—
» Monsieur le duc, répondit M. Lannefranque, cette
» journée ajoutera encore à votre gloire.—Ma gloire !
» interrompit vivement le maréchal, je n'ai pas une

» bonne idée de cette affaire. Au reste, quelle qu'en soit
» l'issue, ce sera ma dernière bataille.» Le maréchal mit
son cheval au galop et disparut.

Il était sept heures, et la bataille avait commencé à
quatre. Une grande partie des Autrichiens étaient déjà
vaincus, lorsque la crue subite du Danube mit à flot un
grand nombre de gros arbres coupés lors de la prise de
Vienne, et ces arbres brisèrent les ponts qui servaient
de communication entre Essling et l'île de Lobau; de
sorte que les parcs de réserve et le corps tout entier du
maréchal Davoust restaient dans une inaction forcée sur
l'autre rive. Ce contre-temps changea les dispositions
de l'empereur. Alors le duc de Montebello, au lieu de
continuer à poursuivre l'ennemi, reçut l'ordre de garder le champ de bataille. Le duc tint bon depuis neuf
heures du matin jusqu'à six heures du soir. Il était alors
à observer les mouvemens de l'armée, lorsqu'il fut frappé
d'un boulet qui lui brisa les deux genoux. Croyant qu'il
n'avait plus que quelques minutes à vivre, il se fit transporter auprès de l'empereur, qu'il voulait embrasser,
disait-il, avant de mourir. L'empereur, en le voyant
baigné dans son sang, fit poser le brancard à terre, et,
se jetant à genoux, il prit le maréchal dans ses bras et
lui dit en pleurant : « Lannes, me reconnais tu?— Oui,
» sire...; vous perdez votre meilleur ami.— Non, non,
» tu vivras. N'est-il pas vrai, M. Larrey, ajouta-t-il en
» s'adressant à ce fameux chirurgien de ses armées,
» n'est-il pas vrai que vous répondez de ses jours? »

On porta le maréchal dans une mauvaise maison qui

était entourée de cadavres ; il faisait une chaleur étouffante, et la mauvaise odeur était insupportable. On ne trouva rien de mieux. Le maréchal supporta l'amputation d'une cuisse avec un courage héroïque ; mais la fièvre se déclara avec une telle violence que, craignant qu'il ne mourût dans l'opération, les chirurgiens différèrent à couper l'autre jambe ; enfin ils s'y décidèrent : alors la fièvre prit le caractère le plus alarmant. Lannes demanda à voir l'empereur. Dès qu'il parut, il se fit un profond silence ; alors, d'une voix encore haute et ferme le maréchal lui adressa ces paroles : « Si je te rappelle
» mes services, ce n'est pas pour t'intéresser à ma fa-
» mille ; je n'ai pas besoin de te recommander ma femme
» et mes enfans : puisque je meurs pour toi, ta gloire
» t'ordonne de les protéger, et je ne crains pas, en t'a-
» dressant ces derniers reproches de l'amitié, de chan-
» ger tes dispositions à leur égard. Tu viens de faire
» une grande faute, et quoiqu'elle te prive de ton meil-
» leur ami, elle ne te corrigera pas. Ton ambition est
» insatiable, elle te perdra. Tu sacrifies, sans ménage-
» mens, sans nécessité, les hommes qui te servent le
» mieux, et quand ils meurent, tu ne les regrettes pas.
» Tu n'as autour de toi que des flatteurs ; je ne vois
» pas un ami qui ose te dire la vérité. On te trahira, on
» t'abandonnera. Hâte-toi de finir cette guerre, c'est le
» vœu général. Tu ne seras jamais plus puissant, mais
» tu peux être bien plus aimé. Pardonne ces vérités à
» un mourant... ; ce mourant te chérit..... »

Le maréchal, en finissant, tendit la main à l'empereur, qui l'embrassa en pleurant et sans répondre. Le maréchal rendit le dernier soupir le 31 mai ; il avait à peine quarante ans.

Cependant la bataille était gagnée, mais il en coûtait onze mille Français.

Le roi de Naples, Joachim Murat, ayant vainement tenté d'obtenir de la consulte française le renvoi du pape, fit demander au saint Père une réponse catégorique sur la proposition de Napoléon de consentir à la réunion de ses états à ceux de la France. Pie, qui y avait déjà répondu par l'excommunication, refusa de répondre autrement. Alors le général Radet fut chargé de menacer sa Sainteté d'un enlèvement. Pie VII fit barricader son palais et s'y renferma, attendant l'événement. On escalada les murs. Alors le pontife n'opposa aucune résistance ; il monta dans une calèche, et partit comme un criminel d'état sous l'escorte de la gendarmerie. Napoléon n'avait point ordonné cette mesure, mais il jugea que l'Europe n'attribuerait qu'à lui une action si audacieuse ; il prit sur lui, par son silence, l'enlèvement du pape. Il donna des ordres pour que le saint Père fût mis en possession du palais épiscopal de Savone, avec 100,000 francs par mois. Mais Pie VII n'accepta rien que la chambre qu'il était forcé d'occuper au palais.

La ville de Neudstadt était le point de réunion des divisions de l'armée d'Italie. Depuis la bataille d'Essling, Napoléon méditait de nouvelles opérations. Bientôt tous les corps de la grande armée sont réunis sous l'étendard impérial. L'armée se range fièrement en bataille sur la rive gauche du Danube. Les plaines de Marchfeld sont le théâtre où le sort de l'Autriche va se décider. Napoléon avait passé la nuit à diriger lui-même, à pied, le passage de ses colonnes sur tous les ponts. Aux premiers rayons du jour, les deux armées s'observent. A midi les Français se portent en avant; et bientôt l'archiduc Charles dut évacuer Enzersdorf, qui ne tarda pas à paraître en flammes. L'archiduc a pris retraite sur Wagram. Mais à l'instant où Napoléon va donner la bataille, les Autrichiens prennent l'offensive. L'armée s'étend sur quatre mille toises de longueur; Napoléon les parcourt avec la rapidité de l'éclair, et en courant il désigne de la main à ses maréchaux les hauteurs du Russbach, de Neusiedel, Baumersdorf, Wagram : pantomime éloquente, terrible, que chaque chef comprend, que chaque soldat est prêt à exécuter. Un vivat général répond à cet ordre muet de vaincre ou de mourir. L'attaque commence à Aderklaa, poste important pour les deux armées; les succès se balancent. Tout-à-coup un aide-de-camp de Masséna vient avertir l'empereur que le général Boudet, repoussé dans l'île de Lobau, a perdu ses canons. Napoléon regarde la tour de Neusiedel, et voit le feu de Davoust qui la dépasse. « Allez, dit-il à l'aide-de-camp; courez dire à Masséna qu'il attaque, et que la bataille est gagnée. » Cependant l'heure de la victoire n'est pas encore arrivée; à la suite d'une horrible mêlée le sol se couvre de morts et de blessés. Le général Lasalle tombe victime de sa bouillante ardeur; la balle d'un fantassin venait de l'atteindre au front. La nuit arriva; les combats cessèrent. La perte des armées était à peu près égale de part et d'autre : cinquante mille hommes couvraient le champ de bataille. Outre le général Lasalle, les Français eurent à regretter deux autres généraux et sept colonels; le maréchal Bessières et vingt généraux étaient blessés. Napoléon embrassa Macdonald et le nomma maréchal, ainsi qu'Oudinot et Marmont.

Le quartier-général fut établi à Walkersdorf. Bernadotte s'y présenta; mais Napoléon ne voulut pas le recevoir : Bernadotte s'était montré faible à Austerlitz; à Auerstadt, il laissa Davoust se battre seul contre le roi de Prusse; il venait d'attaquer mollement Wagram, sous prétexte qu'il se voyait trop aventuré. Après la bataille d'Essling, il osa dire à Napoléon que l'armée française n'était plus celle de 1795. L'empereur lui répondit : « Mon armée est toujours la même; il n'y a de changé que quelques hommes que je ne reconnais plus. »

Au point du jour, le combat recommence. Masséna enlève la ville de Kerneubourg; après une autre affaire très vive, Masséna s'empare d'Hollabrünn; et il était près de prendre Guntersdorf, lorsqu'il apprit que l'empereur venait de signer un armistice d'un mois.

L'empereur voulut que l'on célébrât le jour de sa fête à Vienne par des récompenses militaires. Il nomma Berthier prince de Wagram, Davoust prince d'Eckmulh, et Masséna prince d'Essling. Les soldats eurent aussi leur part.

Dans une de ses promenades autour de Vienne, l'empereur rencontra un jeune conscrit qui rejoignait son corps. L'empereur, surpris de sa jolie figure et de ses cheveux blonds bouclés comme ceux d'un enfant, l'arrête, lui demande son nom, son âge, son régiment, son

pays, voyant bien qu'il n'était point reconnu. « Mon-
» sieur, répond le soldat d'une voix douce, je m'appelle
» Martin, j'ai dix-sept ans, et je suis des Hautes-Pyré-
» nées. — Tu es donc Français? dit l'empereur en af-
» fectant un maintien sévère. — Oui, monsieur. — Ah!
» tu es un coquin de Français! ajouta l'empereur en
» élevant la voix. Qu'on désarme cet homme, et qu'on
» le pende..... — Oui, je suis Français! répète le jeune
» homme avec énergie, et vive l'empereur! » L'empereur rit beaucoup, détrompa le conscrit, le félicita, et
lui fit donner une récompense.

Cependant la paix fut signée; elle donnait 85,000,000
de contributions. Par ce traité, l'Autriche abandonnait
à la France un grand nombre de provinces. Alors Napoléon quitta la capitale de la Bavière et revint à Fontainebleau.

CHAPITRE XI.

Divorce de Napoléon.

L'empereur avait voyagé avec une telle diligence,
qu'il arriva vingt-quatre heures plus tôt qu'il ne l'avait
annoncé : ce qui fait qu'il ne trouva personne au château pour le recevoir. Il en fut vivement contrarié sans
pouvoir accuser personne. Mais voyant un de ses courriers qui s'apprêtait à descendre de cheval, il lui dit:
« Tu te reposeras demain : cours à Saint-Cloud, tu an-

nonceras mon arrivée. » Le pauvre courrier, déjà rendu de fatigue, se remit à galoper. Il était impossible que le service pût arriver avant le soir; il fallut se résoudre à attendre jusque-là. L'empereur visita les appartemens neufs qu'il avait fait construire. Après s'être bien promené, il s'assit en donnant des signes d'impatience; il demandait l'heure à tout moment. Enfin il demanda ce qu'il fallait pour écrire. A cinq heures il vint une voiture de Saint-Cloud. L'empereur l'entendant rouler dans la cour descendit précipitamment, croyant qu'elle amenait Joséphine. Un valet de pied ouvre la portière; et l'empereur demande à ceux qui en descendent où était l'impératrice. On lui répondit qu'elle ne s'était fait précéder que d'un quart-d'heure. « C'est bien heureux! » reprit l'empereur en tournant brusquement le dos. Puis il remonta dans la bibliothèque où il s'était établi pour travailler. L'impératrice arriva à six heures; il était nuit. L'empereur, cette fois, ne descendit pas; mais sachant qu'elle venait d'entrer, il continua d'écrire sans se déranger pour l'aller recevoir. C'était la première fois qu'il agissait ainsi. L'impératrice le trouva assis dans la bibliothèque. « Ah! vous voilà, madame? dit il à Jo-
» séphine; vous faites bien, car j'allais partir pour
» Saint-Cloud. » Et pendant ce temps il fixait sur elle ses yeux remplis de sévérité. L'impératrice voulut s'excuser; mais l'empereur l'interrompit par des paroles qui portèrent un coup douloureux au cœur de Joséphine et lui firent venir les larmes aux yeux. Alors Napoléon, qui s'en aperçut, convint de ses torts et lui en demanda pardon. La querelle finit là; les deux époux s'em-

brassèrent, et Joséphine passa dans son appartement pour faire sa toilette. Sur les sept heures et demie, l'impératrice reparut, habillée avec beaucoup de goût : elle était coiffée en cheveux avec des épis d'argent et des fleurs bleues; sa robe était de satin blanc bordée d'hermine. L'empereur interrompit son travail pour la regarder; il y avait du regret dans ce regard-là.

Presque toujours, depuis ce moment, l'empereur se montra contraint; une douleur profonde se peignait dans les traits de Joséphine. Cet état de gêne devint si visible, qu'il ne tarda pas à frapper tous les yeux. Le séjour à Fontainebleau était triste et même ennuyeux; on revint à Paris. Mais l'impératrice paraissait de plus en plus affectée. La cour se perdait en conjectures. Le front de l'empereur se rembrunissait tous les jours. Les communications de son appartement à ceux de l'impératrice furent fermées. Elle semblait deviner que l'instant du malheur était arrivé; et l'on voyait qu'elle cherchait à rassembler toutes ses forces pour le supporter avec courage.

Un jour leurs majestés se mirent à table. Joséphine portait un grand chapeau pour cacher la trace de ses larmes et la décomposition de ses traits; elle faisait de violens efforts pour retenir ses pleurs qui s'échappaient malgré ses soins. Elle présentait l'image de la douleur et du désespoir. Le plus profond silence régna pendant le dîner, auquel on ne toucha point. Napoléon se leva de table; Joséphine le suivit, en tenant son mouchoir sur sa bouche pour comprimer ses sanglots. Mais à l'instant où elle allait lui servir son café, il le prit lui-même des mains d'un page, et dit qu'il voulait être seul. Alors il regarda l'impératrice, qui était restée debout comme frappée de stupeur. Au bout de quelques instans, on entendit des cris déchirans. L'impératrice était tombée à terre, et se débattait dans un état d'exaltation qu'il est impossible de décrire; elle s'écriait : « Non, » vous ne le ferez pas! vous ne voudrez pas me faire » mourir! » L'empereur dit au préfet du palais : « Êtes-» vous assez fort pour porter l'impératrice jusque chez » elle? » Il fut obéi; et l'empereur, prenant lui-même un flambeau, marcha devant lui pour l'éclairer. On déposa Joséphine sur un canapé. L'empereur passa dans une chambre à côté; il paraissait hors de lui. « L'intérêt de la France et de ma dynastie, dit-il, en mettant un long intervalle entre ses phrases pour prendre le temps de respirer, a fait violence à mon cœur.. Le divorce est devenu un devoir rigoureux pour moi..... Je suis d'autant plus affligé de la scène que vient de faire Joséphine..., que depuis trois jours elle a dû savoir par Hortense... la malheureuse obligation qui me condamne à me séparer d'elle..... Je la plains de toute mon ame; je lui croyais plus de caractère..., et je n'étais pas préparé aux éclats de sa douleur....... » Pendant qu'il s'exprimait ainsi, sa voix était émue, oppressée, et des larmes mouillaient ses yeux. Toute cette scène ne dura pas plus de huit minutes.

La reine de Hollande, Hortense, et M. Corvisart, médecin ordinaire de l'empereur, se rendirent auprès de l'impératrice, qui passa une très mauvaise nuit. L'empereur ne dormit point, et il se leva plusieurs fois pour demander des nouvelles de l'impératrice. Le roi de Naples, Jérôme, roi de Westphalie, le roi de Wurtemberg et les reines et princesses de la famille impériale arrivaient à Paris pour assister aux fêtes que la capitale devait donner à l'empereur, en réjouissance des victoires et de la paix d'Allemagne, en même temps que pour célébrer l'anniversaire du couronnement. Le Corps-Législatif allait s'ouvrir, c'était là que devait être signé l'acte du divorce. Jusque-là l'impératrice fut forcée d'être présente à toutes les solennités et à toutes les fêtes; il fallait qu'elle dissimulât les ravages d'un mois passé dans les tourmens et dans les larmes. Parmi les princes se trouvait le prince Eugène, qui fut chargé par l'empereur de la mission déchirante de disposer la triste Joséphine à briser le nœud qui l'unissait à un époux qu'elle n'avait jamais cessé d'adorer. Le prince devait ainsi se dépouiller lui-même du magnifique héritage qu'il avait su défendre par ses armes, et que lui aurait garanti la continuation du bonheur de sa mère. Napoléon avait bien choisi son interprète : Eugène donna la preuve de l'héroïsme de la reconnaissance. Joséphine et lui, par le sacrifice de deux couronnes, allaient donner au monde l'exemple du dévouement le plus rare.

Le 3 décembre 1809, un *Te Deum* fut chanté; ensuite le cortége impérial se mit en marche pour le Corps-Législatif, et l'ouverture de la session se fit avec une grande magnificence. L'arrivée de l'empereur causa un enthousiasme inexprimable. L'impératrice sembla se ranimer et jouir de ces témoignages d'affection pour celui qu'elle aimait si tendrement et qui allait cesser d'être son époux; mais dès qu'il commença à parler, elle retomba dans ses réflexions douloureuses. L'empereur avait le costume du sacre. Au grand couvert qui eut lieu ensuite, il était placé en face de l'impératrice, en robe lamée, couverte de diamans, mais le visage plus souffrant encore que le matin. Le lendemain, il y eut une fête magnifique à l'Hôtel-de-Ville. L'impératrice y montra sa grace ordinaire; ce fut la dernière fois qu'elle parut en grande cérémonie.

Lorsque le prince Eugène avait appris la terrible mesure que les circonstances allaient rendre nécessaire, il s'était rendu chez l'empereur, et lui avait demandé s'il était vrai que le divorce dût avoir lieu. L'empereur fit un signe affirmatif et tendit la main à son fils adoptif. « Sire, dit le prince Eugène, permettez que je vous
» quitte. — Comment! — Oui, sire; le fils de celle qui
» n'est plus l'impératrice ne peut rester vice-roi. Je sui-
» vrai ma mère dans sa retraite; je la consolerai. — Tu
» veux me quitter, Eugène? toi! Eh! ne sais-tu pas
» combien sont impérieuses les raisons qui me forcent
» à prendre un tel parti? Et si je l'obtiens, ce fils objet
» de mes plus chers désirs, ce fils qui m'est si néces-
» saire, qui me remplacera auprès de lui lorsque je serai
» absent? qui lui servira de père si je meurs? qui l'é-
» lèvera, qui fera un homme de lui? »

Enfin le jour fatal arriva, c'était le 15 décembre. La famille impériale se réunit en grand costume. L'impératrice était vêtue d'une robe blanche toute simple; elle était pâle, mais calme, et s'appuyait sur le bras de la reine Hortense, aussi pâle et bien plus émue que sa

mère. Le prince Eugène était debout, à côté de l'empereur, les bras croisés, et agité d'un tremblement si violent qu'on s'attendait à le voir tomber. L'impératrice s'assit au milieu du salon avec beaucoup de dignité; mais ses joues étaient sans cesse sillonnées de larmes. La reine Hortense cherchait à étouffer ses sanglots. Le prince Cambacérès, archi-chancelier de l'empire, et le comte Renauld, secrétaire de l'état-civil de la maison impériale, avaient été appelés, par lettres-closes, dans le cabinet de l'empereur. L'empereur, s'adressant au prince archi-chancelier, lui dit : « La politique de ma
» monarchie, l'intérêt et le besoin de mes peuples, qui
» ont constamment guidé toutes mes actions, veulent
» qu'après moi je laisse à mes enfans, héritiers de mon
» amour pour mes peuples, ce trône où la Providence
» m'a placé. Cependant, depuis plusieurs années j'ai
» perdu l'espérance d'avoir des enfans de mon mariage
» avec ma bien-aimée épouse l'impératrice Joséphine;
» c'est ce qui me porte à sacrifier les plus douces affec-
» tions de mon cœur, à n'écouter que le bien de l'état
» et à vouloir la dissolution de notre mariage. Parvenu
» à l'âge de quarante ans, je puis concevoir l'espérance
» de vivre assez pour élever dans mon esprit et dans
» ma pensée les enfans qu'il plaira à la Providence de
» me donner..... Ma bien-aimée a embelli quinze ans
» ma vie...; elle a été couronnée de ma main; je veux
» qu'elle conserve le rang et le titre d'impératrice. »

L'impératrice Joséphine prit ensuite la parole et dit :
« Je me plais à donner à notre auguste et cher époux
» la plus grande preuve d'attachement et de dévouement

» qui ait jamais été donnée sur la terre. Je tiens tout de
» ses bontés; c'est sa main qui m'a couronnée; et, du
» haut du trône, je n'ai reçu que des témoignages d'af-
» fection et d'amour du peuple français. Je crois re-
» connaître tous ces sentimens en consentant à la dis-
» solution d'un mariage qui, désormais, est un obstacle
» au bien de la France et qui la prive du bonheur d'être
» un jour gouvernée par les descendans d'un grand
» homme, évidemment suscité par la Providence pour
» effacer les maux d'une terrible révolution et pour ré-
» tablir l'autel, le trône et l'ordre social..... »

L'empereur, l'impératrice, et tous les membres de la famille impériale, signèrent l'acte qu'ils venaient de faire de la dissolution de leur mariage. Le prince Eugène, qui avait fait des efforts inouïs pour se contraindre, tomba évanoui dès qu'il eut quitté la salle.

Pendant cette terrible cérémonie, l'empereur ne dit pas un mot, ne fit pas un geste, il était immobile, les yeux fixes et presque égarés. Il fut silencieux et morne toute la journée. Le soir, à l'instant où il allait se coucher, l'impératrice entre les cheveux en désordre, la figure décomposée; elle s'avance vers le lit de l'empereur, tombe à genoux et pleure d'une manière déchirante; elle tombe sur le lit, passe ses bras autour du cou de l'empereur et lui prodigue les caresses les plus touchantes: l'empereur ne peut retenir ses larmes, il se lève sur son séant et serre Joséphine dans ses bras et sur son sein, en lui disant: « Allons! ma bonne Joséphine, sois plus raisonnable. Allons! du courage, du courage; je serai toujours ton ami. » Alors, pendant quelques minutes leurs larmes et leurs sanglots furent confondus. Mais au bout d'une heure l'impératrice retourna chez elle, toujours en larmes. Le lendemain l'empereur était sombre et morne. C'était ce jour là que Joséphine devait quitter les Tuileries pour n'y jamais rentrer. Toutes les personnes qui occupaient le château s'étaient réunies pour voir, encore une fois, cette impératrice détrônée, condamnée à une obéissance si cruelle. Tous les cœurs la suivaient dans son exil, on se regardait sans oser se parler. Enfin Joséphine parut, un de ses bras était passé sur l'épaule de l'une de ses dames, et de l'autre main elle tenait son mouchoir sur ses yeux; ce fut un concert de lamentations à déchirer l'âme, lorsque cette femme adorée traversa le court espace qui la séparait de sa voiture. Elle y monta sans jeter un regard derrière elle, et les chevaux partirent rapidement.

Quelques heures après l'empereur partit pour Versailles, l'assentiment du sénat ne fut pas unanime pour voter le divorce. Il y eut néanmoins le nombre de voix exigé par les lois. Mais la majorité intérieurement était contre. La France, qui aimait Joséphine et pour qui Napoléon n'avait pas eu besoin d'aïeux, blâma cette action, qui la séparait en quelque sorte de son héros et de son empereur, présumant qu'il allait contracter une alliance étrangère et royale.

LIVRE QUATRIÈME.

CHAPITRE PREMIER.

Mariage de Napoléon avec Marie-Louise.— Détails sur elle.— Incendie de l'hôtel du prince de Schwartzemberg.— Réunion de la Hollande à la France.

Napoléon s'occupa immédiatement de son nouveau mariage. Trois princesses convenaient presque également : la princesse royale de Saxe, une grande duchesse de Russie et une archiduchesse d'Autriche. Les pourparlers eurent lieu. La réponse de Pétersbourg annonçait que l'empereur Alexandre désirait donner sa sœur à l'empereur des Français, mais que l'impératrice mère demandait plusieurs mois pour se décider, c'était un refus mal coloré. L'empereur ne pouvait attendre sans s'exposer à perdre les dispositions favorables que montrait l'Autriche. Le projet de l'alliance avec la maison de Saxe n'avait pas tenu devant les facilités offertes par l'Autriche; l'ambition de Napoléon se trouvait plus satisfaite du consentement de Vienne que de celui de Dresde. La princesse de Saxe n'était déjà plus d'assez bonne maison pour le mari de Joséphine.

Le prince Eugène fut contraint de conclure et de signer le dernier acte politique qui deshéritait sa mère, c'est-à-dire la convention du mariage de Napoléon avec l'archiduchesse Marie-Louise.

Le 3 mars 1810, le prince de Neufchâtel, chargé de demander la main de cette archiduchesse, arriva à Vienne. Le même jour Napoléon déclara le titre de grand-duc de Francfort reversible sur la tête d'Eugène après la mort du prince primat.

Cependant, le prince de Neufchâtel avait épousé solennellement, au nom de son souverain, la fille de l'empereur François. Le 13, cette princesse quitta Vienne, accompagnée de plus de trois cents personnes et de douze chambellans. L'impératrice ne voyageait qu'à petites journées et une fête l'attendait dans chaque ville qui se trouvait sur son passage. Tous les jours l'empereur lui envoyait une lettre de sa main, et elle y répondait régulièrement; les premières lettres de l'impératrice furent courtes et froides, mais les suivantes s'animèrent, et l'empereur les lisait avec des transports de plaisir. Il maudissait à chaque instant le cérémonial et les fêtes qui retardaient l'arrivée de sa jeune épouse. Lorsqu'il apprit que l'impératrice n'était plus qu'à dix lieues de Soissons, il ne put contenir son impatience, il commande une voiture sans livrée; voulant surprendre Marie-Louise par une coquetterie de gloire, il se vêtit de la redingote grise qu'il avait portée à Wagram. Ensuite il monta en voiture avec le roi de Naples: en entrant dans le petit village de Courcelles, il vit le dernier courrier, qui ne précédait que de quelques minutes les voitures de l'impératrice. Il pleuvait par torrens, l'empereur, pour se mettre à l'abri, descendit sous le porche de l'église du village, et lorsque la voiture de l'impératrice passa, il fit signe au postillon d'arrêter; l'écuyer qui était à la portière de l'impératrice, apercevant l'empereur, se hâta de baisser le marche-pied et d'annoncer l'empereur; Napoléon embrassa Marie-Louise qui, tenant à la main le portrait de son époux, lui dit avec un gracieux sourire : « Sire, votre portrait n'est pas flatté. » On avait préparé à Soissons un magnifique souper pour l'impératrice et pour son cortége; mais l'Empereur ordonna de passer outre et de pousser jusqu'à Compiègne, sans avoir égard au cérémonial, à l'appétit des officiers et des dames de l'impératrice. Étant arrivé à Compiègne, l'empereur présenta lui-même sa main à l'impératrice, et la conduisit à son appartement. Il ne voulut point qu'un homme eût avant lui approché et touché sa jeune épouse, et il était si délicat sur ce point, qu'il avait défendu lui-même au sénateur Beauharnais, chevalier d'honneur de l'impératrice, de présenter la main à sa majesté impériale, quoique ce fût un des priviléges de sa place. L'empereur devait, suivant le programme, se séparer de l'impératrice pour aller coucher à la chancellerie, mais il n'en fit rien. Le lendemain il demanda si l'on s'était aperçu de l'accroc qu'il avait fait au programme. On lui répondit que non, au risque de mentir.

Le lendemain, l'empereur et l'impératrice firent leur entrée solennelle dans la capitale, au milieu d'une foule immense de peuple. Ils reçurent la bénédiction nuptiale du grand aumônier de France, le cardinal Fesch : on avait disposé en chapelle une salle de la galerie du Louvre, avec des tribunes pour les rois, les autres souverains et les ambassadeurs. Les rois, reines, princes et princesses de la famille impériale, assistèrent à cette majestueuse solennité : quelques cardinaux s'abstinrent de paraître ; ce furent ceux qui voulaient soutenir les droits du sacre pontifical donné à Joséphine. Enfin, plus de huit mille personnes se trouvèrent réunies. Pendant toute cette journée, la cour et la ville furent dans les fêtes : cependant on se souvenait du mariage de l'archiduchesse Marie-Antoinette, et cette pensée jetait de la tristesse dans les esprits. Les témoins du mariage de Louis XVI avaient prédit une issue funeste à la nouvelle alliance avec la maison d'Autriche, et chacun sait que cette sombre prophétie ne fut que trop accomplie.

Napoléon aimait beaucoup sa jeune épouse ; il avait pour elle de continuelles attentions et toute sa conduite était celle d'un amant vivement épris. L'impératrice Marie-Louise avait à peine dix-neuf ans ; ses cheveux étaient blonds, ses yeux bleus, sa démarche noble et sa taille imposante ; sa main et son pied auraient pu servir de modèle ; elle se tenait dans une réserve de hauteur devant la cour, mais elle était fort tendre avec l'empereur et toute dévouée à ses volontés. L'empereur fit un jour le parallèle de ses deux épouses. « Joséphine, disait-il, était l'art et les graces, Marie-Louise, l'innocence et la simplicité. » Dans le reste du parallèle il paraissait vouloir donner l'avantage à Marie-Louise, mais à cet effet il lui prêtait des qualités qu'elle n'avait pas, et il exagérait beaucoup celles qu'elle avait. L'empereur accordait à Marie-Louise 500,000 francs pour sa toilette. Mais jamais à beaucoup près elle n'a dépensé cette somme. Elle avait peu de goût, elle s'habillait sans grace. L'empereur assistait à sa toilette les jours où il voulait qu'elle fût bien. Il essayait lui-même les parures sur le col ou sur les bras de l'impératrice. L'empereur était un excellent mari, sous ce rapport il était digne de servir de modèle à ses sujets; cependant il n'aima jamais Marie-Louise comme il avait aimé Joséphine. La bonne et touchante Joséphine avait un charme, une bonté, un esprit, un dévouement à son époux que l'empereur connaissait et dont il avait senti tout le prix. Marie-Louise était plus jeune, mais froide, peu gracieuse, réservée, peu expansive; jamais elle ne fit oublier Joséphine aux personnes qui avaient eu le bonheur d'approcher d'elle.

L'empereur ne voulait pas, disait-il, qu'un homme au monde pût se vanter de s'être trouvé en tête-à-tête avec l'impératrice pendant deux minutes, il réprimanda un jour très sévèrement la lectrice de service, parce qu'elle était restée à l'extrémité du salon, tandis qu'un orfévre de la cour montrait à l'impératrice les secrets d'un serre-papier qu'il avait fait pour elle. Il voulait aussi qu'une dame du palais se tînt près d'elle lorsqu'elle prenait une leçon de son maître de musique Paër. Napoléon craignait par-dessus toutes choses que Marie-Louise s'ennuyât; aussi les réjouissances abondaient-elles dans la ville. L'ambassadeur d'Autriche, le prince de Schwartzenberg, avait fait faire de grands préparatifs, pour offrir une fête à Leurs Majestés. Son propre hôtel n'ayant pas été assez vaste, il avait fait construire une galerie en bois, recouverte en papier vernis et enrichie de peintures et d'ornemens. Une estrade élevée fut réservée pour la famille impériale. On dansait depuis long-temps dans les jardins et dans les salons, lorsqu'un des rideaux flottant par un courant d'air s'enflamma aux bougies qui se trouvaient à peu de distance. On essaya en vain d'étouffer le feu, en un instant les plafonds, les guirlandes de prix et toutes les décorations légères furent enflammés. L'empereur emmena l'impératrice: il était temps, car à peine était-il dans le jardin que des cris de désolation se firent entendre et la salle parut tout en feu. Arrivé aux Champs-Élysées, Napoléon changea de voiture, fit continuer l'impératrice jusqu'à Saint-Cloud et retourna au palais de l'ambassadeur. Il ne revint à Saint-Cloud qu'à quatre heures du matin, le visage rougi par l'incendie, ses souliers et ses bas noircis et brûlés. Il passa chez l'impératrice pour s'assurer qu'elle était bien remise de sa frayeur, puis en rentrant dans sa chambre il s'écria: « Mon Dieu, quelle fête! » Une foule de personnes avaient péri dans ce fatal incendie. La belle-sœur de l'ambassadeur, entendant sortir de la salle embrasée des cris qu'elle crut reconnaître pour être poussés par sa fille aînée, s'était jetée au milieu des flammes. Le plancher, déjà réduit en charbon s'était enfoncé sous ses pieds; elle avait disparu. La pauvre mère s'était trompée, ses enfans étaient tous dans le jardin. La malheureuse princesse était enceinte et très avancée dans sa grossesse, on la retira morte; l'empereur conseilla au prince d'essayer de sauver au moins l'enfant. On le retira vivant du cadavre de sa mère, mais il ne vécut que quelques minutes.

Deux jours après l'incendie de l'hôtel du prince de Schwartzenberg, l'empereur reçut la nouvelle de l'abdication de son frère Louis, roi de Hollande. Depuis quelque temps Napoléon le tenait pour suspect; car il n'était pas douteux que la Hollande n'avait d'autres intérêts que ceux de l'Angleterre. Napoléon préféra dès-lors réunir la Hollande à la France plutôt que de respecter le titre de roi donné par lui au prince Louis, sous la condition de laisser la Hollande garder une apparente indépendance, tandis qu'elle restait réellement sous le joug inévitable de l'empereur des Français. Il était plus avantageux au royaume de Hollande de se réunir à l'Angleterre qu'à la France, et son nouveau souverain s'était montré plus attaché à ses devoirs de roi qu'à ses devoirs de prince français. Il n'avait pas balancé à préférer le bien-être de ses peuples à la politique de la France. Mais Louis, reconnaissant qu'il devait se réduire au rôle d'administrateur responsable d'une succursale de l'empire, après avoir tenté d'obtenir de l'Angleterre la paix maritime, abdiqua en faveur de son fils. Napoléon rejeta cette abdication, et par un décret impérial réunit la Hollande à l'empire.

CHAPITRE II.

Fête de l'impératrice.—Naissance du roi de Rome.—Inquiétude de Murat.—Affaires du pape.—Préparatifs de guerre.—Joséphine voit le roi de Rome en cachette.—Comparaison entre Marie-Louise et Joséphine.—Bernadotte roi de Suède.

Quelques personnes voyant arriver le jour de la St-Louis, qui était celui de la fête de l'impératrice, disaient tout bas que l'empereur ne devait pas rappeler cette époque aux Français, parce que le parti royaliste en pouvait profiter; Napoléon fut le seul dans le château auquel il n'en vint pas l'idée. La fête de l'impératrice Marie-Louise fut célébrée avec une pompe extraordinaire et une sécurité parfaite.

Cependant quelque temps s'était déjà écoulé, et l'impératrice ne donnait point encore l'espoir d'un héritier. Napoléon s'en affligeait; déjà sa première épouse lui avait refusé ce bonheur; fallait-il s'attendre à la même douleur de la part de la nouvelle impératrice? car, pour douter de lui-même, l'empereur ne le pouvait, puisqu'il avait déjà eu deux fois les honneurs de la paternité. Ces réflexions l'affligeaient, et il consultait souvent les médecins à ce sujet. Ils présumèrent que le retard apporté aux vœux les plus ardens de l'empereur tenait à la fréquence des bains que prenait l'impératrice; il lui en parla, elle cessa d'en prendre, et bientôt on apprit l'heureuse nouvelle de la grossesse. La santé de l'impératrice fut parfaite pendant tout son cours, et l'on espéra une heureuse délivrance. Ce moment était attendu par l'empereur avec une impatience à laquelle la France s'associait. Le 19 mars 1811, à sept heures du soir, l'impératrice sentit les premières atteintes. Tout le palais fut aussitôt en émoi. On alla prévenir l'empereur, qui envoya aussitôt chercher l'accoucheur Dubois, qui demeurait au château depuis quelques jours. Toute la maison de l'impératrice était dans l'appartement. L'empereur, sa mère, ses sœurs, MM. Corvisart, Boudier, Yvan étaient dans un salon voisin.

Napoléon entrait fréquemment dans l'appartement de sa jeune épouse, et l'encourageait. Dans l'intérieur du palais l'attente était vive, c'était à qui aurait le plus tôt la nouvelle de l'heureux événement. Les douleurs, qui avaient été faibles pendant toute la nuit, se calmèrent tout-à-fait à cinq heures du matin. Dubois déclara que l'instant n'était pas encore prochain ; l'empereur renvoya tout le monde et se mit au bain ; il avait besoin de cet instant de repos, car son anxiété était au comble. L'impératrice, après avoir sommeillé quelques instans, fut éveillée par de vives douleurs qui, augmentant toujours, n'amenaient cependant point la crise exigée par la nature. Alors Dubois acquit la triste certitude que l'accouchement serait pénible et laborieux. Il demande à parler à l'empereur, et entre chez lui avec la figure toute décomposée. Il dit que, sur mille accouchemens, à peine un seul se présentait comme celui de l'impératrice, et qu'il craignait de ne pouvoir sauver la mère et l'enfant. « Ne pensez qu'à la mère, sauvez la
» mere, dit Napoléon, et traitez l'impératrice comme

» une bourgeoise de la rue Saint-Denis. » L'empereur vint auprès de Marie-Louise, mais ne pouvant résister à son tourment, il se retira dans un cabinet voisin où il passa un quart-d'heure dans des angoisses mortelles. Il fallut employer les secours des fers. Marie Louise s'en aperçut, et dit douloureusement : « Parce que je suis » impératrice, faut-il donc me sacrifier? » Madame de Montesquiou, qui était près d'elle, lui dit : « Courage, » Madame, j'ai passé par là; je vous assure que vos pré- » cieux jours ne sont point en danger. » Enfin, après un travail de vingt-six minutes, cruellement doulou- reux, l'enfant vint au monde. Il s'était présenté par les pieds, et il fallut de grands efforts et beaucoup d'habileté pour lui dégager la tête. Il resta sept minutes sans don- ner aucun signe de vie. L'empereur, pâle comme la mort, se précipite dans l'appartement, embrasse l'impé- ratrice avec une extrême tendresse, sans même jeter un coup-d'œil sur l'enfant que l'on croyait mort. Enfin, à force de soins, l'enfant respire; il vit, il vivra. Trans- porté, hors de lui-même, l'empereur se précipite à la porte du salon et s'écrie : « C'est un roi de Rome! » et cent-un coups de canon annoncèrent à la capitale la nais- sance de Napoléon II. Depuis l'instant où le bourdon de Notre-Dame sonna, jusqu'à celui où le canon annonça la naissance d'un fils, une agitation extrême se manifesta dans Paris. Au premier coup de canon, tous les habitans de la capitale s'arrêtèrent spontanément pour compter les coups retentissans partant des Invalides. Vingt-un coups devaient être tirés pour la naissance d'une fille, et cent- un pour un fils. Le vingt-deuxième coup apprit donc à la France qu'il venait de naître un garçon, et chacun s'en réjouit. Mais ce fut la dernière fois que la France s'unit de sentiment avec Napoléon, qui, pendant ce temps, s'applaudissait de ce que sa fortune triomphait de la nature elle-même, à laquelle elle venait d'arracher un fils.

Napoléon semblait aimer de plus en plus sa jeune épouse qui paraissait le lui rendre autant que sa froideur naturelle le lui permettait. Marie-Louise n'avait appris le français qu'avec des maîtres, elle le parlait avec difficulté, entr'autres locutions vicieuses, celle-ci revenait à chaque instant : « Napoléon, qu'est-ce que veux-tu? » ce qui, dans sa bouche, n'était pas sans grace. Des fêtes magnifiques occupèrent Paris à cette époque : fête pour la naissance du roi de Rome, fête pour le rétablissement de l'impératrice, pour la célébration de sa propre fête.

Murat avait conçu de l'inquiétude en voyant Napoléon nommer son fils roi de Rome. C'était menacer sa couronne, il s'en ouvrit avec franchise. Mais Napoléon ne voulait pas habituer les rois étrangers, et surtout les rois de sa famille à de pareilles représentations; il saisit cette occasion de faire pressentir à son beau-frère la nécessité de se démettre un jour du trône de Naples, pour revenir au grand-duché de Berg. Mais l'exécution de cette mesure politique devait être ajournée jusqu'à l'époque de la paix générale. Le roi de Naples laissa échapper des plaintes, même des menaces, et quitta Paris avant le baptême du roi de Rome, et de retour à Naples parla assez hautement de se déclarer contre Napoléon. L'Italie était le théâtre d'une autre guerre entre le pape et Napoléon. Pie VII ayant perdu sa domination temporelle refusait l'institution des évêques en France.

Napoléon ouvrit le corps législatif, pour l'année 1811, par un discours dont voici les principaux paragraphes : « Les affaires de la religion ont été trop sou-
» vent mêlées et sacrifiées aux intérêts d'un état du
» troisième ordre... J'ai mis fin à ce scandale pour
» toujours. J'ai réuni Rome à l'empire. J'ai accordé
» des palais aux papes, à Rome et à Paris. »

Napoléon aborda ensuite les secrets d'une nouvelle conjuration britannique, qu'il avait pénétrés.

... « Les Anglais supposent à la France tous les pro-
» jets qui peuvent alarmer les autres puissances... Tantôt
» ils font un appel à l'amour-propre des nations pour
» exciter leur jalousie... C'est la guerre sur toutes les
» parties du continent, qui peut seule assurer leur pros-
» périté..... Lorsque l'Angleterre sera épuisée, qu'elle
» aura enfin ressenti les maux qu'avec tant de cruauté
» elle verse depuis vingt ans sur le continent, que la
» moitié de ses familles seront couvertes du voile fu-
» nèbre, un coup de tonnerre mettra fin aux affaires de
» la Péninsule, aux desseins de ses armées, et vengera
» l'Europe et l'Asie en terminant cette seconde guerre
» punique. »

Ces paroles énergiques avertissaient l'Angleterre du péril qui la menaçait si elle ne parvenait pas à détruire son ennemi : aussi se prépara-t-elle à la guerre.

Marie-Louise, depuis quinze mois qu'elle était en France, avait acquis de l'aménité et même de la grâce, elle était si réservée avec ses inférieurs qu'elle passait pour être fière, mais les dames de sa maison s'accordaient à dire qu'elle était bonne et douce dans son intérieur. Elle n'aimait pas madame de Montesquiou, qui pourtant comblait de soins empressés le roi de Rome. L'empereur rendait seul justice à cette femme d'un si rare intérêt et lui savait un gré infini des soins qu'elle prodiguait à son fils. Marie-Louise avait pour dame d'honneur madame la duchesse de Montebello, femme charmante et d'une conduite parfaite, mais qui n'aimait point madame de Montesquiou, elle la craignait comme rivale dans l'amitié de la jeune impératrice. Madame de Montebello, peut-être dans l'espoir de posséder seule cette amitié, instruisait Marie-Louise de bien des bruits scandaleux sur le compte de quelques-unes de ses dames, ce qui rendait l'impératrice très froide avec elles, qui de leur côté ne l'aimaient pas, et faisaient partager leurs sentimens à leurs proches et à leurs amis.

Joséphine avait toujours beaucoup aimé madame de Montesquiou; comme elles ne pouvaient se voir, elles s'écrivaient. Un jour, madame de Montesquiou reçut ordre de l'empereur de conduire le roi de Rome à Bagatelle. Joséphine y était. Elle avait sollicité et obtenu la faveur de voir cet enfant. L'amour de Joséphine pour Bonaparte était si désintéressé qu'elle voyait avec plaisir tout ce qui pouvait augmenter et surtout consolider sa fortune. Elle désirait sincèrement qu'il fût heureux dans son intérieur. Joséphine, d'une bonté angélique, depuis le jour fatal de sa répudiation, traînait une vie douloureuse à la Malmaison; elle, qui pendant quinze ans avait charmé la vie de son époux, et avait si puissamment contribué à son élévation, s'était réjouie sincèrement de la naissance du roi de Rome. Après les premières douleurs apaisées, elle avait compris les motifs puissans et naturels de Napoléon pour exiger un divorce, et dans l'illusion de son dévouement elle s'était convaincue de leur réalité.

Lorsque le royal enfant lui fut présenté, elle commença à pleurer, le prit entre ses bras et le serra sur son cœur avec une inexprimable tendresse. Il n'y avait là ni témoins ni flatteurs. Joséphine pleurait, mais ses larmes étaient douces, elle adressa de ces mots qu'une mère sait faire comprendre à son nouveau-né. Mais il fallut enfin lui enlever l'enfant. L'entrevue avait été courte, mais elle avait été bien remplie par le cœur de Joséphine. Tout le reste du jour elle fut dans une véritable joie que venait pourtant par fois interrompre un profond soupir. Les visites de madame de Montesquiou ne se renouvelèrent que de loin en loin. Joséphine en ressentit un vif chagrin. Mais l'enfant grandit; un mot indiscrètement bégayé par lui pouvait porter ombrage à Marie-Louise qui craignait Joséphine, ce qui aurait pu porter atteinte au bonheur domestique de Napoléon. Il ordonna donc que les visites seraient suspendues, et la triste Joséphine fut contrainte de se résigner encore à ce nouveau malheur.

Aussitôt après la naissance du roi de Rome, l'empereur avait choisi lui-même une nourrice dans la classe du peuple. Cette femme ne pouvait sortir du palais, ni recevoir aucun homme; les précautions les plus sévères étaient prises à cet égard; elle faisait pour sa santé des promenades en voiture, mais alors même elle était accompagnée de plusieurs femmes.

Vers neuf heures du matin, on portait le roi de Rome chez sa mère; elle le prenait dans ses bras, le caressait quelques instans puis elle le rendait à sa nourrice, et se mettait à lire les journaux. A quatre heures, Marie-Louise descendait dans les appartemens du roi de Rome, y restait une demi-heure et remontait ensuite chez elle.

Pendant ce temps, l'empereur s'occupait de décrets, de revues, de monumens, de projets. Un jour qu'il revenait de la chasse, il fit prier Marie-Louise de venir le voir. Elle vint : l'empereur lui donna sur la joue un baiser si bien appliqué qu'il fit du bruit. Marie-Louise prit son mouchoir et s'essuya.—«Comment! Louise, lui dit l'empereur, tu te dégoûtes donc de moi? — Non, répondit l'impératrice, j'agis ainsi par habitude : j'en fais autant pour le roi de Rome.»—L'empereur parut contrarié et devint pensif, peut-être alors pensait-il à Joséphine qui était si heureuse lorsqu'elle recevait une preuve de tendresse de son mari! — Quelques fois il voulait retenir Marie-Louise la nuit chez lui. — Mais elle lui répondait qu'il y faisait trop chaud, et la comparaison de cette jeune femme et de Joséphine pouvait revenir encore à l'esprit de Napoléon avec tout l'avantage en faveur de cette dernière. Pendant ce temps il se passait en Suède un événement qui devait avoir pour l'Europe et surtout pour la France les conséquences les plus graves. Le roi Charles XIII, vieux et sans enfans, avait adopté le prince Charles Auguste de Holstein-

Augustembourg; mais ce dernier était mort aussitôt après d'une chute de cheval. Cependant l'intérêt de la Suède exigeait le choix d'un prince royal. Un parti se forma en faveur de Bernadotte, qui, comme guerrier, devait faire respecter la couronne. Les libertés Suédoises croyaient trouver leur garantie dans la reconnaissance d'un homme, qui choisi, sans aïeux et sans droits, pour s'asseoir sur le trône, devait se regarder comme inviolablement engagé envers la nation qui lui aurait confié sa destinée. Napoléon regarda comme une faveur de la fortune de voir un de ses maréchaux occuper un trône du nord, il donna au nouveau souverain de quoi paraître avec honneur dans le rang qui l'attendait.

Cependant une sourde tempête se préparait dans le nord, au milieu de la paix la Russie organisait ses immenses ressources militaires.

CHAPITRE III.

Voyage de l'empereur en Hollande.—Détails sur le roi de Rome.
Ouverture de la campagne de Russie.—Bataille de la Moskowa.

L'empereur et l'impératrice partirent de Saint-Cloud le 9 mai pour visiter la Hollande. Pendant tout le voyage, l'empereur se montra bon, affable, accueillant tout le monde; il était envers ses nouveaux sujets gracieux, poli; il voyait tout, il était partout. Pendant le séjour qu'il fit avec l'impératrice à Amsterdam, on avait placé le buste de l'empereur Alexandre dans l'appartement de Marie-Louise : lorsque Napoléon vint pour voir si l'impératrice était bien logée, il vit le buste, le mit sous son bras sans dire mot, et ensuite ordonna qu'il ne reparût pas. Cela causa beaucoup d'étonnement, on ignorait encore que la mésintelligence s'était mise entre les deux souverains. L'empereur alla visiter à Saardam la chaumière de Pierre-le-Grand, lorsqu'il vint en Hollande, sous le nom de Pierre Michaëloff, étudier la construction. Napoléon et Marie-Louise allèrent aussi visiter le singulier village de Broek. Ce village est une bonbonière, les maisons sont en bois et peintes, selon le caprice des propriétaires; ces peintures sont entretenues avec le plus grand soin ; les rues sont pavées en briques, elles sont lavées tous les jours et recouvertes d'un sable fin et blanc. Des poteaux interdisent aux voitures l'entrée du village. Chaque maison a devant elle un jardin ou plutôt un buisson, ou bien un certain arrangement de coquilles et de sable coloré. La propreté est poussée aussi loin que l'élégance bizarre, les habitans forcent ceux qui entrent chez eux de quitter leurs chaussures et de prendre des pantoufles qui sont à la porte destinées à cet usage. On raconta à Napoléon que l'empereur Joseph s'étant un jour présenté à la porte d'une maison de Broek, on voulut lui faire quitter ses bottes. « Je » suis l'empereur, dit-il.—Quand vous seriez le bour- » guemestre d'Amsterdam, lui répondit le maître du lo- » gis, vous n'y entrerez pas en botte. » Le bon empereur sourit et mit les pantoufles.

Avant de quitter le village, on fit à l'empereur cette singulière allocution : « Sire, nous avions peur de vous voir avec toute la cour, vous êtes presque seul, nous ne nous en trouvons que mieux et plus à notre aise. Vive l'empereur! » L'empereur applaudit à cette loyale félicitation et fit à l'orateur de touchans remercîmens. L'empereur venait de faire de profondes observations sur la Hollande, qui se résolurent à son retour à Paris en utiles décrets. En revenant à Saint-Cloud on apprit que le roi de Rome venait de percer la première dent.

Marie-Louise était d'un caractère calme, réfléchi : elle avait de la sensibilité, mais elle était peu démonstrative, elle avait reçu une éducation très soignée. Elle avait les goûts fort simples. Cependant l'empereur se plaignit quelquefois du peu d'amabilité de la nouvelle impératrice envers les dames de la cour. Peut-être songeait-il à l'impératrice Joséphine, dont l'inaltérable gaîté faisait le charme de cette cour.

Le roi de Rome était un très bel enfant; mais il ressemblait peu à l'empereur. Un jour qu'il était à jouer avec un autre enfant appartenant à une dame du palais, cet enfant voulait avoir la brouette du roi, celui-ci résiste, et l'enfant le frappe. Le roi dit aussitôt: « Si on te voyait! Mais je ne le dirai pas. » — Madame de Montesquiou avait pris sur lui beaucoup d'ascendant. Il était généralement docile. Cependant il avait quelques fois de violens accès de fureur. Un jour qu'il se roulait par terre en poussant de grands cris, sans vouloir écouter les remontrances de sa gouvernante, celle-ci ferma les fenêtres et les contrevens; l'enfant, que l'obscurité surprend, oublie ce qui l'avait contrarié et lui demande pourquoi elle agissait ainsi : « C'est de peur qu'on ne vous entende, répondit-elle; croyez-vous que les Français voudraient d'un prince comme vous, s'ils savaient que vous vous mettez ainsi en colère? — « Crois-tu qu'on m'ait entendu? s'écria-t-il ; j'en serais bien fâché. Pardon, maman Quiou, c'est ainsi qu'il l'appelait; je ne le ferai plus. »

L'empereur aimait passionnément son fils; toutes les fois qu'il le voyait il le prenait dans ses bras, l'enlevait de terre brusquement, l'y ramenait encore, et s'amusait beaucoup de ses éclats de rire. Une fois l'enfant vint dans le salon du conseil, qui était fini. Les conseillers et les ministres y étaient encore. Le roi courut dans les bras de son père sans faire attention à d'autres qu'à lui.

L'empereur lui dit: « Sire, vous n'avez pas salué ces messieurs. » L'enfant se retourne, salue avec grace, et son père l'enlève dans ses bras. Un jour qu'il venait voir l'empereur, il courut en avant de sa gouvernante et dit à l'huissier du cabinet: « Ouvrez-moi, je veux voir papa. » L'huissier lui répondit: « Sire, je ne puis ouvrir. — Mais je suis le petit roi. — Je ne puis ouvrir répéta l'huissier. Pendant ce temps sa gouvernante étant arrivée, il se tourna vers elle, ensuite il dit à l'huissier d'un ton assuré! « Ouvrez, le petit roi le veut. » Quand il pleurait, ou lorsqu'il était effrayé d'une misère, Napoléon lui disait: « Comment, Sire, vous pleurez, vous avez peur! Oh que cela est mal, un roi avoir peur! »

Dès l'année 1811, la Russie avait annoncé l'envoi à Paris de M. Nesselrode ; ce négociateur devait arriver en novembre ; quatre mois après on l'attendait encore. Napoléon fit alors appeler le colonel Czernicheff, aide-de-camp d'Alexandre, et lui communiqua le traité d'alliance offensive et défensive signé à Paris, le 12 février, avec la Prusse ; Napoléon fit toutes les propositions conciliatrices qu'il lui fut possible et il chargea Czernicheff d'une lettre pour Alexandre. Plus tard Napoléon apprit que cet envoyé avant de quitter Paris avait acheté à prix d'or la connaissance de l'état effectif de nos armées. On courut après lui, mais il était déjà hors de toute atteinte. Napoléon jugea dès-lors la guerre inévitable ; avant de quitter Paris, il désira confier à la garde nationale le territoire de l'empire, et par un traité conclu à Paris, le 14 mars 1812, il rattacha encore davantage l'Autriche à la cause de la France. La Russie répondit enfin qu'elle ne songerait à la paix avec la France que lorsque la dynastie de Ferdinand serait reconnue en Espagne ; la Russie exigeait que les armées Françaises évacuassent la Prusse et se retirassent vers le Rhin. Le blocus contre l'Angleterre était l'unique loi de la politique de l'empire français. La moindre infraction renversait tout le système d'attaque et de défense de Napoléon ; elle empêchait la paix générale, condition du salut de Napoléon et de son empire. L'empereur soumit alors à la sanction du sénat un projet de sénatus-consulte qui divisait en trois bans la garde nationale ; le premier comprenait les hommes de vingt à vingt-six ans, le second les hommes de vingt-six à quarante, le troisième les hommes de quarante à soixante. Ce partage du peuple français en trois bans prouvait que Napoléon concevait bien les dangers de la patrie. Toute l'armée active était ou allait être en marche, et son point de réunion était vers la Pologne.

Le 9 mai, l'empereur partit pour Mayence avec l'impératrice qui devait l'accompagner jusqu'à Dresde, lieu de réunion indiqué à la famille impériale d'Autriche. Napoléon députa alors le général Lauriston auprès d'Alexandre pour obtenir de sa bouche un mot d'explication qui pût laisser une voie ouverte à une conciliation. Une cour de rois se réunit à Dresde autour de Napoléon. L'empereur et l'impératrice d'Autriche avaient quitté Vienne pour se trouver sur le passage de leur gendre et pour lui témoigner leur amitié et l'intérêt qu'ils prenaient à la guerre qu'il allait faire au Czar qui semblait devenir l'ennemi commun du continent. Le roi de Prusse offrit le prince royal pour aide-de-camp à Napoléon, qui le refusa par générosité.

Dans ce moment une paix définitive était signée à Bucharest entre les Russes et les Ottomans. Cette paix était l'ouvrage de l'Angleterre, qui fit faire une lettre fausse de Napoléon soi-disant adressée à l'empereur Alexandre, dans laquelle il était supposé qu'il lui proposait de s'unir pour partager l'empire turc.

Lauriston revint de Wilna sans autre réponse que l'ultimatum déjà connu. Napoléon sent que les négociations ne peuvent plus obtenir de succès, et se prépare aussitôt à quitter Dresde, le 30 il entre en Pologne. Il reçut alors une lettre de Bernadotte, qui, déjà lié à la

Russie par un traité, demandait la Norwège et un subside pour se rallier à la cause française; cette proposition indigne l'empereur. « Bernadotte, s'écrie-t-il, n'est » que mon lieutenant; qu'il marche quand ses deux pa- » tries le lui ordonnent! S'il hésite, qu'on ne me parle » plus de cet homme, je n'achèterai point un allié dou- » teux aux dépens d'un allié fidèle. »

Napoléon entra en campagne avec ses quatre cent mille hommes. On marche sur Wilna capitale de la Pologne Russe, où Alexandre a concentré son armée. Tout annonce une bataille générale : Napoléon compte sur une victoire infaillible; son attente est trompée, les Russes se retirent : avant d'abandonner Wilna, l'ennemi fait sauter le pont, brûle ses magasins et livre la ville aux Français. Alors la diète de Varsovie proclama le rétablissement du royaume de Pologne et donna la liberté à toute la nation.

Dans une échauffourée, on avait pris quelques cosaques; Napoléon se les fit amener. Ils firent entendre à l'empereur, par leurs gestes animés, que dans peu il y aurait grande bataille entre les Russes et les Français. L'empereur leur fit donner de l'eau-de-vie; ils l'avalaient comme de l'eau pure, et tendaient de nouveau leurs verres avec beaucoup de sang-froid. Ces hommes semblaient faits pour être éternellement accolés à un cheval; dès qu'ils étaient à terre, ils ressemblaient à des tenailles. L'empereur entra à Gratz escorté par deux de ces barbares à cheval, qui parurent très flattés de cet honneur.

De son quartier-général de Gratz, l'empereur fit annoncer à son armée qu'elle eût à se préparer à une affaire générale. Le 5 septembre, l'empereur monta sur les hauteurs de Borodino pour voir la position respective des deux armées. La température était froide et humide; le froid le saisit, il rentra dans sa tente. Le général Caulaincourt arriva. « M'amenez-vous des prisonniers? » lui demanda Napoléon. — Non, sire, lui répondit le » général; parce que les Russes se font tuer plutôt que » de se rendre. » Alors Napoléon, voyant qu'il s'agissait d'une guerre d'extermination, commanda toute l'artillerie. Il voulait que le canon épargnât à ses troupes la fatigue de tirer des coups de mousquets.

Après avoir tout disposé, Napoléon s'avança avec son armée. Le czar ordonne d'évacuer le fameux camp de Brissa, fruit d'une année de travaux. Il se retire vers Pétersbourg, afin d'y presser la levée générale que réclame le salut de son empire. Napoléon ordonne la destruction du camp de Brissa. Le bruit du canon se fait alors entendre: c'était celui d'une affaire d'avant-garde, à Ostrowno; affaire sérieuse, dans laquelle la brillante valeur d'Eugène et de Murat triompha de l'inébranlable constance des Russes. Murat avait dans son extérieur une sorte de représentation théâtrale qui fascinait l'œil de ces barbares. Il était toujours vêtu avec un grand luxe; quand son cheval l'emportait en avant de ses colonnes, et que le vent mettait le désordre dans ses longs cheveux, lorsqu'il donnait ces grands coups de sabre qui fauchaient les hommes comme les blés, il plaisait singulièrement à ces peuplades guerrières chez qui les qualités extérieures pouvaient seules être appréciées. Une autre action plus acharnée encore eut lieu au-delà d'Ostrowno, mais l'empereur arriva au moment nécessaire pour gagner cette seconde victoire. A la pointe du jour, un nouvel engagement a lieu ; c'est là que deux cents voltigeurs parisiens du neuvième régiment de ligne excitèrent l'admiration de toute l'armée en résistant à une nuée de lanciers, au retour d'une charge terrible dont l'armée n'avait pu supporter le choc. Alors Napoléon s'écrie : « Ils méritent tous la » croix. » Cependant les deux armées ne sont plus séparées que par le ruisseau de la Lutchissa. Napoléon s'apprête à saisir l'occasion, lorsque l'ennemi recule et nous livre tout le pays ; funeste tactique des Russes, qui fuient toujours à l'approche des Français pour les faire avancer sous un climat meurtrier.

Napoléon entend les murmures et voit le refroidissement du quartier-général sans que sa constance en soit ébranlée. Il veut la guerre afin de conquérir la paix, et son génie s'enflamme à la vue des obstacles. Alors eut lieu la bataille de Smolensk, ville où nos armées entrent au milieu des flammes qui la dévorent. Cette journée causa des pertes énormes aux Russes, nous coûta aussi bien cher, et ne donna à Napoléon qu'une ville en cendres. La France, à cette nouvelle, ressentit une impression douloureuse, comme lorsqu'on reçut le bulletin de la bataille d'Eylau. Après un tel désastre, quelques-uns des chefs commencèrent à faire des réflexions pénibles mêlées de découragement ; mais Napoléon resta inébranlable dans ses desseins. Cependant la bataille générale reculait toujours devant lui. Enfin cette bataille se pré-

sente lorsqu'on est arrivé sur les bords de la Moskowa. Napoléon sort alors de sa tente et dit à ses officiers : « Voilà un beau soleil ! c'est le soleil d'Austerlitz. » Puis, s'adressant à l'armée : « Soldats ! dit-il, voilà la » bataille que vous avez tant désirée...... Que l'on dise » de vous : « Il était à cette grande bataille, dans les » plaines de Moscou !..... »

Cette bataille, trop peu décisive, nous coûta neuf mille morts et treize mille hommes mis hors de combat ; il n'y eut pas de division qui n'eût à pleurer la mort d'un ou de plusieurs de ses chefs. Les Russes avaient perdu cinquante mille hommes. Le maréchal Ney reçut le titre de prince de la Moskowa; Davoust et Eugène l'avaient autant mérité que lui et ne furent point jaloux.

CHAPITRE IV.

Entrée à Moscou.—Incendie de cette ville.—Retraite de l'armée française.—Passage de la Bérésina.—L'empereur quitte l'armée après avoir appris la conspiration de Mallet.—Le prince Eugène commandant de l'armée.

Après sa retraite, Kutusoff, commandant en chef de l'armée russe, annonça l'intention de nous livrer une seconde bataille à une demi-lieue de Moscou. Mais cette ville fut encore évacuée sans combat, et la capitale des czars resta à la merci de Napoléon. Déjà Murat se dispose à enlever d'assaut le Kremlin, défendu seulement par quelques milliers de misérables ; et le lendemain, Napoléon descend dans ce palais impérial. C'est là qu'il jouit d'avoir exécuté, malgré tous les obstacles, son gigantesque projet; il est fier de posséder l'antique capitale de l'empire moscovite. Napoléon dispose tout pour mettre à profit sa conquête et rétablir l'ordre dans la ville. Quelles craintes peuvent l'atteindre ? il pense que Kutusoff, battu, a trop senti la supériorité de l'armée française pour tenter de l'inquiéter à Moscou ! De leur côté, les soldats se regardaient comme arrivés au terme de leurs souffrances ; et remplis de confiance dans la fortune de leur grand capitaine, ils se reposaient avec orgueil, au milieu de l'abondance et du luxe, pour ainsi dire. Tout respirait le calme et la sécurité.

Mais Rostopchin, gouverneur de Moscou, avait fait construire par l'anglais Smidt un immense ballon incendiaire destiné à brûler Napoléon au milieu de son armée ; cette tentative n'ayant pas réussi, le même anglais avait fabriqué des fusées et des étoupes goudronnées. Au signal de Rostopchin, soudain un affreux incendie éclate. On fut l'annoncer à l'empereur à deux heures du matin ; il passa le reste de la nuit dans une horrible agitation, quoiqu'il eût refusé de croire à l'incendie, qui ne se manifestait pas encore à ses yeux. Mais le jour étant venu, il sut la vérité; alors il serra les poings et frappa du pied. Cependant aucun signe d'incendie ne s'était encore manifesté au Kremlin, que Napoléon habitait. Ayant envoyé le maréchal Mortier s'informer des progrès du feu, d'après ses rapports Napoléon s'était un peu calmé, et il venait d'écrire des paroles de paix à l'empereur Alexandre. Un parlementaire russe devait les porter, lorsque se promenant de long en large dans son appartement, l'empereur aperçut, à travers une des fenêtres, une immense lueur à peu de distance du palais. C'était l'incendie qui reprenait avec plus de force que jamais. On rapporte qu'on a vu des Russes attiser eux-mêmes le feu et jeter des matières inflammables dans les maisons encore intactes. Le feu gagnait le Kremlin; l'empereur eut sa redingote grise brûlée, et même ses cheveux. Plusieurs fois il avait tenté de sortir, mais inutilement; le vent chaud des flammes venait le frapper au visage et le rejetait en arrière. On découvrit enfin une poterne qui donnait sur la Moskowa; ce fut par là que l'empereur et ses officiers se sauvèrent. Il fallait traverser une rue étroite, encombrée de débris brûlans; les plombs fondus ruisselaient des toits; quelques officiers offrirent à l'empereur de le couvrir de leurs manteaux et de le transporter hors de ce terrible passage, mais il refusa; et s'élançant au milieu du feu, deux ou trois vigoureuses enjambées le mirent en lieu de sûreté. Le Kremlin, tout en feu, s'écroulait de toutes parts. Napoléon résolut de se retirer à Petrowski, dans le palais de Catherine. A peine cette intention est-elle connue, que le feu y éclate, et peu d'instans après il est réduit en cendres. Des soldats de la police russe attisaient le feu avec des lances goudronnées. Des femmes sales et hideuses, des hommes ivres portaient des brandons enflammés et les lançaient partout; lorsque les Français les rencontraient, ils leur abattaient les mains et les bras à coups de sabres. L'empereur faisait pendre les incendiaires; alors la populace s'agenouillait et baisait les pieds des suppliciés. L'enthousiasme et la fureur étaient portés au comble. Enfin, a travers un chemin brûlant, Napoléon se rendit au château de Petrowskoié, au milieu des cantonnemens du prince Eugène. C'est là que, se voyant privé de Moscou, il annonce le projet de marcher sur Saint-Pétersbourg. Le projet de ce mouvement hardi décourage les plus entreprenans, excepté le vice-roi. C'est vers le midi, dit-on à Napoléon, vers la Wolhynie, qu'il faut tourner nos pas, cantonner sous un climat plus doux, refaire notre armée, réunir tous nos moyens, et revenir ensuite au printemps attaquer les Russes au cœur de leur empire. Napoléon cède enfin, et rentre au Kremlin le 18 septembre. Moscou, malgré sa destruction, pouvait encore faire vivre l'armée; on avait sauvé quelques grands magasins, les caves étaient intactes, de nombreux jardins étaient remplis de légumes ; d'ailleurs, Napoléon espérait toujours la paix. L'empereur Alexandre, sondé à cet égard, y aurait consenti s'il n'avait eu à redouter, en l'acceptant, la triste fin de son père. Kutusoff était le coryphée du parti anglais en Russie, et il était entièrement opposé à la paix. Voilà comment la politique trompa l'espoir de Napoléon, qui ne connaissait pas la position dangereuse d'Alexandre.

Enfin Napoléon se résolut à quitter Moscou, qui ne pouvait plus être une position militaire. Il existait alors entre les Russes et nous une espèce de suspension d'armes. Le perfide Kutusoff cherchait à tromper le roi de Naples par les manifestations continuelles de ses vœux pour la paix.

Aussitôt après le départ des Français, les cosaques et les paysans envahirent Moscou. La générosité française avait sauvé, nourri et soigné comme nos propres soldats, plusieurs mille blessés russes ; voici quelle fut la récompense de cette générosité : six cents blessés ou malades français, qui n'avaient pu suivre le retour de l'armée française, furent jetés par l'ennemi sur des chariots, et traînés vers Ziver, mais ils périrent tous de froid ; et ceux qui restèrent dans les hôpitaux n'eurent ni vivres ni médicamens.

Le 28 octobre, l'empereur reprit la route de Smolensk et passa près du champ de bataille de la Moskowa, qui était encore couvert de cadavres dévorés par les corbeaux. L'empereur fit hâter le pas. Le lendemain il alla visiter quelques blessés restés dans une abbaye ; ces malheureux se ranimèrent en voyant l'empereur. Le froid avait envenimé leurs plaies ; toutes ces figures pâles et tirées s'épanouirent lorsqu'on leur apprit qu'on allait les emmener. Un soldat amputé de la veille fut mis dans le landau de l'empereur, qui voyageait à cheval. Le matériel de l'expédition surchargeait les hommes ; le nombre de bras n'était plus en proportion avec les travaux ; on jetait la poudre au vent pour ne point la laisser à l'ennemi ; à chaque instant on faisait sauter des caissons pour n'être plus embarrassé de les conduire. L'armée continuait tristement sa marche, toujours obsédée par des cosaques voltigeant autour d'elle, et toujours repoussés par Ney. La neige tombe en abondance ; un vent meurtrier souffle toutes les glaces du Nord, presque tous les chevaux meurent de froid, la cavalerie est à pied, l'artillerie n'a plus d'attelages; les hommes, engourdis, cèdent à un sommeil qui leur donne la mort. Le désordre s'est mis au sein de l'armée ; ses bandes suivent le chemin comme un troupeau sans défense.

Le thermomètre marquait 20 degrés de froid, et un grand espace séparait encore les Français de leur patrie. Après une marche lente et pénible, l'empereur arrive à Krasnoï; là il apprend que le prince d'Ekmuhl est attaqué par l'ennemi. Napoléon passe au milieu de ses feux pour porter secours au prince, entouré de sa vieille garde, qui serre ses pelotons autour de son chef; de larges entailles sont tracées par le canon ennemi dans ces pelotons, qui se resserrent sans cesse. Au fort du feu, la musique jouait l'air : *Où peut-on être mieux qu'au sein de sa famille!* Napoléon l'interrompit brusquement, et dit : « Jouez plutôt : *Veillons au salut de l'em-* » *pire.* »

Le corps du maréchal Davoust, de soixante-dix mille hommes dont il était composé en partant, était réduit à quatre ou cinq mille, mourant tous de faim. Le maréchal lui-même n'avait ni linge ni pain ; sa personne faisait pitié. Il y avait alors près de trente degrés de froid.

Jusqu'à la Bérésina, cette triste marche ne fut qu'une suite de petits combats et de grandes privations. L'empereur marchait à pied, enveloppé de sa pelisse, et la tête couverte d'un bonnet russe noué sous le menton. Il apprit alors qu'une conspiration avait un moment mis son gouvernement en danger, à Paris. Le général Mallet, qui était retenu prisonnier dans cette capitale, avait pu se créer quelques intelligences au dehors; et une nuit, étant sorti de sa prison, il avait osé, en trompant les soldats, se présenter chez le ministre de la police pour lui annoncer que l'empereur était mort, et qu'une révolution éclatait en ce moment dans Paris. Dans le premier moment de stupeur, il fit à peu près ce qu'il voulut, mais au bout de quelques heures on reconnut la fraude; Mallet fut arrêté, puis aussitôt fusillé. L'empereur, à cette nouvelle, sent le vide que son absence laisse en France; cette découverte lui fait une impression profonde. Cependant il a le courage de la renfermer au fond de son cœur.

Ce fut au passage de la Bérésina qu'il y eut une délibération effrayante; Kutusoff s'était emparé du seul pont qui pût servir à l'armée française. L'empereur avait pris son parti avec ce calme froid qui tente un acte de désespoir; cependant on tint conseil. On convint que l'armée se dépouillerait de tout ce qui pouvait entraver sa marche. Jamais il n'y eut plus d'union dans les avis; chacun avait ce calme qui s'abandonne à la Providence. L'empereur fit brûler les aigles de tous les corps. Les soldats étaient dans un abattement profond; ils semblaient tous être dégradés. Les chevaux manquaient pour l'artillerie, et l'artillerie était la sauvegarde de l'armée. Chaque officier redevint soldat et mit la main aux pièces comme de simples canonniers.

On essaya d'établir sur le fleuve quelques chevalets construits avec le bois des poutres prises aux cabanes polonaises. La Bérésina a les eaux si rapides qu'elle ne gèle jamais totalement. Les chevalets cédèrent, ils étaient trop faibles. Il fallait attendre au lendemain pour tenter une nouvelle entreprise ; mais le lendemain il était évident qu'on essuierait le feu de l'ennemi ; il n'y avait plus à opter. On passa une nuit d'angoisses et de souffrances inconcevables. Sitôt que le jour parut, on vit des braves se mettre jusqu'au menton dans une eau chargée de glaçons, ramassant tout ce que la nature peut donner de force et d'énergie pour enfoncer des pieux dans un lit fangeux ; luttant contre le froid, qui raidit leurs membres, et repoussant d'énormes glaçons qui menacent de les submerger ou de les blesser par la force de leur poids. L'empereur attendait les résultats ; il était d'une tristesse morne ; de grosses larmes coulaient lentement le long de ses joues, plus pâles que de coutume.

Cependant on était parvenu à construire un pont pour l'infanterie, chargée de protéger les pièces d'artillerie. On avait construit de chétifs radeaux sur lesquels on se hasarda, écartant les glaces avec la baïonnette. Quelques chefs se jetèrent dans le fleuve à cheval, et le passèrent aux acclamations de l'armée, satisfaite de voir ses chefs lui donner l'exemple du courage. On essaya de faire passer les canons sur le pont construit à la hâte. Quelques-uns de ces canons, embarrassés les uns dans les autres, arrêtaient la marche ; l'empereur s'élance sur le pont, met la main aux attelages, et aide à débarrasser les pièces. Ce fut aux cris de vive l'empereur ! que le passage s'effectua en partie ; car avant que l'artillerie fût entièrement passée, il rompit. Alors eut lieu un mouvement rétrograde qui refoula d'une manière horrible tous ceux qui s'avançaient pour passer. Un autre pont avait été construit à la hâte en même temps que le premier. Ce second pont était étroit et sans rebords ; chacun se précipite sur lui ; mais on ne peut décrire tous les malheurs qui arrivèrent. Ce fut une scène d'horreur continuelle : les chariots de l'artillerie passèrent sur un chemin de corps écrasés. On vit dans ce terrible instant ce que peut suggérer l'amour de la conservation ; une foule, poussée par ceux qui venaient derrière, sans appui, tombait au milieu des glaces et disparaissait pour toujours ; quelques malheureux cherchaient à se tenir suspendus par les mains aux planches du pont, et tombaient lorsque leurs mains étaient écrasées par les roues des voitures. L'empereur était retourné sur le rivage, et là il fut témoin de la scène affreuse qui se passait.

Le pont fut brûlé à huit heures du matin, et l'empereur se retira à Kornea. Il était pensif, inquiet ; il avait de fréquens entretiens avec son ministre Caulaincourt. Il manda enfin tous les maréchaux auprès de lui. Le maréchal Davoust était soucieux, tous les autres étaient tristes et découragés. L'empereur, s'ouvrant franchement sur son projet, dit que son départ pour Paris était esssentiel pour envoyer des secours à l'armée. Il embrassa tous les maréchaux, et chacun se retira.

Le lendemain, à la pointe du jour, l'armée savait tout. Le découragement fut à son comble. On blasphéma, on accusa l'empereur d'abandonner ses soldats : c'était une malédiction générale.

Cette même nuit, le froid augmenta encore, et la

route fut bientôt semée d'hommes tombés morts de froid; d'autres, par milliers, furent massacrés par les cosaques. Il n'existait plus rien de la grande armée! Murat, sans paraître craindre de désobéir à Napoléon, abandonna l'armée à elle-même, le 16 janvier 1813. Napoléon écrivit une lettre sévère au coupable, et lui nomma un successeur.

Comme l'armée ne pouvait rester sans chef, le vice-roi Eugène en avait pris la conduite. Ce prince, qui avait montré autant de sang-froid que d'héroïsme au milieu des batailles, fit voir une habileté qui manquait à Murat; il rétablit la discipline, réorganisa les troupes, et leur donna le temps de se reposer.

CHAPITRE V.

Retour de Napoléon à Paris.—Défection de la Suisse.—Le pape à Fontainebleau.—Napoléon va rejoindre l'armée.—Batailles de Lutzen, de Bautzen.—Mort de Duroc.—Trahison de l'Autriche.—Suite de désastres.—Bataille de Leipsik.—Fin de la campagne.

De retour aux Tuileries, l'empereur, après avoir consacré quelques instans aux affections de famille, se montra le plus qu'il lui fut possible en public; mais il lut sur tous les visages la terrible impression qu'avait produite le résultat de la campagne.

Sa première occupation est de recréer une armée et un matériel. Ensuite il appelle ses ministres à un examen approfondi de l'état d'intérieur du pays. Parmi les sujets qu'il mit en discussion, aucun ne l'anima autant que la conspiration du général Mallet; il ne pouvait concevoir la faiblesse qu'avait montrée le préfet de la Seine à cette occasion. Ce préfet, M. Frochot, fut destitué par décret.

La conspiration de Mallet avait réveillé les méfiances de Napoléon contre les révolutions; il veut leur opposer de nouvelles barrières. Sur la demande expresse du sénat, toujours empressé de voler au devant des désirs du maître, on décide que le roi de Rome sera couronné, ainsi que l'impératrice; un serment solennel doit unir la France à l'héritier du trône.

Cependant l'empereur recevait tous les jours de tristes nouvelles de ses affaires du Nord. Jusqu'alors il avait espéré pouvoir dicter encore la paix aux puissances coalisées. Mais en apprenant que la Prusse venait de l'abandonner pour nouer une alliance avec la Russie, il sentit que ce qui avait suffi ne suffisait plus, et demanda à la nation trois cent cinquante mille hommes; la nation accorda tout. Napoléon se trompa alors sur l'esprit du peuple, qui paraissait soumis à son pouvoir.

A la nouvelle de nos désastres, l'Autriche avait failli éclater aussi contre Napoléon. Son retour aux Tuileries l'avait engagé à temporiser; elle envoya à Paris le comte de Bubna, avec une mission toute pacifique en apparence, et très hostile en réalité. Napoléon seul fut trompé par les fausses protestations de son beau-père, qui se présentait comme devant être le médiateur de la paix.

Le projet que les Anglais avaient formé d'enlever Pie VII, retenu à Savonne, avait décidé sa translation à Fontainebleau.

Napoléon quitte subitement une partie de chasse faite à Gros-Bois, et se présente à Sa Sainteté. Dès les premières paroles, tous les griefs respectifs sont mis en oubli. Il est convenu que le pape prendra la ville d'Avignon pour résidence; qu'il donnera ses bulles aux nouveaux évêques. Napoléon dicta lui-même le concordat. Le 25 janvier 1813, le pape lui-même, après avoir passé quatre jours à le rédiger, apporta ce concordat, et le traité fut signé par les deux souverains. Alors Napoléon rappela de l'exil quatorze cardinaux qui avaient refusé d'assister au mariage de Marie-Louise. Ils profitèrent de leur liberté pour assiéger de terreur et de remords l'âme du saint père, qui envoya un bref à Napoléon par lequel il rétractait le concordat. Cette grande négociation, échouée, n'était pas d'un heureux augure pour la bonne foi des autres puissances de l'Europe; effectivement une conjuration nouvelle les liait déjà toutes contre Napoléon.

Les nouvelles arrivant de l'armée devenaient de plus en plus inquiétantes. L'empereur se décida à partir pour la rejoindre, en confiant la régence à l'impératrice Marie-Louise.

Il arriva à Mayence le 16 avril à minuit; en moins de huit jours, il organisa sa nouvelle armée, et le 25 il était à Erfurt. Napoléon reçut les acclamations de la jeune armée, qu'il ne connaissait pas encore. Il passa en revue les longues colonnes de ses nouveaux soldats; bientôt il fut connu de tous, et tous jurèrent au fond de leur cœur de vaincre avec lui.

Cependant déjà l'Autriche commençait à lever le masque. Le prince de Schwartzemberg gardait de jour en jour moins de ménagemens; il alla même jusqu'à dire que la politique avait fait le mariage de Napoléon, et que la politique pourrait bien le défaire. L'empereur quitta Erfurt à la tête de quatre vingt mille hommes, qu'il allait déployer devant les alliés, qui croyaient n'avoir plus à détruire que les débris échappés de la Russie. Napoléon n'avait d'autre but que de livrer la grande bataille qui devait lui ouvrir les portes de Dresde, et de transporter en Silésie le théâtre de la guerre. Déjà l'empereur avait assigné à tous les maréchaux les positions qu'ils devaient occuper, lorsqu'il entendit une violente canonnade, et on vint lui apprendre que toute l'armée alliée attaquait les Français. Napoléon accepte le champ de bataille que ses adversaires choisissent. L'engagement commença et devint terrible de part et d'autre; la terre se jonchait de morts. Déjà cette lutte sanglante durait depuis deux heures. Napoléon, au milieu de l'épouvantable tempête qui éclatait autour de lui, demeurait intact; les balles et la mitraille le respectaient; jamais il ne fut plus exposé. Il sentait la nécessité de gagner cette première bataille, pour étonner l'Europe et rassurer la France. Deux fois les Français avaient pris et repris le village Kaya; enfin ils le reprirent une troisième fois, et restèrent victorieux. Mais Napoléon ne s'aveugla pas sur le succès qu'il venait d'avoir à

Lutzen, et soudain il s'avança sur Dresde en menaçant Berlin.

L'empereur, après la victoire, avait toujours essayé d'obtenir la paix ; cette fois encore, il fit une démarche vers l'empereur Alexandre ; mais le silence du czar lui prouva suffisamment ses intentions, et Napoléon sentit les périls de sa propre position.

Le 8 mai, l'empereur fit son entrée à Dresde. Une députation vint au devant de lui, mais Napoléon, irrité, l'accabla de reproches, et dit que les habitans mériteraient qu'il les traitât en pays conquis, pour avoir trahi les Français, dont ils avaient reçu tant de preuves de générosité ; cependant il ajouta qu'il voulait tout pardonner. Bénissez votre roi, le roi de Saxe, ajouta-t-il, car c'est lui qui vous sauve, et je ne pardonne que pour l'amour de lui. Qu'une députation aille le prier de vous rendre sa présence.

En apprenant la victoire de Lutzen et l'entrée de Napoléon à Dresde, l'empereur d'Autriche envoya M. de Budna auprès de son gendre. Cette démarche fit croire à une paix prochaine ; mais bientôt de nouveaux préparatifs de guerre vinrent détruire cette espérance. Ce fut alors que l'infortuné maréchal Duroc s'écria : « Ceci » devient trop long ; nous y passerons tous ! »

Pendant cette campagne, Napoléon ne prenait pas un instant de repos. Les journées s'écoulaient en combats ou en courses à cheval et toutes ses nuits étaient consacrées à des travaux de cabinet ; il résistait à toutes les fatigues.

Le 20 mai une nouvelle bataille est livrée dans les

plaines de Batzeno; elle commença à une heure et fut gagnée à trois, ainsi que l'avait prédit Napoléon. Il était frappé d'étonnement en voyant la bravoure de la jeune armée. Ces conscrits à peine sortis de l'enfance s'étaient battus en héros !

L'empereur se mit à la poursuite de l'arrière-garde russe, qui lui échappait, lorsque deux ou trois boulets vinrent creuser la terre autour de lui ; un autre boulet passe et renverse un chasseur dans les jambes du cheval de Napoléon, qui dit alors à Duroc : « La fortune nous » en veut bien aujourd'hui. » Tout-à-coup, un boulet perdu ricoche contre un arbre, tue raide le général du génie Kirgener, et ouvre le bas-ventre du grand-maréchal Duroc. En apprenant cette cruelle nouvelle, l'empereur se rendit auprès du maréchal. Il le trouva avec toute sa connaissance. Le duc serra la main de l'empereur et la porta sur ses lèvres : « Toute ma vie, lui dit » il, a été consacrée à votre service, et je ne la regrette » que pour l'utilité dont elle pouvait vous être encore. » — Duroc, lui dit l'empereur, il est une autre vie ; » c'est là que vous irez m'attendre. — Oui, sire, mais » ce sera dans trente ans, lorsque vous aurez réalisé » toutes les espérances de notre patrie. J'ai vécu en » honnête homme; je ne me reproche rien. Je laisse » une fille, Votre Majesté lui servira de père. » L'empereur tenait la main du maréchal et resta plus d'un quart-d'heure dans un anéantissement profond. « Ah! » sire, lui dit le maréchal, retirez-vous, ce spectacle » vous peine. » L'empereur se retira alors en s'appuyant

sur le duc de Dalmatie, et disant au mourant : « Adieu
» donc, mon ami. »

Le duc de Frioul mourut le lendemain matin, et son corps fut transporté à Paris, dans l'église des Invalides, pour y recevoir les honneurs funèbres. Napoléon acheta la maison dans laquelle il était mort, et chargea le pasteur de faire placer à l'endroit du lit une pierre sur laquelle seraient gravés ces mots :

« Ici, le général Duroc, duc de Frioul, grand-ma-
» réchal du palais de l'empereur Napoléon, frappé d'un
» boulet, est mort dans les bras de l'empereur, son
» ami. »

Cependant la vive poursuite de Napoléon fatiguait les alliés. Ils changèrent tout-à-coup d'intention, et demandèrent un armistice. Napoléon accepte leur demande, qui voilait la plus basse perfidie ; ainsi la campagne militaire fut suspendue.

Les conférences relatives à l'armistice furent ouvertes le 20 mai, et le 4 juin l'armistice fut signé ; il était de quarante jours. Mais Napoléon traitait avec des puissances malveillantes et sans foi ; il apprit que l'Autriche s'était liée avec l'Angleterre et les alliés ; l'Angleterre avait de même effrayé Alexandre, et les subsides achevèrent ce que les menaces avaient commencé. Alors Napoléon sentit qu'il devait aussi se préparer à la guerre. Le roi de Naples, quoique d'accord en secret avec l'Autriche, vint offrir son épée à son beau-frère. Napoléon, d'après sa conduite pendant la retraite de Russie, aurait dû s'en défier, mais il était si brave qu'il dût le croire fidèle ; d'ailleurs, il lui fallait combattre les deux cent mille hommes de l'Autriche, les réserves russes et prussiennes, et l'armée suédoise. Napoléon, depuis lors, a lutté en vain ; il était condamné par l'Europe, et il ne pouvait plus lui résister. Un seul moyen de salut lui était offert : c'était de ne plus se défendre que sur le terrain de la patrie, à la tête et au milieu de la nation. S'il avait fait cette retraite, l'Europe se fut arrêtée avec respect devant les remparts de la France, armée sur ses frontières. Il fallait sacrifier au repos du monde les fruits de vingt années de gloire et de conquêtes ; alors toutes les haines et les vengeances eussent expiré dès l'instant que les puissances auraient conquis leur indépendance.

L'armistice n'avait été demandé que pour donner le temps à l'Autriche de compléter ses armemens, et dès-lors elle déclara la guerre à la France, ainsi que la Russie. Le 1er juin, à six heures du matin, l'avant-garde française entra dans Breslaw. Napoléon, ne sachant pas jusqu'à quel point il était prudent de s'avancer, s'établit dans une petite ferme ; et le 26 août, malgré les représentations de ses généraux, l'empereur ordonna le mouvement d'attaque. Les deux armées donnèrent l'une contre l'autre sans le savoir, au milieu d'un épais brouillard. Le but était de refouler le général prussien Blücher sur l'Oder ; mais les Français se firent repousser dans le village de Kroztsch, où le parc et les bagages du onzième corps restèrent au pouvoir des Prussiens ; et le général Lauriston ne parvint à rentrer dans la ville de Goldberg qu'en laissant sur le champ de bataille dix-huit pièces de canon, tandis que la division Puthod succombait sous le nombre, malgré sa résistance héroïque ; les eaux du Bober ensevelirent tous ceux qui ne purent se sauver à la nage. Cette bataille coûta à la France cent pièces de canon et vingt-cinq mille hommes, dont quinze mille prisonniers. Le général Vandamme éprouva une déroute complète ; ses soldats abandonnèrent leur artillerie. Pendant ce temps, Napoléon, surpris par de violens vomissemens, fut contraint de retourner à Dresde.

Le 2 septembre, les trois souverains se réunirent à Tœplitz, où lord Abeerden, ministre britannique, reçut leur serment, et l'on signa l'accession solennelle de l'Autriche à la ligue du Nord. C'est ainsi que François II préparait la ruine de son gendre. Napoléon s'était longtemps refusé à croire que l'empereur d'Autriche pût faire cause commune avec les coalisés du Nord, contre sa fille et son petit-fils. Il montrait une vive agitation, et sentit le besoin de prendre quelque repos; la nuit il eut, pour la première fois de sa vie, un violent accès de fièvre. A son réveil il apprit que le général Moreau, qui était venu d'Amérique pour passer en Russie, se trouvant alors dans les armées ennemies, qu'il dirigeait par ses conseils, avait eu les deux jambes emportées par un boulet de canon, et qu'il n'avait survécu que peu d'heures à l'amputation. « Ainsi, dit-il, » Moreau a trouvé la mort la première fois qu'il a pris » les armes contre sa patrie. »

Après divers ordres donnés à l'armée, l'empereur quitta Dresde. La victoire s'était enfin lassée, le reste de la campagne ne fut qu'une suite de désastres : un régiment westphalien déserta avec armes et bagages, et passa à l'ennemi. L'empereur sentait la nécessité d'opposer un prompt obstacle aux progrès des alliés. Son projet était alors de tomber sur Blucher et sur Bernadotte, qui commandait les Suédois, dont l'armée française n'était séparée que par une rivière. Mais le temps était malheureusement passé, où la seule indication des intentions de l'empereur était regardée comme un signal de victoire. Les chefs de l'armée osèrent blâmer des projets dont l'exécution les effrayait. Quand on connut l'intention de l'empereur de marcher sur Berlin, ce fut le signal d'un mécontentement presque général ; enfin son état-major se réunit pour le supplier d'abandonner ses plans sur Berlin, et de se retirer sur Leipsig. Ce fut un des plus cruels momens de la vie de l'empereur, que celui où il fut contraint d'écouter de pareilles remontrances. Il resta deux jours dans la cruelle anxiété de l'indécision ; enfin il céda.

En quittant Dresde, Napoléon donna l'ordre au général Saint-Cyr d'y tenir jusqu'à la dernière extrémité, voulant conserver cette capitale à tout prix. Les soldats se livraient à des transports de joie immodérés, à la pensée qu'ils allaient revoir la France, leurs parens, leurs amis. L'empereur et certains maréchaux ne partageaient pas l'allégresse générale ; ils étaient frappés de noirs pressentimens sur les dangers de ce mouvement rétrograde.

Napoléon se dirigea sur Duben et ensuite sur Leipsick. Là, les deux armées firent leurs préparatifs pour l'engagement qui devait avoir lieu le lendemain. La bataille commence; une canonnade effroyable part des deux lignes; les villages de Wachau et de Liebertwolkwitz, six fois attaqués, résistent toujours. Napoléon juge le moment favorable pour forcer le centre de l'ennemi, mais l'ennemi oppose une barrière impénétrable à la fureur française. Le roi de Naples, après avoir repoussé les cosaques, recule à son tour, en perdant vingt-quatre bouches à feu, dont on venait de s'emparer. Enfin, après des prodiges de valeur, Napoléon remporta la victoire. Cette affaire nous coûta deux mille hommes ; Blücher en perdit dix mille. Mais dans l'impossibilité où se trouvait l'armée française de recevoir des renforts, ses pertes étaient irréparables.

On amène à Napoléon le général Meerweldt, auquel il fait rendre son épée; ensuite il le charge d'offres conciliatrices pour François II. Napoléon resta ensuite dans sa tente à dresser le plan de la bataille du lendemain. A dix heures, les deux armées furent en présence ; alors eut lieu un carnage effrayant de part et d'autre, que la nuit seulement vint interrompre. Les troupes saxonnes passèrent dans cette journée à l'ennemi, malgré les efforts de leurs chefs, et dirigèrent le feu de leur artillerie sur les lignes qu'elles venaient d'abandonner. La défection de ces indignes soldats laissa un grand vide dans l'armée, et dix mille hommes de part et d'autre payèrent de leur sang l'affaire de Schœnfeld. Cependant les munitions manquaient depuis plusieurs jours ; il ne restait plus que dix mille cartouches, ce qui ne pouvait soutenir le feu pendant deux heures, et la retraite fut décidée.

A la nouvelle de notre retraite, les alliés, pleins de joie, lancèrent toutes leurs masses contre Leipsick. Napoléon désirant épargner à cette malheureuse ville le désastre qui la menace, des parlementaires français intercèdent pour elle ; ces propositions sont repoussées avec froideur. Le pont de l'Elster, sur lequel on se dirigea, était le seul passage qui pût favoriser la retraite. Le roi de Naples accourut pour annoncer à Napoléon qu'il venait de sauter ; par suite de ce malheur, plus de vingt mille hommes se trouvèrent séparés de l'empereur. Alors ils se livrèrent au plus affreux désespoir, et jurèrent mille fois de mourir plutôt que de rendre les armes. Éperdus, ils se précipitent dans la Pleiss et l'Elster, mais la plupart restent embourbés dans un fond marneux, et meurent sans pouvoir se dégager. Macdonald passe à la nage, mais le malheureux général Dumouriez se noie. Depuis le matin, le brave Poniatowski, général des troupes polonaises, restées fidèles aux Français, arrêtait les efforts des alliés par des prodiges de valeur. En apprenant qu'il n'y avait plus d'espoir : « C'est ici, dit-il, qu'il faut succomber avec » honneur ! » Bientôt, couvert de blessures, il s'élance dans le fleuve et trouve la mort au milieu des flots ! Pendant ce temps, Napoléon fuyait en combattant toujours ses ennemis, qui le poursuivaient avec des forces quadruples des siennes. Lorsqu'il eut passé Fulde, l'acharnement de l'ennemi cessa ; on n'eut plus à se défendre que contre quelques hordes de cosaques. Mais une armée austro-bavaroise se porta sur les derrières de nos troupes pour lui couper la retraite sur la France ; dans cette vue elle se présenta devant Wurtzbourg, mais là elle fut arrêtée par douze cents Français. Leur commandant rejeta toute espèce de sommation, et s'apprêta à disputer le passage à cinquante mille hommes, qui firent jouer contre les Français cent pièces de canon. Napoléon apprend ce péril et se porte de ce côté. Bientôt l'ennemi, dispersé, est contraint à fuir, après avoir eu sept mille hommes tués, blessés ou prisonniers. Ce fut le dernier combat de la campagne ; et dès-lors Napoléon ne fit plus de plans pour conquérir des provinces, mais pour garantir la patrie d'une invasion étrangère.

CHAPITRE VI.

Campagne de France. — Marche des alliés sur Paris. — Leur entrée dans cette ville. — Abdication de Napoléon. — Ses adieux à son armée.

Dès l'instant que Napoléon eut revu l'impératrice et son fils, il parut avoir repris sa sérénité, et son inconcevable activité sembla redoubler ; il s'occupa sans relâche des nombreux travaux qu'il faisait faire dans Paris. Mais il ne recevait plus que de tristes nouvelles de l'armée ; des troupes équipées comme par enchantement étaient dirigées sur le Rhin. Le danger qui menaçait la capitale était vivement senti par elle ; on vit alors pour la première fois demander au sénat un contingent d'hommes par anticipation sur l'année suivante. On avait évacué la Hollande ; Gouvion-Saint-Cyr avait été contraint de signer à Dresde une capitulation ; et, pour comble de chagrin, le roi de Naples se joignit aux ennemis de la France : c'est ainsi qu'il trahit la reconnaissance et son propre intérêt ; s'il se fût joint au brave et loyal Eugène qui défendait en Italie les intérêts et la cause de son beau-père, ils auraient ensemble marché sur Vienne et auraient peut-être sauvé la France.

Lorsque Napoléon était inquiet, il se montrait souvent en public, autant pour juger par l'accueil des Parisiens de leurs sentimens à son égard, que pour les rassurer par son air calme et satisfait. Il était toujours reçu avec acclamations lorsqu'il se présentait au théâtre ; mais les mères et les veuves en deuil n'étaient pas là, ou elles se taisaient.

Napoléon ne pouvait se dissimuler que sa destinée dépendait de la prochaine campagne. Si elle était heureuse, il pouvait encore dicter des lois aux étrangers ; mais si la fortune le trahissait, il devait perdre sa couronne et voir le territoire sacré de la patrie au pouvoir des alliés. Il ne lui restait donc que trois partis : combattre et vaincre, combattre et mourir glorieusement, ou abdiquer.....

Le 23 janvier 1814, il confie le roi de Rome et sa mère à la garde nationale de Paris ; il donne la régence à l'impératrice, abandonne le commandement militaire de la capitale à son frère Joseph, et part dans l'espoir de sauver la patrie.

L'armée autrichienne, après avoir pénétré dans l'intérieur de la France, s'était dirigée sur Troyes, qui courait un imminent danger. Bientôt instruit que le duc de Trévise se retire dans cette ville, Napoléon court à Saint-Dizier, et coupe en deux l'armée ennemie. Il aurait voulu qu'une grande bataille, qui devait décider du sort de l'état, fût livrée à Brienne.

Cette petite ville était défendue par les Russes, et le château par les Prussiens. Alors on vit le combat le plus acharné qui ait jamais eu lieu, douze heures d'une lutte opiniâtre ne le termina pas; la perte fut énorme des deux côtés. Napoléon, sur les dix heures du soir, regagnait son quartier-général de Mézières, lorsqu'une troupe de cosaques se jeta sur lui; et l'un d'eux allait le percer de sa lance, mais le général Gourgaud l'étendit mort aux pieds de Napoléon, d'un coup de pistolet. A la suite du combat, les Russes battirent en retraite sur Bar-sur-Aube. A chaque pas on trouvait des traces du passage de l'ennemi; après avoir pris les villages, ils maltraitaient les habitans à coups de lance et les dépouillaient de leurs habits, emportaient les vivres, et finissaient par le pillage et l'incendie.

Pendant cette campagne, à Champ-Aubert, à Montmirail, à Nangis, à Montereau, à Arcis, l'empereur eut encore l'avantage; mais ces avantages éclaircissaient l'armée française, qui se retrouvait sans cesse en présence de nouveaux ennemis frais et reposés, tandis que les Français, harassés de combats et de marches forcées, ne se soutenaient plus que par le courage.

Napoléon, après avoir résisté long-temps aux instances de ceux qui l'entouraient, avait donné plein pouvoir à son ministre, le duc de Vicence, de conduire une négociation à une heureuse issue.

Le duc de Vicence demande des instructions sur les sacrifices qu'il faut faire. Après de cruelles angoisses, Napoléon se décide à céder la Belgique et la rive gauche du Rhin, l'Italie, le Piémont, l'Allemagne, Gênes..... Mais sa dépêche n'est pas encore signée... A sept heures du matin il reçoit un rapport sur le mouvement des armées russes ; un éclair d'espérance fait suspendre l'envoi de la dépêche. Napoléon charge le général Bourmont de défendre Nogent ; et, par d'incroyables succès, il ramenait la fortune, qui pouvait encore le sauver. L'empereur rentre à Troyes ; il y apprend que plusieurs des habitans ont des connivences avec les partisans de la dynastie des Bourbons. Deux émigrés sont dénoncés pour avoir porté la croix de Saint-Louis et la cocarde blanche ; l'un d'eux est pris et fusillé. L'empereur apprend encore que des lettres émanées de Louis XVIII sont parvenues aux premiers personnages de l'empire. Le duc de Berri est à Jersey, le duc d'Angoulême à Saint-Jean-de-Luz avec l'armée anglaise, et le comte d'Artois, leur père, en Franche-Comté. Napoléon rend un décret qui prononce la peine capitale contre ceux qui auront arboré les insignes de l'ancienne monarchie.

La paix aurait sans doute été conclue si le duc de Vicence avait été autorisé à faire les sacrifices que la France ne pouvait éviter. Les courriers dépêchés par Napoléon pour l'autoriser définitivement à toutes les concessions furent pris par les ennemis.

Napoléon se livre en vain au fer et au feu de toutes les

batailles, la mort qu'il semble chercher le fuit. Un obus tombe à ses pieds, il pousse son cheval; la pièce éclate, mais ni lui ni son cheval même ne sont atteints. Une lutte n'est pas terminée qu'il se reporte en avant pour en commencer une autre.

Pendant ce temps, néanmoins, Napoléon est parvenu, après des succès réitérés, à tourner l'armée ennemie, qu'il est près de séparer de ses convois et de ses renforts. La terreur s'empare alors du conseil des souverains alliés. Que vont-ils décider? Faut-il qu'ils opèrent leur retraite, ou qu'ils tentent une démarche hardie et désespérée sur Paris? L'empereur Alexandre passa la nuit où il eut à se prononcer sur cette grave question dans de telles angoisses, qu'une partie de ses cheveux en blanchit. Cependant le parti le plus hardi est pris par les alliés, et ils se mettent en marche vers la capitale pour tâcher d'y aller déterminer une révolution en faveur de la dynastie des Bourbons.

Napoléon reçoit un avis qui porte : « Il n'y a pas un moment à perdre pour sauver Paris. » Joseph a l'ordre de résister jusqu'à la dernière extrémité, de barricader les rues, de créneler les maisons, de couper les ponts, d'enlever les bateaux.

Cependant, à la nouvelle que l'ennemi s'approche de la capitale, l'impératrice s'empresse de la quitter et se dirige sur Blois avec son fils, qui, en voyant qu'on l'emmenait des Tuileries, s'était écrié : « Non, je veux rester à Paris. » Les grands dignitaires et les ministres suivent Marie-Louise.

Pendant ce temps, Napoléon semble avoir des ailes;

à chaque poste il demande des nouvelles de l'impératrice et du roi de Rome. On lui apprend qu'on se bat aux portes de Paris, et que sa femme et son fils l'ont quitté. Il redouble de vitesse ; mais il est trop tard : il apprend que Paris vient de capituler. L'empereur était à pied sur la route lorsqu'il reçut cette accablante nouvelle. Il envoya le duc de Vicence à Bondy, quartier-général de l'empereur Alexandre, pour traiter. Alexandre remit sa réponse après l'entrée à Paris, et Napoléon fut réduit à se rendre à Fontainebleau pour l'attendre. Les restes de son armée, pressés autour de lui, étaient encore prêts à mourir pour le défendre.

L'empereur était morne et accablé ; souvent ceux même qu'il avait fait appeler étaient depuis long-temps en sa présence sans qu'il les aperçût ; il était dans un état presque léthargique ; de profonds soupirs s'échappaient de sa poitrine. Cette situation était horrible. Enfin, secouant tout-à-coup cet engourdissement, il passa en revue sa garde qui venait de le rejoindre à Fontainebleau ; et il parla ainsi à ses soldats :

« Soldats, l'ennemi nous a dérobé trois marches, et
» s'est rendu maître de Paris ; il faut l'en chasser.
» D'indignes Français, des émigrés auxquels nous avons
» pardonné, ont arboré la cocarde blanche et se sont
» joints aux ennemis. Les lâches, ils recevront le prix
» de ce nouvel attentat ! Jurons de vaincre ou de mou-
» rir, et de faire respecter cette cocarde tricolore qui,
» depuis vingt ans, nous trouve sur le chemin de la
» gloire et de l'honneur. » L'enthousiasme des soldats fut extrême ; tous s'écrièrent : « Paris ! Paris ! » Mais les

affaires devinrent de plus en plus contraires aux projets de Napoléon.

Le 31 mai 1814, Alexandre et Frédéric-Guillaume, roi de Prusse, ainsi que le généralissime autrichien Schwartzemberg, firent leur entrée dans Paris; ils furent étonnés du profond silence qui régna sur leur passage. L'armée alliée portait un brasselet blanc, signal que donnaient les vainqueurs de se rallier à la famille royale. Quelques femmes hardies attachèrent des cocardes blanches au chapeau des hommes sur le boulevard des Italiens; quelques fenêtres furent pavoisées avec des mouchoirs blancs, et l'on entendit des cris de *vivent les Bourbons!* Le soir, dans le conseil souverain, on décida que l'existence de Napoléon en France était incompatible avec le repos de l'Europe, et qu'on devait rétablir l'ancienne dynastie. Quelques jours après, le Sénat, convoqué et gagné par le prince de Talleyrand, déclara Napoléon déchu du trône, le droit d'hérédité aboli dans sa famille, et le peuple ainsi que l'armée déliés envers lui du serment de fidélité. Le prince de Schwartzemberg envoya au duc de Raguse, qui commandait une partie de l'armée, à son quartier général d'Essone, une invitation du gouvernement provisoire de se ranger sous les drapeaux de la cause royale. Le maréchal Marmont se hâta de répondre qu'il était prêt à quitter avec ses troupes l'armée de l'empereur Napoléon, aux conditions suivantes: que « les troupes françaises qui quitteraient
» Napoléon Bonaparte pourraient se retirer en Nor-
» mandie avec armes et bagages; et que si, par suite
» des événemens, la personne de Napoléon Bonaparte

» tombait au pouvoir des alliés, sa vie et sa liberté se-
» raient garanties dans un espace de terrain et dans
» un pays circonscrit au choix des puissances alliées et
» du gouvernement français. » La garantie fut envoyée,
et Marmont livra ses troupes.

Ce qu'il restait à Napoléon de maréchaux fidèles l'abordèrent alors avec douleur, et lui firent comprendre la nécessité d'abdiquer. Enfin Napoléon signa l'abdication rédigée en ces termes :

« Les puissances alliées ayant proclamé que l'empe-
» reur Napoléon était le seul obstacle au rétablissement
» de la paix en Europe, l'empereur Napoléon, fidèle à
» son serment, déclare qu'il est prêt à descendre du
» trône, à quitter la France, même la vie, pour le bien
» de sa patrie, inséparable des droits de son fils, de ceux
» de la régence de l'impératrice et du maintien des lois
» de l'empire. »

Une dernière tentative fut encore faite par Napoléon auprès des souverains alliés pour obtenir le maintien des droits de sa femme et de son fils ; mais elle fut définitivement repoussée. A cette nouvelle, l'empereur ne prononça pas un mot ; et congédiant tout le monde, il se retira de bonne heure et se coucha. A minuit il sonna ; il venait de délayer dans un verre d'eau et de boire une poudre contenue dans le petit sachet qu'il portait suspendu à son cou au bout d'un ruban noir, depuis la campagne d'Espagne.

« Je vais mourir! dit-il à ceux qui s'empressèrent d'ar-

» river. On a traîné mes aigles dans la boue...; Marmont
» m'a porté le dernier coup!... L'abandon de Berthier
» m'a nâvré!...... Mes vieux amis..., mes compagnons
» d'armes.....» Quelques mouvemens convulsifs agitèrent sa figure, et un léger vomissement suivit cette crise. On le supplia de prendre une potion calmante; il repoussa tous les efforts. Mais le docteur Yvan, devinant que l'empereur avait voulu s'empoisonner, et que le poison, conservé depuis long-temps, avait perdu de son efficacité, obtint à la fin que l'empereur bût une tasse de thé, après laquelle il s'assoupit; et à son réveil, le danger était passé. Alors il se leva; son teint était livide, ses yeux enfoncés. « La mort ne veut pas de moi! » dit-il; et son ame reprit bientôt toute son énergie.

Par un traité signé à Paris et à Fontainebleau, l'empereur Napoléon, l'impératrice et tous les membres de la famille impériale devaient conserver leurs titres et leurs qualités. L'île d'Elbe était accordée en toute souveraineté à Napoléon, avec 2,000,000 de revenu. On donnait à l'impératrice les duchés de Parme, Plaisance et Guastalla; ces duchés devaient passer à son fils. 2,500,000 fr. étaient accordés aux membres de la famille impériale; on assignait 1,000,000 au traitement de l'impératrice Joséphine; et un établissement était assuré hors de la France au prince Eugène. L'empereur Napoléon pouvait emmener avec lui et conserver pour sa garde quatre cents hommes.....

L'empereur d'Autriche enleva à Napoléon sa femme et son fils. On ne sait rien sur la résistance que Marie Louise peut avoir opposée à son père pour remplir ses devoirs d'épouse et de mère. Quant à Joséphine, elle mourut à la suite d'une courte maladie, un mois à peine après l'abdication de Napoléon.

Le 16 avril, les commissaires chargés d'accompagner l'empereur jusqu'au lieu de son embarquement pour l'île d'Elbe arrivèrent. Napoléon embrassa ses amis; il descendit les degrés du palais, et se trouva au milieu de sa garde. Elle était rangée dans la cour du palais : ces vieux soldats, flétris et cicatrisés par tant d'illustres travaux, tenaient leurs regards baissés. Napoléon, à leur vue, se rappelle toutes ses victoires, et leur laisse voir son visage couvert de larmes. Ils pleuraient aussi. Alors Napoléon leur dit :

« Je vous fais mes adieux. Depuis vingt ans que nous
» sommes ensemble, je suis content de vous; je vous ai
» toujours trouvés au chemin de la gloire. Toutes les
» puissances de l'Europe se sont armées contre moi ;
» quelques-uns de mes généraux ont trahi leurs de-
» voirs et la France : elle-même a voulu d'autres desti-
» nées. Avec vous et les braves qui me sont restés fidèles
» j'aurais pu entretenir la guerre civile ; mais la France
» eût été malheureuse. Soyez fidèles à votre nouveau
» roi ; soyez soumis à vos nouveaux chefs, et n'aban-
» donnez point notre chère patrie. Ne plaignez pas mon
» sort : je serai heureux lorsque je saurai que vous l'êtes
» vous-mêmes. J'aurais pu mourir ; si j'ai consenti à
» vivre, c'est pour servir encore à votre gloire : j'écri-
» rai les grandes choses que nous avons faites. Je ne
» puis vous embrasser tous, mais j'embrasse votre gé-
» néral : venez, général Petit, que je vous presse sur

» mon cœur! Qu'on m'apporte l'aigle, que je l'em-
» brasse aussi! Ah! chère aigle, puisse le baiser que je
» te donne retentir dans la postérité! Adieu, mes en-
» fans! mes vœux vous accompagneront toujours;
» gardez mon souvenir. »

CHAPITRE VII.

Retour de Napoléon de l'île d'Elbe. — Bataille de Waterloo. —
Seconde abdication de Napoléon. — Il s'embarque sur le *Bellérophon*. — Il est conduit à Sainte-Hélène.

Napoléon, retiré à l'île d'Elbe avec le titre d'empereur et une petite armée qu'il avait conservée, n'avait avec la France aucunes communications directes; les étrangers seuls portaient et rapportaient les nouvelles.

Les souverains alliés avaient retiré leurs troupes du territoire français, après y avoir rétabli le trône des Bourbons; ensuite ils s'étaient réunis en congrès à Vienne pour y faire des traités entre eux. Des lettres de cette ville annoncèrent à Napoléon le dessein proposé aux alliés par les ministres de Louis XVIII, de le surprendre à l'île d'Elbe et de le transporter à l'île Sainte-Hélène. Il savait aussi que le gouvernement de France ne voulait plus exécuter le traité de Fontainebleau. Ces circonstances le décidèrent à tenter de ressaisir l'empire qu'il avait perdu. « Le sort en est jeté, dit-il enfin, je partirai. » Sa mère et sa sœur Pauline l'avaient suivi Sur la

fin de février 1815, un soir qu'elles donnaient une fête, tandis qu'elles en faisaient les honneurs, Napoléon monta sur le brick *l'Inconstant* avec onze cents hommes qui composaient toute son armée. Après une heure de route en mer : « Grenadiers, dit-il à son escorte, nous allons en France, à Paris. » Et des cris de joie lui répondirent. Le soir, un bâtiment français vint droit sur la flotille. Napoléon fit coucher sa garde sous le pont. Ce bâtiment demanda à l'*Inconstant* des nouvelles de l'empereur. Napoléon répondit lui-même qu'il se portait bien. Enfin il débarqua au golfe de Juan; il revoyait la terre de France! Il fit aussitôt imprimer des proclamations qui furent répandues de tous côtés ; puis il marcha droit sur Paris. Au premier poste militaire qu'il rencontra, il marcha seul droit aux soldats, et se faisant reconnaître, il les entraîna sur ses traces. De là, s'avançant sur Grenoble, le colonel Labédoyère, qui y commandait un régiment, vint lui rendre son épée en disant : « Sire, commandez, voilà vos troupes. » Lyon se rendit de même, ainsi que tous les corps d'armée que les Bourbons avaient envoyés au-devant de lui pour le combattre. Tant que dura sa route, il exerça sur les esprits cet empire qui lui gagnait tant de cœurs. Enfin, le 20 mars, il rentra dans Paris sans avoir tiré un seul coup de fusil. Les Bourbons en étaient partis la veille, et s'étaient dirigés vers la frontière. Napoléon entra aux Tuileries porté sur les bras de la multitude.

Quoique l'armée tout entière et une grande partie du peuple fussent pour lui à cause de la haine qu'on portait à l'étranger, et par la crainte du retour des abus de l'ancien régime, Napoléon sentait le besoin de rassurer cette portion éclairée de la nation qui pouvait redouter son despotisme et son ambition, et dont l'influence pouvait lui nuire dans l'esprit du peuple. Créer un gouvernement libre était rassurer les puissances étrangères et les disposer à traiter avec lui. Il fit donc une nouvelle constitution, dans laquelle il suivit les bases de la charte constitutionnelle que Louis XVIII avait donnée l'année précédente en recouvrant le trône de ses ancêtres. Cette nouvelle constitution créait une chambre des pairs, qui fut composée des nobles que Napoléon avait faits au temps de son empire, et une chambre de représentans qui fut élue par le peuple.

Lorsque ces chambres eurent été rassemblées, au commencement de juin, Napoléon s'empressa d'aller rejoindre son armée qui l'attendait sur la frontière de la Belgique. Là, il adressa aux soldats une de ces proclamations pleines de force et d'éloquence avec lesquelles il savait inspirer le désir de vaincre ou de périr. En quelques jours il a rassemblé ses troupes et surpris son ennemi encore dispersé dans ses cantonnemens ; il allait commencer l'attaque, lorsque le général Bourmont passa à l'étranger et courut porter à l'ennemi les renseignemens les plus précieux pour lui. Napoléon fut forcé de changer ses dispositions ; et un jour de perdu lui fit manquer une première fois la victoire.

Le 16 juin, il livre enfin une bataille aux Prussiens, qui étaient commandés par Blücher, et les défait complètement. Mais si les ordres que Napoléon avait donnés au général Ney, qui commandait sa gauche, avaient pu être exécutés, au lieu d'une défaite, les Prussiens éprouvaient un désastre. En effet, Blücher, renversé de son cheval pendant la déroute, fut secouru par la cavalerie qui vint le dégager ; puis il se rallia le lendemain par la faute du général Grouchy, qui, chargé de le poursuivre, ne mit pas assez de rapidité dans l'exécution de cet ordre.

Wellington, qui commandait une armée anglaise et belge, surpris par l'activité de Napoléon, n'avait pas eu le temps d'opérer sa jonction avec Blücher, et fut obligé de battre en retraite après cette défaite ; mais, s'étant entendu ensuite avec le général prussien, qui devait le seconder, il attendit l'armée de Napoléon dans les plaines de Waterloo.

Napoléon ne put l'attaquer, le 18 juin, qu'à onze heures, à cause des torrens de pluie qui inondèrent le terrain toute la matinée. A trois heures, l'armée de Wellington pliait déjà, et Blücher n'arrivait point ; les bagages et les fuyards commençaient à encombrer la route de Bruxelles. La bataille était gagnée si Grouchy se fût présenté ; car, inquiet, étourdi, le général Wellington versait déjà des larmes. Mais un premier corps prussien arriva pour le secourir ; enfin Blücher se présenta lui-même avec son armée tout entière. Dès-lors les Français, mutilés par sept heures de combat, ne purent résister à des troupes fraîches. L'empereur attendit en vain Grouchy ; les estafettes qu'il lui envoya coup sur coup pour le presser d'arriver se perdirent. Le désordre se mit dans nos rangs, une terreur panique s'en empara bientôt ; et la cavalerie de la garde impériale, qui avait été compromise dans le fort du combat par un faux mouvement que l'empereur n'avait pas ordonné, ne pouvant soutenir la retraite, rien ne fut capable de rallier les soldats ; ceux-ci n'avaient d'ailleurs aucune confiance dans leurs chefs, croyant qu'ils trahissaient Napoléon en faveur des Bourbons. La déroute fut complète. La tente de Napoléon fut prise et pillée, et l'on y saisit son épée d'apparat, dont la poignée était ornée du fameux diamant *le régent*, et d'autres effets qui allèrent servir de trophées chez les peuples ennemis, heureux d'avoir enfin vaincu Napoléon si long-temps victorieux. Napoléon, accablé, avait fait de vains efforts pour trouver la mort, en chargeant lui-même à la tête de ses derniers escadrons ; entraîné par les fuyards, il ne s'arrêta que loin de là, derrière la Sambre, à cinq heures du matin. Alors il prit la résolution de laisser le soin de rallier son armée au maréchal Soult et de revenir en hâte à Paris, où l'attendait un autre combat à livrer au parti républicain dans la chambre des représentans.

Il arriva dans la capitale en même temps que le bruit de sa défaite ; il venait demander des secours et une nouvelle armée. Mais la chambre, le voyant vaincu, craignit qu'en lui fournissant les moyens de ressaisir la victoire il n'en abusât pour rétablir son despotisme, et se décida à profiter de son échec pour le renverser complètement, espérant trouver dans l'état de choses présent assez de force pour s'opposer au retour des Bourbons et pour l'établissement d'un gouvernement libre tel qu'elle le désirait. La Chambre se prononça formellement contre Napoléon, et demanda son abdication.

Napoléon, abandonné, dégoûté d'un trône qu'il ne pouvait plus conserver que par des moyens qui répugnaient à son caractère et à son génie, enfin, n'étant plus soutenu par la victoire, résigna une seconde fois la couronne : il abdiqua en faveur de son fils, mais sans espoir que la Chambre adoptât réellement cet enfant, comme elle cherchait à le faire croire.

En effet, dans le premier moment, ce fils fut solennellement proclamé empereur sous le nom de Napoléon II ; mais le gouvernement provisoire qui fut ensuite établi par la Chambre rendit les actes au nom du peuple français, au lieu de les rendre au nom de Napoléon II. Fouché, duc d'Otrante, président de ce nouveau gouvernement, sommé de s'expliquer à ce sujet, répondit que Napoléon II n'ayant été reconnu par aucune puissance, on ne pouvait traiter en son nom, et qu'il fallait ôter aux ennemis tout prétexte de se refuser à négocier. On craignait toujours que Napoléon ne se mît à la tête des quatre-vingt mille soldats qui restaient, de la garde nationale et de la population qui peut-être n'attendaient que lui pour se dévouer. Aussi, après l'abdication, on aborda auprès de l'empereur la pressante nécessité de son départ. « Que l'on me donne deux frégates, répondit-il, et je pars à l'instant. » On ne lui donna pas alors ces deux frégates qu'il réclamait, parce que le gouvernement provisoire, qui ne lui montrait point ses véritables intentions, voulait le faire passer en Amérique, et attendait à cet effet des passeports qu'il avait demandés à l'Angleterre. Peu à peu on l'entourait, on le surveillait ; enfin, on lui signifia qu'il n'était plus libre de sortir à sa volonté, et il devint réellement prisonnier. Napoléon entendit un coup de canon; son ame se réveilla à ce bruit. Les ennemis étaient devant Paris. Il envoya demander la permission de combattre comme simple général, jurant que dès qu'il aurait purgé le territoire, il partirait aussitôt. On le refusa. « Eh bien, partons! » dit-il. On apprit bientôt que les Prussiens se proposaient d'enlever Napoléon, et que Blücher avait juré de lui ôter la vie s'il parvenait à se saisir de sa personne. Enfin on lui ordonna de partir. Il reçut les adieux de la princesse Hortense, qui avait montré pour lui le cœur de sa mère Joséphine; il monta en voiture, et alla coucher à Rambouillet. Il espérait encore que la France le rappellerait, pressée par le danger; mais à la pointe du jour il reçut un courrier. « Allons, dit-il, c'en est fait de la France! partons. » Napoléon se rendit à Rochefort; bientôt il monta un canot pour aller coucher à bord d'un vaisseau. Le lendemain il descendit à l'île d'Aix. Le gouvernement provisoire fit savoir au général Becker que, sous aucun prétexte, Napoléon ne pouvait plus débarquer sur le territoire français, sous peine, pour le commandant du bâtiment, de *haute trahison*. Napoléon fit demander au commandant de la croisière anglaise si l'on avait reçu les sauf-conduits promis par le gouvernement provisoire. On répondit que non; mais on lui suggéra l'avis de se rendre en Angleterre, en affirmant qu'il n'avait rien à en redouter. Le capitaine anglais Maitland, commandant le *Bellérophon*, dit que si l'empereur voulait dès cet instant s'embarquer pour l'Angleterre, il ne doutait point qu'il n'y reçût un accueil favorable ; que le peuple anglais avait une générosité de sentimens supérieure à celle des souverains mêmes. Le perfide capitaine attirait ainsi la noble victime dans le piége ; il n'ignorait pas qu'on voulait disposer de sa personne. Napoléon, ne pouvant soupçonner une telle déloyauté, accepta l'hospitalité du *Bellérophon* avec une noble confiance, et il écrivit cette lettre au prince régent d'Angleterre :

« Altesse royale,

» En butte aux factions qui divisent mon pays, et à
» l'inimitié des plus grandes puissances de l'Europe,
» j'ai terminé ma carrière politique ; et je viens, comme
» Thémistocle, m'asseoir au foyer du peuple britan-
» nique. Je me mets sous la protection de ses lois, que
» je réclame de votre altesse royale, comme du plus
» puissant, du plus constant et du plus généreux de mes
» ennemis. »

En montant sur le *Bellérophon*, Napoléon dit au capitaine : « Je viens à votre bord me mettre sous la protection des lois anglaises. » Le vaisseau, au bout de neuf jours, jeta l'ancre dans la rade de Torbay. Aussitôt qu'on eut appris la présence de Napoléon, la mer se couvrit d'embarcations, et des cris d'enthousiasme furent unanimes. Le capitaine parut craindre alors l'enlèvement de Napoléon ; des ordres furent donnés pour qu'on écartât les canots à coups d'avirons et même à coups de fusil. Dès-lors l'empereur ne se fit plus illusion, il connut qu'il était livré à ses ennemis. Lord Keith enfin se rendit à bord du *Bellérophon*, et remit à Napoléon une pièce ministérielle où on lisait :

« Il ne peut convenir ni à nos devoirs envers notre
» pays, ni à nos alliés, que le général Bonaparte con-
» serve le moyen de troubler de nouveau la paix du
» continent. L'île Sainte-Hélène a été choisie pour sa
» future résidence. Le climat est sain, et la situation
» locale permettra qu'on l'y traite avec plus d'indul-
» gence qu'on ne le pourrait faire ailleurs, *vu les pré-*
» *cautions indispensables* qu'on serait obligé d'employer
» pour s'assurer de sa personne. »

Napoléon opposa les plus vives réclamations, mais elles furent vaines. A la moindre résistance, les satellites du ministère anglais avaient reçu l'ordre de porter les mains sur lui. Napoléon ne voulut point commettre sa personne à de tels ennemis.

On remit à Napoléon une instruction qui portait :

« Napoléon et sa suite doivent être désarmés. L'amiral
» Cockburn saisira les diamans, l'argent, les valeurs, afin
» de l'empêcher d'en faire un instrument d'évasion;
» ces sommes seront administrées pour subvenir à ses
» besoins. Le général (c'est le nom affecté à Napoléon)
» peut disposer de ses biens par testament. Il sera mis
» en prison s'il essaie de s'évader. Toutes ses lettres et
» celles de ses compagnons seront lues par le gouver-
» neur. On permet aux généraux Bertrand, Montho-
» lon, Gourgaud et au chambellan Las-Cases de le
» suivre. La Grande-Bretagne, l'Autriche et la Russie
» considèrent Napoléon Bonaparte comme leur prison-

» nier ; le choix de sa garde est confié à S. M. Britan-
» nique. On invite S. M. Louis XVIII à envoyer un
» commissaire français, pour s'assurer de sa déten-
» tion. »

Jusqu'alors les égards qu'on avait montrés à Napoléon étaient ceux qu'on défère aux souverains ; mais dès-lors on lui parla le chapeau sur la tête, en affectant de l'appeler général. En passant au cap Hahague, Napoléon salua pour la dernière fois la France : « Adieu,
» adieu, terre des braves ! adieu, chère France ! quelques
» traîtres de moins, et tu serais encore la grande na-
» tion et la maîtresse du monde. »

Napoléon appelait souvent autour de lui ceux qui lui étaient restés attachés dans son infortune. Un jour qu'il était assis au milieu d'eux, il leur demanda s'il était possible de supporter la vie à Sainte-Hélène. « Mais,
» ajouta-t-il, est-il bien sûr que j'y aille? Un homme
» est-il donc dépendant de son semblable, quand il veut
» cesser de l'être?... J'ai parfois l'idée de vous quitter ;
» il ne s'agit que de se monter un peu la tête, et tout est
» fini..... Vous iriez rejoindre tranquillement vos fa-
» milles....... Dieu ne saurait condamner aux peines
» éternelles, surtout pour des actes tels que serait celui-
» ci. Et qu'est-ce, après tout, vouloir lui revenir un
» peu plus vite ? » On combattit ces tristes pensées. Quelques-unes des consolations qu'on lui donna portèrent coup. « Eh bien ! dit-il, nous écrirons nos mé-
» moires. Après tout ! on doit remplir ses destinées :
» c'est aussi ma grande doctrine. Eh bien ! que les
» miennes s'accomplissent ! » Et reprenant un air aisé

et même satisfait, il passa à des sujets tout-à-fait étrangers à sa situation.

Enfin, après une traversée longue et monotone, on aperçut Sainte-Hélène. Napoléon s'avança sur le passe-avant pour voir le rivage; il aperçut une espèce de village encaissé par d'énormes rochers qui s'élevaient jusqu'aux nues.

CHAPITRE VIII.

Napoléon à Sainte-Hélène. — Sa mort.

Napoléon ayant débarqué fut coucher à Briars, dans une auberge où il fut gardé à vue. Le lendemain, à six heures du matin, il alla visiter Longwood, qui était désigné pour sa résidence. Cette demeure n'étant pas prête, et Napoléon répugnant à retourner à l'auberge, on le logea chez un négociant de l'île, M. Falconde; ce fut là le réduit qu'on assigna pour demeure provisoire à l'empereur Napoléon. Il avait une seul chambre, point de meubles, point de rideaux, une seule chaise; il fallait qu'il sortît de la chambre tandis qu'on la nettoyait. Quinze jours s'étaient à peine écoulés, que sa santé était déjà attaquée. L'exercice du cheval lui était nécessaire; mais l'amiral, qui faisait les fonctions de gouverneur, voulut qu'il fût suivi dans ses promenades par deux Anglais, et Napoléon renvoya les chevaux. Il di-

sait à ses compagnons : « Notre situation peut avoir des
» attraits : l'univers nous contemple ; des millions
» d'hommes nous pleurent ; la patrie soupire, et la
» gloire est en deuil..... Mes véritables souffrances ne
» sont point ici ; si je ne considérais que moi, je devrais
» peut-être me réjouir : les malheurs ont aussi leur hé-
» roïsme et leur gloire. L'adversité manquait à ma car-
» rière : si je fusse mort sur le trône, je serais demeuré
» un problème pour bien des gens ; grâce au malheur,
» on pourra me juger à nu. » Un autre jour il leur disait : « A quel infâme traitement nous ont-ils réservés !
» ce sont les angoisses de la mort ! Si je leur étais si
» nuisible, que ne se défaisaient-ils de moi ? quelques
» balles dans la tête ou dans le cœur auraient suffi.....
» Comment les souverains de l'Europe peuvent-ils lais-
» ser polluer en moi le caractère sacré de la souverai-
» neté ? Je suis entré vainqueur dans leurs capitale ; si
» j'y eusse apporté les mêmes sentimens, que seraient-
» ils devenus ? Ils m'ont tous appelé leur frère ; je l'étais
» devenu par le choix des peuples, la sanction de la
» victoire, le caractère de la religion, les alliances de
» leur politique et de leur sang.... Faites vos plaintes,
» messieurs, que l'Europe les connaisse et s'en indigne !
» Les miennes sont au-dessous de ma dignité et de mon
» caractère : j'ordonne, ou je me tais. » Napoléon séjourna deux mois à Briars ; ensuite il alla prendre possession de son dernier asile.

Il existe dans l'île d'heureuses positions, de grands
arbres ; mais des ordres venus de Londres empêchèrent

Napoléon de s'y établir. Les variations atmosphériques sont telles à Sainte-Hélène, qu'en une heure de temps on passe d'une chaleur insupportable au froid le plus grand. Là règnent des maladies presque toujours mortelles. Il n'y a point d'exemples de longévité dans cette île, même pour l'enfant du sol ; le terme de quarante-cinq ans est le dernier période de la vie commune. Aussi Napoléon disait : « Ce pays est mortel : partout où les
» fleurs sont étiolées, l'homme ne peut vivre. Transfor-
» mer l'air en un instrument meurtrier est un calcul
» qui n'a point échappé aux ministres anglais ; cette
» idée était digne de germer sur les bords de la Ta-
» mise. »

La maison de Longwood était composée d'une vingtaine de pièces construites en bois. Napoléon habitait une seule chambre, tendue en brun encadré dans du vert ; deux fenêtres s'ouvraient sur le camp du régiment anglais qui le gardait. Elle avait pour ornement les deux portraits des impératrices et celui du roi de Rome, le réveil-matin du grand Frédéric et le lit de fer d'Austerlitz, un canapé chargé de livres, quelques chaises, un guéridon sur lequel Napoléon mangeait seul quelquefois, une commode qui supportait un grand nécessaire et une aiguière d'argent : voilà pour la chambre à coucher. Un cabinet de bain était auprès ; plus loin, un billard et une salle à manger. Les officiers étaient logés sous le même toit ou dans des demeures voisines. Onze serviteurs composaient son domestique. Un excellent homme, très bon médecin, le docteur

O'Meara, s'appliquait, par ses soins, à prévenir les effets des mesures tyranniques du gouvernement anglais.

Dans la triste situation de Napoléon, chaque jour ajoutait à ses contrariétés. Des sentinelles étaient mises la nuit sous ses fenêtres ; c'était, disait-on, pour sa propre sûreté. On gênait sa libre communication avec les habitans, on le mettait au secret ; et l'on prétendait que c'était pour que l'empereur ne fût point importuné..... Le général Montholon écrivit à l'amiral pour porter plainte : la lettre était vive ; la réponse fut injurieuse et brutale.

Un jour on vint dire à l'empereur que l'amiral et des dames, débarqués de la frégate *la Doris*, demandaient à le voir. L'empereur répondit sèchement qu'il ne voyait personne ; qu'on le laissât en repos. Les politesses de l'amiral étaient une injure de plus. L'empereur ne pouvait souffrir qu'on fît ainsi les honneurs de sa personne : s'il était au secret, il fallait qu'on le lui signifiât ; s'il n'y était pas, il devait voir qui bon lui semblait. Il ne fallait pas surtout qu'on dît qu'on l'entourait d'égards et de respects, quand on ne l'abreuvait que d'inconvenances et de caprices. Cependant Napoléon était souvent indisposé.

Le 17 avril 1816, le nouveau gouverneur, sir Hudson-Lowe, fit sa première visite à Longwood. « Il est hi
» deux, dit Napoléon, c'est une face patibulaire ; mais
» le moral, après tout, peut raccommoder ce que cette
» figure a de sinistre. »

Sir Hudson apportait à Sainte-Hélène l'intention de

torturer sa victime ; il détestait les Français. Le général Lamarque l'avait autrefois forcé dans l'île de Caprée, à la tête de douze cents baïonnettes françaises ; il venait ici s'en venger. Le ministère anglais l'envoyant en raison des dispositions qui lui étaient bien connues, c'était un bourreau, et un bourreau aussi vil que lâche. Sa haine priva Napoléon de recevoir des nouvelles de sa mère, de sa femme, de ses frères, de son fils. Nul moyen d'écrire même au prince régent ; on craignait que l'expression de ses douleurs n'inspirât au prince une résolution généreuse. Napoléon avait demandé les journaux et les livres de l'époque ; on les lui refusa. Chaque jour on resserrait la limite du terrain de ses promenades ; on le refoulait de plus en plus au fond de cette prison, en la lui montrant comme un tombeau. Ayant appris qu'un homme venu d'Europe avait vu Marie-Louise et son enfant, plein d'émotion, il demanda la permission d'entretenir un instant cet étranger. Un refus cruel fut la réponse de sir Hudson-Lowe. Dans la première entrevue qui suivit cette rigueur, « Vous avez plein pouvoir sur
» mon corps, lui disait Napoléon, mais aucun sur mon
» ame ; et cette ame est aussi fière et aussi courageuse
» que lorsqu'elle commandait à l'Europe. Vous êtes un
» sbire sicilien, et non pas un Anglais. Je vous prie de
» ne plus revenir, jusqu'à ce que vous apportiez l'ordre
» de me *dépêcher* ; alors vous trouverez toutes les portes
» ouvertes. »

Napoléon écrivait ses mémoires ; cette distraction était la seule qui pût le flatter. Quelques promenades, où quelques conversations occupaient ses tristes instans.

Un jour il fit l'inventaire de son appartement, pièce à pièce, et conclut que le mobilier pouvait bien s'élever à six cents francs. Il alla de chambre en chambre, et, s'arrêtant devant un escalier qui conduisait en haut chez ses gens : «Voyons, dit-il, l'appartement de Mar-
» chand (son valet-de-chambre), on dit qu'il est logé
» comme une petite-maîtresse. » La petite chambre était propre ; le propriétaire y avait collé lui-même du papier. Mais le lit n'était pas garni ; cet homme couchait à la porte de son maître. Napoléon se fit ouvrir les armoires ; il n'y vit que son linge et ses habits ; il y en avait fort peu, et pourtant il s'étonna d'être si riche. On y voyait son habit de premier consul ; on y voyait aussi le manteau de Marengo, manteau glorieux légué spécialement par Napoléon à son fils. « Combien ai-je
» d'éperons? demanda-t-il à Marchand.—Quatre paires.
» —Y en a-t-il de plus distingués les uns que les autres ?
» —Non, sire. — Eh bien! j'en veux donner une paire
» à Las Cases. Ceux-ci sont-ils vieux ?—Oui, sire, ils
» sont presque usés ; ils ont servi à votre majesté dans
» la campagne de Dresde et dans celle de Paris. » Alors il les offrit au dévoué Las Cases, qui dit à l'empereur ces touchantes paroles : « Votre majesté me fait
» chevalier, mais comment gagner ces éperons? je ne
» puis plus prétendre à aucun fait d'armes ; et quant à
» l'amour et au dévouement, depuis long-temps, sire
» je n'ai plus rien à donner. »

L'empereur ne se trouvant pas bien se retira chez lui. Dans l'après-dinée il fit appeler ses compagnons

d'esclavage pour faire une promenade; et, rejetant ses pensées sur le passé, comme il lui arrivait souvent, il s'écria : « Quelle fatalité qu'on ne s'en soit pas tenu à
» mon retour de l'île d'Elbe! que chacun n'ait pas vu
» que j'étais le plus propre et le plus nécessaire à l'é-
» quilibre et au repos européen! Mais les rois et les
» peuples m'ont craint; ils ont eu tort, et peuvent
» le payer chèrement. Je revenais un homme nou-
» veau; ils n'ont pu le croire : ils n'ont pu imaginer
» qu'un homme eût l'ame assez forte pour changer son
» caractère et se plier à des circonstances impérieuses.
» J'avais pourtant fait mes preuves et donné quelques
» gages dans ce genre. On sait que je ne suis pas
» un homme à demi-mesures. J'aurais été franchement
» le monarque de la constitution et de la paix, comme
» j'avais été celui de la dictature et des grandes entre-
» prises...»

Napoléon aurait pu ne quitter la France qu'après que des stipulations eussent eu prononcé sur ce qui lui était relatif; mais il avait dédaigné de mêler des intérêts personnels aux grandes choses dont il avait sans cesse l'esprit occupé. S'il se fût remis à la disposition de l'empereur Alexandre, qui s'était dit son ami, ou à celle de l'empereur François II son beau-père, auraient-ils pu le traiter aussi cruellement sans attirer sur eux le plus profond mépris! Mais Napoléon n'avait cherché d'autre protection que celle des lois; et elles avaient été violées à son égard. Souvent il s'écriait : « Il fallait vaincre à Moscou! il fallait surtout vaincre à Waterloo! »

Cependant la santé du prisonnier s'altérait journellement. Sa transition d'une vie agitée à une inaction complète, la mauvaise nature de l'eau, qui n'était buvable qu'après avoir subi l'ébullition, la mauvaise qualité des alimens minaient et décomposaient les forces morales du captif. On lui interdit ainsi qu'aux siens toutes relations avec les habitans de l'île. Sir Hudson s'irritait de l'espèce de culte que ceux-ci lui rendaient; les officiers et même les soldats de la garnison qui le gardaient tâchaient de lui faire parvenir l'expression de leurs regrets, et le suppliaient de leur pardonner la nécessité de remplir leurs devoirs. Les subalternes de sir Hudson pénétraient à toute heure auprès de Napoléon, sans que ses occupations, l'état de maladie ou son sommeil même suspendissent ces importunes visites.

Un jour le comte de Las Cases fut enlevé impitoyablement à l'amitié de Napoléon, qu'il avait si bien méritée, par le cruel sir Hudson; une lettre insignifiante, confiée à un voyageur sans avoir été communiquée au gouverneur, fut l'innocente cause de l'enlèvement de cet homme dévoué, et du jeune Emmanuel son fils. Napoléon les vit, de sa fenêtre, entraînés par des soldats. Il ne resta plus près de lui que les généraux Bertrand et Montholon.

Lorsque le docteur O'Meara avait annoncé à Napoléon la nécessité affligeante de le quitter, apprenant qu'il allait retourner en Europe, il lui avait dit: « Aus
» sitôt arrivé, vous irez trouver mon frère Joseph, vous
» lui direz que je désire qu'il vous remette le paquet
» contenant les lettres particulières et confidentielles
» qui m'ont été écrites par les empereurs Alexandre et

» François, par le roi de Prusse et les autres souverains
» de l'Europe, que je lui ai confiées à Rochefort. Vous
» les publierez pour couvrir de honte ces souverains, et
» découvrir au monde l'hommage vil que ces orgueil-
» leux vassaux me rendaient, quand ils sollicitaient des
» faveurs ou me suppliaient pour leurs trônes. Lorsque
» j'étais fort et que j'avais le pouvoir en main, ils bri-
» guèrent ma protection et l'honneur de mon alliance,
» et ils léchèrent la poussière de mes pieds ; maintenant
» que je suis vaincu, ils m'oppriment lâchement, et me
» séparent de ma femme et de mon enfant. Adieu,
» O'Meara, nous ne nous verrons plus ! »

Napoléon était resté sans médecin pendant une année, et pendant ce temps sa maladie avait pris un caractère incurable. Alors on lui permit de voir le docteur Antomarchi, professeur de Florence, et les chapelains Buonavita et Vignali, envoyés de Rome par le cardinal Fesch, tous les trois compatriotes de Napoléon ; ils lui apportaient les vœux de sa terre natale. Cette entrevue, reportant ses souvenirs sur le passé, déchira son cœur. Il reçut du docteur Antomarchi le portrait de son fils, avec transport, et il le considéra les yeux pleins de larmes. « Cher enfant ! dit-il, s'il n'est pas victime de
» quelque infâme politique, il ne sera pas indigne de
» celui dont il tient le jour..... Ah ! docteur, lui disait-
» il, quels souvenirs la Corse m'a laissés ! Je jouis en-
» core de ses sites, de ses montagnes ; je la foule, je la
» reconnais à l'odeur qu'elle exhale. Je voudrais la
» rendre heureuse. La patrie ! la patrie ! si Sainte-Hé-
» lène était la France, je me plairais sur cet affreux

» rocher! » Affaibli par la souffrance, il ajouta avec
une expression douloureuse : « Ah! où est la France?
» où est son riant climat? Si je pouvais la contempler
» encore! si je pouvais respirer au moins un peu d'air
» qui eût touché cet heureux pays! Quel spécifique que
» le sol qui nous a vus naître! »

L'année 1819 s'écoula dans des alternatives de maladie et de rétablissement. Cependant il s'opérait en lui un dépérissement visible; mais sa mémoire était toujours aussi vive, aussi lumineuse qu'au temps de sa splendeur.

La maladie augmentait toujours, et la mort prématurée de Napoléon était aussi certaine que si on l'avait livré au bourreau. A Sainte-Hélène comme à Londres, on prévoyait la fin de sa douloureuse agonie. Le docteur Antomarchi adressa au docteur Coloma une lettre qui devait parvenir à la famille de Napoléon, pour lui apprendre que sa guérison était désespérée. Le physique du malade s'était décomposé par degrés; bientôt le moral fut attaqué. Le comte Bertrand écrivit au ministère anglais pour peindre l'état affreux du prisonnier. Sir Hudson refusa de faire parvenir cette lettre, sous le prétexte qu'on y employait le titre d'*empereur*.

Des souvenirs d'Italie et de France, les images de sa famille remplissaient les intervalles des douleurs du malade; chaque jour il prononçait lui-même son arrêt; Il disait : « Je n'ai plus ni force, ni activité, ni énergie;
» je ne suis plus Napoléon. »

Tandis qu'il se mourait, le ministère anglais enjoignait au gouverneur de redoubler de surveillance.

Dans le mois de février, une comète parut au-dessus de Sainte-Hélène. On pressait le malade de lever les yeux pour voir ce phénomène; mais les instances qu'on lui fit furent inutiles.

Les derniers jours de Napoléon furent aussi grands que les plus beaux instans de sa vie. Certain de sa mort, il souriait de pitié lorsqu'on cherchait à lui donner de l'espoir. « Pouvez-vous joindre cela ? dit-il un jour, après
» avoir coupé en deux le cordon de la sonnette de son
» lit..... Aucun art ne peut me sauver la vie. J'aurais
» voulu revoir ma femme et mon fils...; mais que la vo-
» lonté de Dieu soit faite! Il n'y a rien de terrible dans
» la mort; elle a été la compagne de mon oreiller pen-
» dant ces trois dernières semaines, et à présent elle est
» prête à s'emparer de moi pour jamais...... » On vint lui apprendre que la nouvelle maison qu'il devait habiter était prête : « Elle me servira de tombeau ! » dit-il; et en effet on en prit plus tard les pierres pour bâtir le caveau où il repose.

Le 15 avril, Napoléon s'enferma avec le général Montholon et Marchand, et fit son testament. Antomarchi arriva: « Voilà mes apprêts, docteur ! lui dit
» Napoléon en lui montrant ses papiers qui couvraient
» le tapis. — Je m'en vais, plus d'illusion. Je suis rési
» gné. »

Par ce testament, Napoléon montra qu'il avait con servé toute sa force d'ame et sa mémoire; personne ne fut oublié, non seulement ceux qui le suivirent dans son exil et lui prodiguèrent de si tendres soins, mais ceux dont il était séparé depuis six années. Il légua des som mes considérables aux généraux, à leurs veuves ou à leurs enfans. Il fit de tristes et touchans adieux à sa mère, à ses oncles et à ses frères et sœurs. Il supplia Marie-Louise de veiller soigneusement sur son fils, et l'assura qu'il lui avait conservé de tendres sentimens jusqu'à son dernier soupir. Voici textuellement le quatrième article de ce testament :

« Je recommande à mon fils de ne jamais oublier qu'il
» est né prince français, et de ne jamais se prêter à être
» un instrument entre les mains de ceux qui oppriment
» les peuples de l'Europe. Il ne doit jamais com-
» battre contre la France, ni lui nuire en aucune ma-
» nière. Il doit adopter ma devise : Tout pour le peuple
» français. »

Il dit dans le huitième article : « J'ai fait arrêter et ju-
» ger le duc d'Enghien, parceque cela était nécessaire à
» la sûreté, à l'intérêt et à l'honneur du peuple français,
» lorsqu'il entretenait, de son aveu, soixante assassins à
» Paris pour m'ôter la vie. Dans de semblables circon-
» stances j'agirais de même encore. »

Il légua au comte Montholon deux millions de francs; au comte Bertrand, 500,000 francs; au comte de Las Cases, cent mille francs à Marchand, son premier valet-de-chambre, quatre cent mille francs. Les comtes Montholon, Bertrand, et Marchand furent institués ses exécuteurs testamentaires.

Le 19 avril il était mieux : « Vous vous réjouissez et
» vous ne vous trompez pas; je suis mieux, dit-il, mais
» je n'en sens pas moins ma fin prochaine; lorsque je
» ne serai plus, chacun de vous aura le bonheur de re-

» voir l'Europe et sa famille. Moi je reverrai mes braves,
» dans les Champs-Élysées. Oui, ajouta-t-il solennelle-
» ment, Kléber, Desaix, Bessière, Duroc, Ney, Murat,
» Masséna, Berthier, tous viendront à ma rencontre...
» En me voyant ils deviendront tous fous d'enthousiasme
» et de gloire. Nous causerons de nos guerres avec les
» Scipion, les Annibal, les César, les Frédéric; à moins
» ajouta-t-il en riant, que là-bas on ait peur de voir tant
» de guerriers ensemble.

Alors entra chez lui le docteur Arnold, chirurgien d'un régiment anglais. « C'en est fait, lui dit Napoléon,
» le coup est porté. Je touche à ma fin : je vais rendre
» mon corps à la terre. Approchez, Bertrand, traduisez
» à monsieur ce que vous allez entendre. J'étais venu
» m'asseoir au foyer du peuple britannique. Je demandais
» une loyale hospitalité. Contre tout ce qu'il y a de droit
» au monde, on me répondit par des fers. J'eusse reçu
» un autre accueil d'Alexandre, de l'empereur François,
» du roi de Prusse. Mais il appartenait à l'Angleterre de
» surprendre, d'entraîner les rois et de donner au monde
» le spectacle inouï de quatre puissances s'acharnant sur
» un seul homme. C'est votre ministère qui a choisi cet
» affreux rocher où se consomme en moins de trois ans
» la vie des Européens, pour y achever la mienne par
» un assassinat. Et comment m'avez-vous vu traiter de-
» puis que je suis sur cet écueil? Il n'y a pas une indi-
» gnité dont vous ne vous soyez fait une joie de m'a-
» breuver. Les plus simples communications de famille,
» celles même qu'on n'a jamais interdites à personne,
» vous me les avez refusées ; ma femme, mon fils n'ont

» pas vécu pour moi ; vous m'avez tenu six ans dans la
» torture du secret. Dans cette île inhospitalière, vous
» m'avez donné pour demeure l'endroit le moins fait
» pour être habité, celui où le climat meurtrier du tro-
» pique se fait le plus sentir ; il a fallu me renfermer en-
» tre quatre cloisons, moi qui parcourais à cheval toute
» l'Europe ! Vous m'avez assassiné longuement, avec
» préméditation, et l'infâme Hudson a été l'exécuteur
» des hautes œuvres de vos ministres..... Vous finirez
» comme la superbe république de Venise ; et moi, mou-
» rant sur cet affreux rocher, privé des miens et man-
» quant de tout, je lègue l'opprobre de ma mort à la
» maison d'Angleterre. »

Deux jours après, le 21, on dressa un autel dans la chambre mortuaire ; l'état du malade ne permit pas qu'on lui administrât le viatique. Se ranimant un peu, le lendemain il eut la force d'ajouter quatre codicilles à son testament. Il chargea Antomarchi de faire l'autopsie de son corps, de communiquer à son fils ses observations, de mettre son cœur dans de l'esprit-de-vin, et de le porter à sa chère Marie-Louise. « Vous irez à
» Rome, docteur ; vous direz aux miens que le grand
» Napoléon est expiré sur ce triste rocher, dans l'état le
» plus déplorable, manquant de tout, abandonné à lui-
» même et à sa gloire. Je souhaite que l'on m'enterre
» auprès de mes ancêtres, dans la cathédrale d'Ajac-
» cio. S'il ne m'est pas permis de reposer où je
» naquis, eh bien ! que l'on m'ensevelisse là où
» coule cette eau si douce et si pure, à la fontaine de
» Hutsgate. »

Dans le délire où il tomba cette même nuit, on l'entendit s'écrier : « Desaix, Masséna, allez, courez, pre-
» nez la charge, ils sont à nous ! » Une tempête affreuse souffla à cet instant, et déracina tous les arbres de l'île. A cinq heures du soir, Napoléon tomba dans une profonde léthargie, il en sortit pour prononcer ces deux mots : « Tête d'armée » puis il expira.

Le lendemain, le docteur Antomarchi, après avoir fait l'autopsie, refusa de signer le procès-verbal fait par les huit médecins anglais qui l'assistaient, parce que le procès-verbal portait que Napoléon avait succombé à une affection cancéreuse héréditaire, et que lui, Antomarchi, soutint que c'était à une gastro-hépatite chronique, produite par le climat. Et plus tard cette opinion fut reconnue.

Après l'autopsie, sir Hudson Lowe refusa aux exécuteurs testamentaires la satisfaction d'emporter le cœur de Napoléon. Ce précieux reste fut déposé avec son corps.

Le 8 mai, son corps fut embaumé ; on le revêtit de l'uniforme de chasseur, tout couvert d'ordres et de décorations, et on le déposa dans un quadruple cercueil. Le lieu où repose Napoléon, lieu qu'il a choisi lui-même, est situé au fond d'une vallée que l'on appelle vallée du Géranium. Auprès, coule un petit ruisseau qui descend du pic de Drasse ; au-dessus est Hutsgate.

En apprenant la mort de Napoléon, sir Hudson Lowe parut partager la douleur générale. On s'en étonna, et alors il dit : « La perte qu'on vient de faire est d'autant
» plus fâcheuse, que mon gouvernement m'avait chargé

» de faire connaître au général Bonaparte que l'instant
» approchait où la liberté pouvait lui être rendue, et que
» sa majesté britannique ne serait pas la dernière à ac-
» célérer le terme de sa captivité; mais il est mort : tout
» est fini. »

FIN.

TABLE DES MATIÈRES

CONTENUES DANS CE VOLUME.

LIVRE PREMIER.

CHAPITRE PREMIER. — Naissance de Napoléon Bonaparte.— Son entrée à l'école de Brienne.—Son entrée à l'École militaire de Paris. — Il est créé sous-lieutenant. — Napoléon à Valence. page 1

CHAPITRE II. — Précis de l'Histoire de la Révolution française. 9

CHAPITRE III. — Bonaparte en Corse. — Son retour à Paris. — Journée du 20 juin.—Il retourne en Corse.—Paoli traître à la France. — Siége de Toulon.—Bonaparte à l'armée d'Italie. — Son arrestation. —Sa destitution. 15

CHAPITRE IV. — Grands événemens de 1795.—Constitution de l'an III. — Journée du 13 vendémiaire. —Mariage de Bonaparte avec madame de Beauharnais. 24

CHAPITRE V. — Établissement du Directoire. — Échange de la fille de Louis XVI.—Arrivée de Bonaparte au quartier-général d'Italie. — État de l'armée. —Proclamation aux soldats. — État des forces respectives.—Bataille de Montenotte et de Millésimo. —Armistice avec la cour de Turin. 30

CHAPITRE VI. — Passage de Pô. — Suspension d'armes avec Parme et Modène. — Passage du pont de Lodi. — Le Directoire jaloux de Bonaparte. — Il veut lui adjoindre le général Kellermann. — Traité avec le Piémont. — Révolte de Pavie. 37

CHAPITRE VII. — Institution du corps des guides. — Reddition de la citadelle de Milan. — Siége de Mantoue. — Campagne des cinq jours. — Trahison du pape. — Paix avec Naples. — La Corse délivrée des Anglais. 45

CHAPITRE VIII. — Bataille d'Arcole. — Bataille de Rivoli. — Reddition de Mantoue. — Guerre du pape. 55

CHAPITRE IX. — Armistice de Leoben. — Junot va menacer Venise. — Conférences de Leoben. — Opérations tardives des armées du Rhin et de Sambre-et-Meuse. — Fin de Venise. 62

CHAPITRE X. — Séjour à Milan. — République cisalpine. — 18 fructidor. — Traité de Campo-Formio. — Retour de Bonaparte à Paris. 71

CHAPITRE XI. — Préparatifs de l'expédition d'Égypte. — Embarquement, traversée. — Prise de Malte. — Prise d'Alexandrie. 79

CHAPITRE XII. — Marche sur le Caire. — Bataille des Pyramides. — Entrée au Caire. — Destruction de la flotte française à Aboukir. — Conduite de Bonaparte en Égypte. — Révolte du Caire. 86

CHAPITRE XIII. — Visite à l'isthme de Suez. — Passage de la mer Rouge. — Expédition de Syrie. — Prise de Jaffa. — Massacre des prisonniers. — Pestiférés. — Siége de Saint-Jean-d'Acre. — Retraite de l'armée. — Bataille d'Aboukir. — Départ de Bonaparte pour la France. 95

CHAPITRE XIV. — Retour de Bonaparte à Paris. — Révolution du 18 brumaire. 103

LIVRE DEUXIÈME.

Chapitre premier. — Constitution définitive du gouvernement consulaire.—Bonaparte au Luxembourg. — Mariage de Murat. — Prise de possession des Tuileries. — Habitudes de la Malmaison. 114

Chapitre ii. — Portrait de Bonaparte. — Détails sur son intérieur. — Ses goûts. — Visite dans les hôpitaux et prisons. — Il veut savoir l'opinion qu'on a de lui dans le peuple. — Bataille de Marengo. 124

Chapitre iii. — Espérances des royalistes. — Lettre de Louis XVIII à Bonaparte. — Réponse et offre de ce dernier. 134

Chapitre iv. — Machine infernale. — Bataille de Hohenlinden. — Traité de paix de Lunéville. — Visite du roi d'Étrurie à Paris. 144

Chapitre v. — Alliance des puissances du Nord. — Incendie de la flotte danoise par les Anglais. — Mort de Paul Ier. — Perte de la conquête d'Égypte. — Mariage d'Hortense Beauharnais avec Louis Bonaparte. — Rétablissement du culte. — Retour de Menou. 153

Chapitre vi. — Consulat à vie. — Visite dans les départemens. — Expédition de Saint-Domingue. — Comices de Lyon. — Traité d'Amiens. 161

Chapitre vii. — Saint-Cloud devient résidence d'été du premier consul. — Banquets militaires aux Tuileries. — Bonaparte conduit la charrue. — Rupture avec l'Angleterre. — Premier voyage de Boulogne. — Combat sur mer. — Bonaparte renversé de voiture. 168

Chapitre viii. — Retour à Boulogne. — Duel entre des soldats. — Bonaparte joue aux jeux innocens. — Flatteries du clergé. — Combat sur mer. — But des préparatifs contre l'Angleterre.—Second mariage de Pauline Bonaparte. 176

Chapitre ix. — Conspiration de Georges Cadoudal, Pichegru et Moreau. — Mort du duc d'Enghien. — Mort de Pichegru. 184

LIVRE TROISIÈME.

Chapitre premier. — Avènement de l'empereur au trône. — Distribution de croix à l'église de l'hôtel des Invalides. — Napoléon reconnu empereur par l'Autriche et par tous les états catholiques. — Le pape vient sacrer l'empereur. — Cérémonie du sacre. 191

Chapitre ii. — Napoléon roi d'Italie. — Visite à Brienne. — La vieille Marguerite. — Revue sur le champ de bataille de Marengo. — Sacre à Milan. — Eugène vice-roi d'Italie. — Élisa princesse de Lucques. — Prodigalité de Joséphine. 200

Chapitre iii. — Napoléon au camp de Boulogne. — Célébration de la première fête de l'empereur. — Espions anglais. — Scène avec l'amiral Brueys. — Tempête. 207

Chapitre iv. — Signal du départ et contre-ordre. — Nouvelle guerre déclarée avec l'Autriche. — Levée du camp de Boulogne. — Disgrâce du général Vandamme. — État de la politique étrangère. — Reddition d'Ulm. — Entrée à Vienne. — Bataille d'Austerlitz. — Traité de Presbourg. — Nouvelle de la victoire arrivée à Joséphine. 216

Chapitre v. — Retour de la campagne d'Austerlitz. — Nombreuses promotions de souverains. — Fautes de Napoléon. Naissance d'un enfant naturel à Napoléon. — Conte improvisé par lui. 228

Chapitre vi. — Entrée des Français à Naples. — Mort de Pitt. — Nouvelle coalition. — Bataille d'Iéna. — La reine de Prusse. — Entrée triomphante de Napoléon à Berlin. 240

TABLE DES MATIÈRES. 377

Chapitre VII. — Amours de l'empereur avec madame V... — Elle lui donne un fils. — L'électeur de Saxe élevé au titre de roi. — Bataille d'Eylau. — Bataille de Friedland. — Paix de Tilsitt. — Entrevue des deux empereurs Napoléon et Alexandre. — Mort du fils aîné de Louis, roi de Hollande. — Projet de divorce. 247

Chapitre VIII. — Prédictions faites autrefois à Joséphine. — Voyage de l'empereur en Italie. — Projet de travaux d'architecture. — L'empereur au bal masqué. — Singe femelle de l'impératrice. 254

Chapitre IX. — Le roi d'Espagne à Bayonne. — Son abdication en faveur de Napoléon. — Joseph roi d'Espagne. — Le centenaire. — Entrevue d'Erfurth. — Napoléon en Espagne. 263

Chapitre X. — L'empereur de retour à Paris. — Invasion de la Bavière par les Autrichiens. — Prise de Ratisbonne. — Napoléon blessé. — Capitulation de Vienne. — Jeunes filles chez l'empereur. — Souper de l'empereur. — Affaires de Rome. — Bataille d'Esling. — Mort de Lannes. — Bataille de Wagram. — Le jeune conscrit. 270

Chapitre XI. — Divorce de Napoléon. 282

LIVRE QUATRIÈME.

Chapitre premier. — Mariage de Napoléon avec Marie-Louise. — Détails sur elle. — Incendie à l'hôtel du prince de Schwartzemberg. — Réunion de la Hollande à la France. 291

Chapitre II. — Fête de l'Impératrice. — Naissance du roi de Rome. — Inquiétude de Murat. — Affaires du pape. — Préparatifs de guerre. — Joséphine voit le roi de Rome en cachette. — Comparaison entre Marie-Louise et Joséphine. — Bernadotte roi de Suède. 298

CHAPITRE III. — Voyage de l'empereur en Hollande. — Détails sur le roi de Rome. — Ouverture de la campagne de Russie. — Bataille de la Moskowa.   306

CHAPITRE IV. — Entrée à Moskou. — Incendie de cette ville. Retraite de l'armée française. — Passage de la Bérésina. — L'empereur quitte l'armée après avoir appris la conspiration de Mallet. — Le prince Eugène commandant de l'armée.   315

CHAPITRE V. — Retour de Napoléon à Paris. — Défection de la Suisse. — Le pape à Fontainebleau. — Napoléon va rejoindre l'armée. — Batailles de Lutzen, de Bautzen. — Mort de Duroc. — Trahison de l'Autriche. — Suite de désastres. — Bataille de Leipsik. — Fin de la campagne. 324

CHAPITRE VI. — Campagne de France. — Marche des alliés sur Paris. — Leur entrée dans cette ville. — Abdication de Napoléon. — Ses adieux à son armée.   336

CHAPITRE VII. — Retour de Napoléon de l'île d'Elbe. — Bataille de Waterloo. — Seconde abdication de Napoléon. — Il s'embarque sur le *Bellérophon*. — Il est conduit à Ste-Hélène.   346

CHAPITRE VIII. — Napoléon à Ste-Hélène. — Sa mort.   356

FIN DE LA TABLE.